Brita Schirmer

Zappelphilipp, Trotzkopf & Co.

Herausforderndem Verhalten
von Kindern begegnen

3., überarbeitete Auflage

Vandenhoeck & Ruprecht

Bibliografische Information der Deutschen Nationalbibliothek:
Die Deutsche Nationalbibliothek verzeichnet diese Publikation in der
Deutschen Nationalbibliografie; detaillierte bibliografische Daten sind
im Internet über http://dnb.de abrufbar.

Mit 4 Abbildungen

© 2020, 2015, 2011, Vandenhoeck & Ruprecht GmbH & Co. KG,
Theaterstraße 13, D-37073 Göttingen
Alle Rechte vorbehalten. Das Werk und seine Teile sind urheberrechtlich
geschützt. Jede Verwertung in anderen als den gesetzlich zugelassenen Fällen
bedarf der vorherigen schriftlichen Einwilligung des Verlages.

Umschlagabbildung: © photophonie – Adobe Stock

Satz: SchwabScantechnik, Göttingen
Druck und Bindung: ⊕ Hubert & Co. BuchPartner, Göttingen
Printed in the EU

Vandenhoeck & Ruprecht Verlage | www.vandenhoeck-ruprecht-verlage.com

ISBN 978-3-525-70286-4

Inhalt

Erziehen heißt Chancen geben 7

Trotzkopf: Kinder mit aggressivem Verhalten 11
   1. Was kann ich beobachten? 12
   2. Was muss ich wissen? 13
   3. Was kann ich tun? 28
      Den Aggressionen vorbeugen 28
      Der Umgang mit Aggressionen 35

Zappelphilipp: Das Kind mit Aufmerksamkeitsdefizit-/
Hyperaktivitätsstörung AD(H)S 51
   1. Was kann ich beobachten? 52
   2. Was muss ich wissen? 56
   3. Was kann ich tun? 70
      Das Verhalten der Erzieherinnen 70
      Das Verhalten der Kinder 77

Kinder wie vom anderen Stern: Mädchen und Jungen im
Autismus-Spektrum 87
   1. Was kann ich beobachten? 88
   2. Was muss ich wissen? 91
   3. Was kann ich tun? 105
      Unterstützung im Alltag 105
      Die Integration in die Kindergruppe unterstützen 108
      Wie Integration gelingen kann 118
      Übergänge in die Kita und Schule gestalten 144

Zusammenarbeit mit den Eltern 147
   1. Was kann ich beobachten? 148
   2. Was muss ich wissen? 149

3. Was kann ich tun? 159
   Wie Elternarbeit funktionieren kann 159
   Typische Probleme 160
   Ein Elterngespräch führen 164

Literatur 168

Register 174

Erziehen heißt Chancen geben

Montagmorgen und Sie gehen sorgenvoll zu »Ihren« Kindern in der Kita. Einige machen Ihnen wirklich Sorgen. Vieles haben sie schon versucht. Von den üblichen, bewährten Hilfen, die man Kindern gibt, damit sie sich in die Gruppe und den Alltag einfügen können, scheinen sie nicht oder nur zu wenig zu profitieren. Ihr Verhalten wirkt unbeeinflussbar. Sie stören oder schlagen andere Kinder und beeinträchtigen das Gruppenklima. Einige schöne Aktivitäten haben ihretwegen schon ausfallen müssen. Und sie okkupieren fast Ihre gesamte Zeit. So kann es nicht weitergehen!

Aber darf man Kinder überhaupt erziehen? Ist das nicht Formen, sogar Brechen ihrer kleinen Persönlichkeit? Muss man sie nicht in ihrem So-Sein akzeptieren?

Nein. Erziehen heißt, einem Heranwachsenden die Regeln des Zusammenlebens einer Kultur zu vermitteln. Jede Gruppe, auch die menschliche, funktioniert nach bestimmten Regeln, die ihr Überleben sichern sollen. Unterschiedliche Gruppen haben unterschiedliche Regeln. Das nennt man Kultur. So ist z. B. die Art und Weise, wie sich Mitglieder einer Gruppe begrüßen, in unterschiedlichen Ländern verschieden. An einigen Orten küsst man sich nie, an anderen einmal, aber auch zwei- oder dreimal auf die Wange.

Regeln sind nicht nur gruppenabhängig, sie verändern sich auch. Noch vor 50 Jahren begrüßte in Berlin ein Mädchen einen Erwachsenen mit einem Knicks. Das tut heute kein Kind mehr.

Einem Kind die aktuell gültigen Regeln einer Gruppe zu vermitteln, heißt ihm die Möglichkeit zu geben, Teil dieser Gruppe sein zu dürfen. Es ermöglicht ihm die *Teilhabe*. Ein Wort, das momentan in aller Munde ist. Wer die Regeln seiner Gemeinschaft nicht beherrscht, stößt schnell auf Ablehnung und wird ausgeschlossen. Durch Erziehung gibt man einem Kind die Chance, das zu verhindern und dabei sein zu können.

Wenn man Erziehung so versteht, wird auch zugleich klar, wo die Grenzen des Vertretbaren sind. Nämlich da, wo sich ein Kind an Regeln halten soll, die es auf seinem Entwicklungsstand noch gar nicht einhalten kann, oder wo es sich gar nicht um kulturelle Regeln, sondern um unhinterfragte Vorgaben einer Person oder einer Einrichtung handelt. »Das machen wir hier immer so«, oder »Da müssen alle durch«, »Wir können hier nicht für jeden eine Extrawurst braten« sind keine akzeptablen Argumente für die Beeinflussung des kindlichen Verhaltens. Auf gar keinen Fall darf es in der Erziehung darum gehen, die eigene Macht zu demonstrieren.

Die Grenze zwischen Erziehung und Machtmissbrauch ist hauchdünn. Als Kontrollfrage empfehle ich: »Warum möchte ich, dass das Kind dieses Verhalten lernt?« Wenn die Antwort darauf auf der Annahme gründet, dass diese Regelkompetenz dem Kind helfen und es vor einem Ausschluss aus der Gruppe schützen wird, sollten Sie es erzieherisch unterstützen.

Dabei geht es nicht darum, zu erreichen, dass sich alle Kinder grundsätzlich immer gruppenkonform verhalten MÜSSEN. Wenn sie aber die Regeln kennen und auch wissen, welche Folgen Übertritte haben, können sie entscheiden, ob sie es riskieren. Sie haben an Freiheit gewonnen. Das ist das Ziel.

Erziehung ist anstrengend und bei einigen Kindern brauchen Sie besondere Kenntnisse. Ich nenne das *pädagogisches Handwerkszeug*.

Zu den Kindern, die Ihnen wahrscheinlich die meisten Sorgen bereiten, gehören jene mit aggressivem Verhalten, jene mit AD(H)S und die im Autismus-Spektrum. Auf den ersten Blick mag es so erscheinen, als würde es sich um drei sehr unterschiedliche Kindergruppen handeln. Auf den zweiten Blick jedoch wird klar, dass es viele Überschneidungen gibt. Ein großer Teil der Kinder im Autismus-Spektrum hat zusätzlich AD(H)S und ein beträchtlicher Teil der Kinder mit AD(H)S verhält sich ungewöhnlich oft aggressiv. Das Verhalten der Kinder mit aggressivem Verhalten, mit AD(H)S und auch denen im Autismus-Spektrum führt zu mehreren sekundären Problemen.

Eines dieser sekundären Probleme wurde bereits angesprochen. Es besteht in der Gefahr sozialer Isolation. Oft werden diese Kinder nach einiger Zeit von den Gleichaltrigen abgelehnt, weil die sich vor ihnen fürchten oder im Spiel immer wieder von ihnen gestört fühlen. Ihre Teilhabe ist also bereits erschwert. Verschiedene Untersuchungen bestätigen, dass es vielen Kindern mit Entwicklungsstörungen schwerfällt, Kontakte zu anderen Kindern aufzubauen und Beziehungen zu gestalten (Sarimski, Schaumburg 2010, S. 124). Befragungen von Eltern und Erzieherinnen[1] ergaben, dass schon sehr junge Kinder mit unterschiedlichen Behinderungen seltener Freundschaften schließen als Kinder gleichen Alters ohne Behinderung (ebd., S. 125). Besondere Zurückweisung erfahren aber Kinder mit aggressivem, streitsüchtigem Verhalten (Albers, Jungmann, Lindmeier 2009, S. 210). Der Ausschluss aus der Interaktion ihrer Peer-Group – so bezeichnet man die Gruppe der Gleichaltrigen – birgt aber ein Risiko für die Entwicklung einer negativen Selbsteinschätzung und verhindert wiederum die Möglichkeiten, überhaupt Freunde zu finden.

---

1 Nur aus Gründen der besseren Lesbarkeit (und um Wortungetüme zu verhindern) wird jeweils nur ein Geschlecht benannt. Grundsätzlich sind damit alle Geschlechter gemeint.

Keine Freunde zu haben und nicht dazuzugehören, kann zu Stress führen und begünstigt das Gefühl der Einsamkeit. Einsame Kinder zeigen weniger Empathiefähigkeit. Das muss nicht unbedingt darauf zurückzuführen sein, dass bei ihnen die Empathiefähigkeit grundsätzlich schwach ausgebildet ist. Vielmehr kann es ihnen auch an Übung fehlen, sich in andere einzufühlen (Stachura 2009, S. 49 ff.). Damit kann ein verhängnisvoller Kreislauf entstehen: Zu wenig Freunde zu haben, führt zu einer geringeren Entwicklung der Empathiefähigkeit, wodurch es wiederum erschwert wird, Freunde zu finden. Es erhöht sich damit zugleich auch das Risiko, Opfer von Mobbing zu werden. Das ist ein Phänomen, das auch im Kindergarten beobachtet werden kann.

Eine andere sekundäre Schwierigkeit resultiert aus dem Risiko für die kognitive Entwicklung. Ihr Verhalten hindert diese Kinder oft daran, altersgerechte Erfahrungen zu machen, z. B. weil sie nicht die dafür erforderliche Mindestaufmerksamkeit herstellen können oder weil sie aus Gründen einer veränderten Wahrnehmungsverarbeitung die Aufgabenstellung nicht verstehen. Sie üben einige Dinge nicht ausreichend, z. B. ihre Feinmotorik.

Lernen braucht aber Übung. Beim Lernen verändert sich die Anzahl und die Stärke der Verbindungen zwischen den Nervenzellen im Gehirn so weit, dass sich die Intensität der übertragenen Reize erhöht. Jedes Lernen erleichtert damit das Weiterlernen. Es ist so, als wenn man Spuren in den Schnee tritt: Je öfter man einen Weg gegangen ist, desto leichter wird das Fortkommen.

Jede gelungene soziale Interaktion, jeder Lernerfolg hinterlässt im Gehirn seine Spuren und wird von positiven Gefühlen begleitet. Kann ein Kind nur wenig üben, entfaltet es sein Potenzial nicht.

Eine dritte Konsequenz aus dem besonderen Verhalten einiger Kinder besteht in der dadurch ausgelösten besonderen Belastung der Erzieherinnen. Stress verursachen allen Menschen vor allem Situationen, in denen sie sich ausgeliefert fühlen und auf die sie – tatsächlich oder scheinbar – keinen Einfluss nehmen können. So ergeht es den Erzieherinnen oftmals, denn ihre erzieherischen Bemühungen erweisen sich bei diesen Kindern einfach als nicht ausreichend erfolgreich. Das führt zu einem Gefühl der Machtlosigkeit. Außerdem beanspruchen diese Kinder unverhältnismäßig viel Zeit und Kraft. Das erschöpft die Erzieherin und führt zugleich zu einem schlechten Gewissen gegenüber den anderen Kindern, denen Sie sich weniger intensiv zuwenden können.

Natürlich haben Sie versucht, das Verhalten der Kinder mit herausforderndem Verhalten zu beeinflussen. Doch es gelang einfach nicht erfolgreich genug! Trotzdem erscheinen einem meist die bisherigen Reaktionen auf das Verhalten als die einzig möglichen. Der Kommunikationswissenschaftler Paul Watzlawick beschreibt diesen Zustand in seinem Buch »Anleitung zum Unglücklichsein« im Kapitel »Der verlorene Schlüssel oder ›mehr desselben‹«: Man hält bedingungslos an Verhaltensweisen fest, die sich in der Vergangenheit als sinnvoll und erfolgreich erwiesen haben. Watzlawick geht davon aus, dass Menschen dazu neigen, solche Verhaltensmuster in der Folgezeit als die einzig möglichen zu betrachten, weil ihnen keine Handlungsalternativen zur Verfügung stehen (Watzlawick 2002, S. 27 f.). Neue Möglichkeiten müssen also gefunden werden. Ich möchte Sie dabei unterstützen.

Das vorliegende Buch soll Ihnen helfen, sowohl ihr Verständnis für ungewöhnliche Verhaltensweisen einiger Kinder als auch die eigene pädagogische Handlungskompetenz zu erhöhen. Man muss das Kind erst verstehen, bevor man es erziehen kann. Dieses Wissen hilft letztlich nicht nur dem Kind: Aktives, konzeptgeleitetes Verhalten reduziert auch die Arbeitsbelastung der Erzieherinnen, die sich als erfolgreich und wirkungsvoll in ihrer Arbeit erleben können.

Wenn ein Kind häufig negativ auffällt, wird es manchmal nur noch vor dem Hintergrund der bisherigen, zumeist schwierigen Erfahrungen mit ihm beobachtet. Man kann dadurch in einen Kreislauf aus negativer Verhaltenserwartung geraten, die sich durch das Verhalten des Kindes immer wieder bestätigt. Das ist eine sich selbst erfüllende Prophezeiung. Man erwartet herausforderndes Verhalten. Für das Kind entsteht keine Motivation, sich anzustrengen: »Die Erzieherin schimpft ja sowieso immer.« Es zeigt herausforderndes Verhalten.

Es ist wichtig, die anderen Kinder in ihren Kontakten mit den besonderen Kindern besser zu begleiten, ungewöhnliches Verhalten zu erklären, Fragen beantworten zu können und Grausamkeiten zu verhindern.

Seien Sie also dem herausfordernden Verhalten einen Schritt voraus. Dafür brauchen Sie einen Plan. Entscheiden Sie, was unter Ihren Bedingungen möglich ist. Oft ist es nicht das Optimale. Aber so gut wie möglich ist auch gut genug. Verzweifeln Sie nicht an Dingen, die Sie nicht ändern können, wie Raumgröße, Gruppengröße oder Personalschlüssel. Es geht nur, was geht!

Nicht zuletzt kann die Zusammenarbeit mit den Eltern dieser Kinder Sie herausfordern und kompliziert sein. Die Arbeit mit den Kindern wird zusätzlich erschwert, wenn Sie sich in der Zusammenarbeit mit den Eltern macht- und ratlos fühlen. Der Elternarbeit ist deshalb ein eigenes Kapitel gewidmet.

Bitte erwarten Sie keine einfachen Rezepte in der Art: Wenn ein Kind X tut, machen Sie Y und alles wird gut. Verhaltensänderungen sind ganz sicher möglich. Menschliches Verhalten hängt aber von so vielen Bedingungen ab, dass es Rezepte nicht geben kann. Aber macht gerade das nicht Ihre Arbeit auch so interessant? Ich wünsche Ihnen Freude, Mut, Kraft und Ausdauer dabei!

Trotzkopf: Kinder mit aggressivem Verhalten

1. Was kann ich beobachten?

Das Kind wird schnell wütend

Einige Kinder werden bei den geringsten Anlässen sehr wütend. Sie attackieren dann unkontrolliert andere Kinder und Erwachsene oder zerstören Gegenstände. Manchmal werfen sie sich auf den Boden, schreien laut oder sie beschimpfen Kinder und Erzieherinnen.

In diesem Zustand kann man diese Kinder oft nicht ansprechen und auch nicht anfassen. Diese Situationen können ausgelöst werden, wenn die Erzieherin sie zu etwas auffordert (»Setz dich an den Tisch, wir wollen essen!«) oder ihnen etwas gefällt, was andere Kinder gerade benutzen, und sie es haben wollen, ihnen das jedoch versagt wird. Diese Zustände können auch entstehen, wenn eine angenehme Situation unterbrochen wird, weil die Eltern das Kind beispielsweise abholen wollen.

Scheinbar grundlose Angriffe

Andere Kinder scheinen ohne Grund und ohne eigene starke Emotionen andere Kinder anzugreifen und zu ärgern. Sie zerstören deren Bauwerke, schubsen sie auf dem Spielplatz oder erkämpfen sich beispielsweise rücksichtslos den Platz auf der Schaukel.

Belastungen der anderen Kinder und Erzieherinnen

Wer Aggressionen ausgesetzt ist, leidet unter Stress. Das gilt auch, wenn die Aggression von einem Kleinkind ausgeht. Viele Erzieherinnen sind auf den Umgang mit schwierigen Kindern und aggressivem Verhalten durch ihre Ausbildung nicht ausreichend vorbereitet. Sie erleben sich als wenig kompetent in ihrer Arbeit, immer wieder entgleitet ihnen das Kind oder die Situation. Andere fühlen sich auf diese Herausforderung vorbereitet, leiden aber langfristig unter dem hohen Stress, dem sie ausgesetzt sind.

Kinder mit auffälligem Verhalten, die sich nur schwer in die Gruppe integrieren lassen und diese stören, erfordern mehr Aufmerksamkeit als die anderen Kinder. Sie ziehen damit Aufmerksamkeit und Energien von den Erzieherinnen ab, die der Leitung und Kontrolle der ganzen Gruppe dienen sollte.

Auch die Kinder werden durch das abweichende Verhalten einiger Gruppenmitglieder belastet. Einzelne Kinder fürchten sich vor Kindern, die aggressiv sind. Sie suchen räumliche und folglich auch emotionale Distanz zu ihnen und akzeptieren sie nicht als Partner.

Folgen für die Kinder selbst

Kinder im Kindergarten sind in einer sozialen Gemeinschaft. Es ist notwendig, dass sie die Regeln erlernen und einhalten, die hier gelten oder gesetzt werden.

Mit Regeln sind nicht nur die von den Erwachsenen aufgestellten gemeint, sondern auch die, die die Kinder für ihr Verhalten untereinander etablieren. Kinder müssen die Regeln also erst einmal kennen und dann auch einhalten, um nicht aus der Gruppe ausgeschlossen zu werden.

Häufiges Übertreten von Regeln hat für die aggressiven Kinder selbst oft negative Folgen: Selbstgefährdungen, Erschwerungen des Lernens und der Entwicklung sowie langfristig soziale Isolation können aus diesem Verhalten resultieren. Die aggressiven Kinder werden nicht als Spielpartner gewählt, andere Kinder wollen sie beispielsweise nicht an der Hand halten, wenn die Kindergruppe einen Spaziergang unternimmt und sie werden nicht zu Kindergeburtstagen eingeladen.

Meist werden sie nur von den Kindern akzeptiert, die ähnliche Verhaltensmuster zeigen. Zu denen fühlen sie sich hingezogen, denn deren Verhaltensmodelle bestätigen sie in dem, was sie selbst tun und die fürchten sich nicht vor ihren Aggressionen.

2. Was muss ich wissen?

»Nichts errät ein Mensch so schnell wie die innere Unsicherheit eines anderen und fällt darüber her wie eine Katze über einen krabbelnden Käfer« (Musil 1970, S. 1352).

Oft ist es nicht nur das aggressive Verhalten eines Kindes, das für Erzieherinnen allein mit größten Anstrengungen oder gar nicht auszuhalten ist. Besonders schwierig wird es, wenn sie die Ursache für die Aggressionen nicht erkennen und verstehen können. Das führt nicht selten zu einer großen Unsicherheit. Diese Unsicherheit der Erzieherin macht auch das Kind unsicher und zeigt sich oft in seinem Verhalten.

Die Einstellung der Bezugspersonen zu den Kindern ändert sich grundlegend, wenn sie eine Ursache für ungewöhnliches Verhalten kennen (Delacato 1985, S. 107). Je plausibler die Erklärungen für das Verhalten eines Menschen sind und je sinnhafter sie dem Außenstehenden erscheinen, umso weniger wird er sich von dem konkreten Verhalten gestört und verunsichert fühlen.

Es wird außerdem leichter, aggressives Verhalten zu ertragen, wenn man grundsätzlich davon ausgeht, dass das Verhalten in einem ursächlichen Zusammenhang zu verstehen ist. Man weiß dann, dass man es beeinflussen kann. Wenn man Wege findet, zu agieren, statt auf ein Verhalten immer nur zu reagieren, gibt dies Sicherheit im Umgang mit dem entsprechenden Kind. Die Sicherheit reduziert die Angst und den Stress. Das kann dem aggressiv handelnden Kind ebenfalls mehr Sicherheit und Orientierung geben. Manchmal hilft allein das schon. Dies kann man gelegentlich beobachten, wenn das Kind sich bei einer noch unsicheren Berufsanfängerin viel auffälliger verhält als bei einer erfahrenen Kollegin. Die erfahrene Kollegin ist haltgebend »wie ein Fels in der Brandung«. Das hilft dem Kind, sein Verhalten zu steuern.

Was sind Aggressionen?

> Paul schlägt Celine und macht dabei ein wütendes Gesicht. Das kleine Mädchen hatte sein Lego-Haus umgeworfen. »Ich beobachte dieses aggressive Verhalten mit Sorgen«, sagt die Mutter. Der Vater winkt ab: »Er ist eben ein richtiger Junge!«

Wer von beiden hat recht? Ist Pauls Verhalten eine Aggression oder ein ganz normales Verhalten oder gar beides?

Bereits mit der Verhaltenseinschätzung beginnen die Probleme. Nicht immer sind sich alle Menschen in der Bewertung des Verhaltens eines Kindes einig. Es ist nicht einfach, zu entscheiden, was Aggressionen sind und was nicht.

Das hat damit zu tun, dass es kein aggressives Verhalten an sich gibt, sondern es erst durch die Bewertung als solches verstanden wird. Vielfach, aber eben nicht immer, sind sich alle Beobachter einig.

Der Begriff der Aggression ist also ein Konstrukt, das auf der Interpretation von Verhalten beruht. Urteile über die Angemessenheit des Verhaltens, aber auch über die Absichten des Handelnden spielen dabei eine Rolle. So wird jemand, der auf einen Konflikt reagiert, als weniger aggressiv wahrgenommen als jemand, der einen Konflikt beginnt.

Auch in der Literatur findet man zur Klärung der Frage wenig Hilfe, denn teilweise wird die Aggression in der Literatur nicht deutlich von anderen auffälligen Verhaltensweisen abgegrenzt (Essau, Conradt 2004).

Der Begriff *Aggression* stammt vom lateinischen Verb *aggredere* (= hinzutreten, herantreten, hinzukommen) und bedeutet später *kriegerischer Angriff*. Das Adjektiv *aggressiv* wurde im 19. Jahrhundert gebildet und hat die Bedeutung von angriffslustig, herausfordernd (Drosdowski, Grebe, Köster et al. 1963, S. 14). Gegenwärtig fasst man unter der Bezeichnung *Aggression* unterschiedlichste Verhaltensweisen zusammen. Dabei gibt es zwei Standpunkte:

1. Der erste geht von dem lateinischen Verb *aggredere* aus und definiert die Aggression unter dem Aspekt der gerichteten Aktivität. Die ist nicht unbedingt negativ oder zerstörerisch. Hier wird Aggressivität als eine Aktivität verstanden, die auch alle positiven, das Leben gestaltenden Aktivitäten beinhaltet (Steiner 1985, S. 8 f.) Der Begriff der Aggression ist damit aber auch beliebig ausdehnbar. Für die Arbeit mit Kindern mit herausforderndem Verhalten ist er wenig hilfreich.
2. Vertreter des zweiten Standpunktes hingegen verbinden den Begriff der Aggression in einem viel engeren Sinne mit der Schädigung einer Person oder eines Gegenstandes. Auch bei den Vertretern dieses Standpunktes gibt es wieder zwei verschiedene Auffassungen.
   - Nach der ersten fasst man solche Verhaltensweisen als aggressiv auf, die von einer Absicht zur Schädigung geleitet sind.
   - Der zweiten Auffassung folgend nennt man das Verhalten eine Aggression, das faktisch einen Organismus schädigt, unabhängig, ob dies nun beabsichtigt war oder nicht (Werbik 1971, S. 233).

Doch wie will man die Absicht eines Kindes sicher feststellen? Außerdem: Indem man dem Kind eine Intention seines Verhaltens unterstellt, geht man zugleich davon aus, dass es Alternativen, Kontrollmöglichkeiten und ggf. die Möglichkeit der Unterlassung seines Handelns hat und deshalb auch zwangsläufig für sein Verhalten verantwortlich ist. Bei Kindern muss dies jedoch keinesfalls zutreffen.

In diesem Buch wird deshalb der zweiten Auffassung gefolgt und es werden im Weiteren unter dem Begriff der Aggression alle Handlungen zusammengefasst, die als Beleidigung, Bedrohung, Herabsetzung oder Demütigung eines oder mehrerer anderer Menschen bzw. die Beschädigung, Verletzung oder Zerstörung von Lebewesen oder Gegenständen interpretiert werden, unabhängig davon, ob dies vom Kind beabsichtigt war oder nicht.

Normale Aggressionen?

Aggressiv zu sein ist ein Gefühl, das den meisten Menschen bekannt sein dürfte. Wie man sich aber dann verhält, hängt von verschiedenen Faktoren ab. Aggressionen sind nur eine Möglichkeit.

Ein Verhaltensforscher konnte nachweisen, dass Kinder, ohne zuvor entsprechend angewiesen worden zu sein, von selbst Aggressionen benutzen, um ihren sozialen Handlungsspielraum auszutesten (Eibl-Eibesfeldt 2000, S. 212). Man findet Aggressionen kulturübergreifend, alters- und geschlechtsunabhängig.

Die angeborene Verhaltensmöglichkeit wird durch Erfahrungen gefördert, umgeformt, reduziert, in legitime Kanäle und Aktivitäten geleitet oder unterdrückt (Eibl-Eibesfeldt 1999, S. 554).

Aus den Reaktionen der Umwelt auf das Verhalten lernen Kinder, was erlaubt ist und was nicht (Eibl-Eibesfeldt 1973, S. 94). Im Laufe der Persönlichkeitsreifung erlangt das Kind dann Kontrolle über seine aggressiven Impulse. Einigen gelingt das besser, anderen weniger gut. Wir haben es mit einem Zusammenwirken von genetischen Anlagen und Umweltbedingungen zu tun. Die *normale* von der *besonderen* Aggression zu unterscheiden, ist deshalb nicht ohne Weiteres möglich. Sie gehört zu den Handlungsmöglichkeiten jedes Kindes und wird dann sozial so geformt, dass sie das Zusammensein in der Gruppe nicht gefährdet.

Wann das aggressive Verhalten eines Kindes nicht mehr toleriert werden kann, hängt von den Normen der Umwelt ab. Diese ändern sich im Laufe der Zeit. Sicher wissen Sie aus Erzählungen, dass körperliche Züchtigung von Kindern im Laufe der letzten Jahrhunderte sehr unterschiedlich bewertet wurde – früher war es im deutschsprachigen Raum ein legitimes Mittel der Erziehung und heutzutage ist es glücklicherweise verboten.

Sie unterscheiden sich aber auch zu einem Zeitpunkt in unterschiedlichen Regionen der Welt. Der Verhaltensforscher Irenäus Eibl-Eibesfeldt verweist darauf, dass es z. B. Kulturen gibt, in denen aggressive Verhaltensweisen durch Erziehung gefördert aber zugleich gegen Gruppenfremde ausgerichtet werden (Eibl-Eibesfeldt 2000, S. 21).

Wir gehen also bei der Bewertung von Verhalten immer von den aktuell in einer Region gültigen Normen aus. Es wäre aber durchaus denkbar, dass Familien aus anderen Herkunftsregionen andere Normen haben und an ihre Kinder weitergeben. Sie sind nicht »besser« oder »schlechter«. Sie sind anders.

Da die Kinder aber in Ihren Kindergarten oder in Ihre Schule gehen, ist es wichtig, dass sie die in den dortigen Kindergruppen geltenden Regeln lernen.

Nur so können sie an der Kindergruppe teilhaben. »Lernen« bedeutet nicht, dass sie immer alle geltenden Regeln einhalten müssen. Sie sollten aber die geltende Regel und die Konsequenzen der Regelübertritte kennen. Nur dann sind sie wirklich frei, sich zu entscheiden, wie sie handeln wollen.

Sicher werden Kinder aus anderen Herkunftskulturen auch die Regeln in Ihrer Einrichtung beeinflussen. Zusammen zu sein fordert immer Anpassungsleistungen von allen.

Man geht davon aus, dass Kinder bestimmte Fähigkeiten besonders schnell lernen. Man spricht daher auch von *privilegiertem Lernen* (Stern 2005, S. 271). Voraussetzung für die Entfaltung der Möglichkeiten des privilegierten Lernens ist allerdings, dass die körperlichen und emotionalen Grundbedürfnisse eines Kindes befriedigt sind. Zu diesen durch Anlagen vorbereiteten Fähigkeiten gehören auch die Grundformen der sozialen Interaktion, wie Empathie und Aggression.

Welche Kinder sind aggressiv?

Betrachtet man nur das Verhalten und nicht die Schwere der Folgen, ist der Mensch in aller Regel in keiner anderen Phase derart körperlich aggressiv wie in seinem dritten Lebensjahr (Possemeyer 2004, S. 152). In diesem Alter sind viele Kinder bereits im Kindergarten.

Die Genderthematik ist im Moment aus gutem Grund aktuell. Wir wissen zugleich, dass es biologische Unterschiede zwischen Mädchen und Jungen gibt, die sich in verschiedenen Bereichen auswirken. Ob es biologisch (z. B. hormonell) oder sozial (durch Erziehung) bedingt ist, ist nicht untersucht: Jungen sind aber vom Vorschulalter an und auch über weitere Entwicklungsphasen hinweg deutlich aggressiver als Mädchen (Eggert-Schmid Noerr 1992, S. 56 ff.). Dies gilt insbesondere für die Interaktion von Jungen untereinander.

In einer Erzieherinnen-Befragung in 46 Dortmunder Kindertagesstätten wurden die Verhaltensauffälligkeiten von 1075 Kindern eingeschätzt: 14,4 % der Jungen und 5,0 % der Mädchen zeigten aggressives Verhalten (Agi, Hennemann, Hillenbrandt 2010, S. 44).

Im Rahmen einer Langzeitstudie hinsichtlich der Entwicklungstendenzen von über 1000 Kindern im Alter von 5 bis 14 Jahren in Montréal wurden vier Entwicklungslinien identifiziert:
- 17 % der Kinder waren niemals aggressiv,
- 28 % zeigten Aggressionen zunächst auf einem hohen Niveau, im Laufe der Zeit wurden diese jedoch immer geringer,
- 4 % waren grundsätzlich hoch aggressiv,

- der Rest, der die größte Gruppe ausmachte, hatte ein relativ geringes Aggressionsniveau, das sich ebenfalls noch weiter reduzierte (Kernberg, Hartmann 2009, S. 487 f.).

Zu einem ähnlichen Ergebnis kam auch eine in Pittsburgh durchgeführte Studie (ebd., S. 488).

Warum verhält sich ein Kind so aggressiv, dass es nicht toleriert werden kann?

Die meisten Kinder lernen u. a.: Was darf ich in meinem Umfeld tun, wann darf ich es tun, wo darf ich es tun und was geht auf keinen Fall? Das Kind fügt sich in seine sozialen Gruppen – die Familie, die Kindergruppe – ein. Doch bereits geringfügige Änderungen von biologischen oder Umweltbedingungen können das Gleichgewicht verändern und zur Herausbildung unangemessener Verhaltensweisen führen. Manchmal weichen auch Familien- und Kindergarten- oder Schul-Normen massiv voneinander ab und das Kind muss erst die Normen der Kindereinrichtung lernen.

Bei einigen Kindern tritt aggressives Verhalten so massiv auf, dass es das soziale Miteinander hochgradig belastet oder sogar zerstört. So gehören aggressive Verhaltensstörungen zu den häufigsten Störungsbildern im Kindes- und Jugendalter (Cordes 2000, S. 2) und sind der häufigste Grund dafür, eine psychologische bzw. psychotherapeutische Hilfe in Anspruch zu nehmen (Petermann 1998, S. 1016).

Aber auch ein zu geringes Aggressionspotenzial kann das Kind in seiner sozialen Entwicklung behindern, weil es den anderen nicht ausreichend die Grenzen ihres Handelns aufzeigen kann. Diese Kinder können ihre Interessen nicht durchsetzen. Im schlimmsten Fall werden sie gemobbt.

Haben Sie Kinder mit zu starkem oder zu geringem Aggressionspotenzial in der Gruppe, lohnt es sich, das Bedingungsgefüge aus biologischen Bedingungen und Umweltbedingungen genauer zu betrachten. Eventuell ergeben sich daraus Möglichkeiten, den Kindergartenalltag für diese Kinder entwicklungsförderlicher zu gestalten.

Zu den biologischen Bedingungen zählen Hormone: Es gibt einen Zusammenhang zwischen dem Auftreten von Aggressionen und der Konzentration von Stresshormonen im Körper. Interessant ist eine Untersuchung von 800 Kindergartenkindern in Nürnberg: Man maß den Zusammenhang zwischen aggressivem Verhalten und dem Spiegel des Stresshormons Cortisol. Dabei konnten zwei Gruppen von Kindern identifiziert werden, die durch ihr aggressives Verhalten auffielen.

Die erste Gruppe umfasste die reaktiv-aggressiven Kinder, die 5 % der untersuchten Gruppe ausmachten. Die zweite bildeten die instrumentell-aggressiven. Sie umfassten 3–4 % (vgl. Possemeyer 2004, S. 155).

Die reaktiv-aggressiven Kinder sind zugleich ängstlich und impulsiv. Sie fühlen sich schnell von anderen angegriffen und reagieren darauf mit Aggressionen. Sie meinen, sich verteidigen zu müssen. Man nennt ihr Verhalten deshalb auch *heiße Aggression*. Von allen untersuchten Kindern hatten sie die höchsten Cortisolwerte. Dies ist ein Zeichen dafür, dass sie schon bei geringen Anlässen mit Stress reagieren (vgl. ebd.).

Instrumentell-aggressive Kinder hingegen sind furcht- und mitleidslos. Sie handeln aggressiv, um andere zu dominieren und ihre Ziele zu erreichen. Man bezeichnet dies als *kalte Aggression*. Ihre Cortisolwerte sind am niedrigsten von allen untersuchten Kindern. Dies könnte sie veranlassen, verstärkt nach Stress auslösenden Situationen zu suchen, um sich dadurch aufzuputschen und ein mittleres Niveau an Cortisolausschüttung zu erreichen (vgl. ebd.).

Kinder haben also genetisch bedingte Anlagen für ihren Hormonhaushalt, die sie dazu veranlassen, unter bestimmten Bedingungen mit Aggressionen zu reagieren. Die einen sind schnell gestresst und verspüren Angst, die anderen suchen geradezu Stress auslösende Situationen.

Was bedeutet das für den Alltag? Aufgrund ihrer biologischen Ausgangsbedingungen benötigen diese Kinder ganz unterschiedliche Reaktionen, um sich angemessen verhalten zu können. Die erste Gruppe von Kindern benötigt also eine ruhige und angstfreie Umgebung, die zweite mehr Aufregung und Aktion, damit sie nicht mit Aggressionen reagieren müssen (Amrhein 2009, S. 76 f.). Daher müssen die Aktivitäten der Gruppe, die räumlichen Rahmenbedingungen und vieles andere mehr schon im Vorhinein so durchdacht sein, dass die Bedürfnisse der beiden genannten Gruppen angemessen in die Gestaltung des Gruppenlebens einfließen.

Zu den Umweltbedingungen gehört die *Ernährung*: Die britische Organisation *Natural Justice* untersucht wenig beachtete Ursachen für Kriminalität und weist auf die Bedeutung der Ernährung für das Verhalten hin.

Im Rahmen einer Studie wurde einer Gruppe von Jugendlichen in einer Strafanstalt täglich ein Cocktail aus Vitaminen, Spurenelementen und Fettsäuren, einer Kontrollgruppe hingegen ein Scheinmedikament gegeben. Die Versuchsgruppe war nach neun Monaten deutlich weniger wegen Tätlichkeiten aufgefallen und beging ein Drittel weniger schwere Verstöße gegen die Haftordnung (Thorbrietz 2003, S. 128). Eine weitere Untersuchung konnte bestätigen, dass auch in einer Schule eine Ernährungsumstellung zu erstaunlichen Veränderungen im Verhalten der Heranwachsenden führte (Spurlock 2006, S. 250 ff.). Warum sollte das im Kindergarten anders sein?

Die Kinder ernähren sich nicht gesund und ausgewogen:

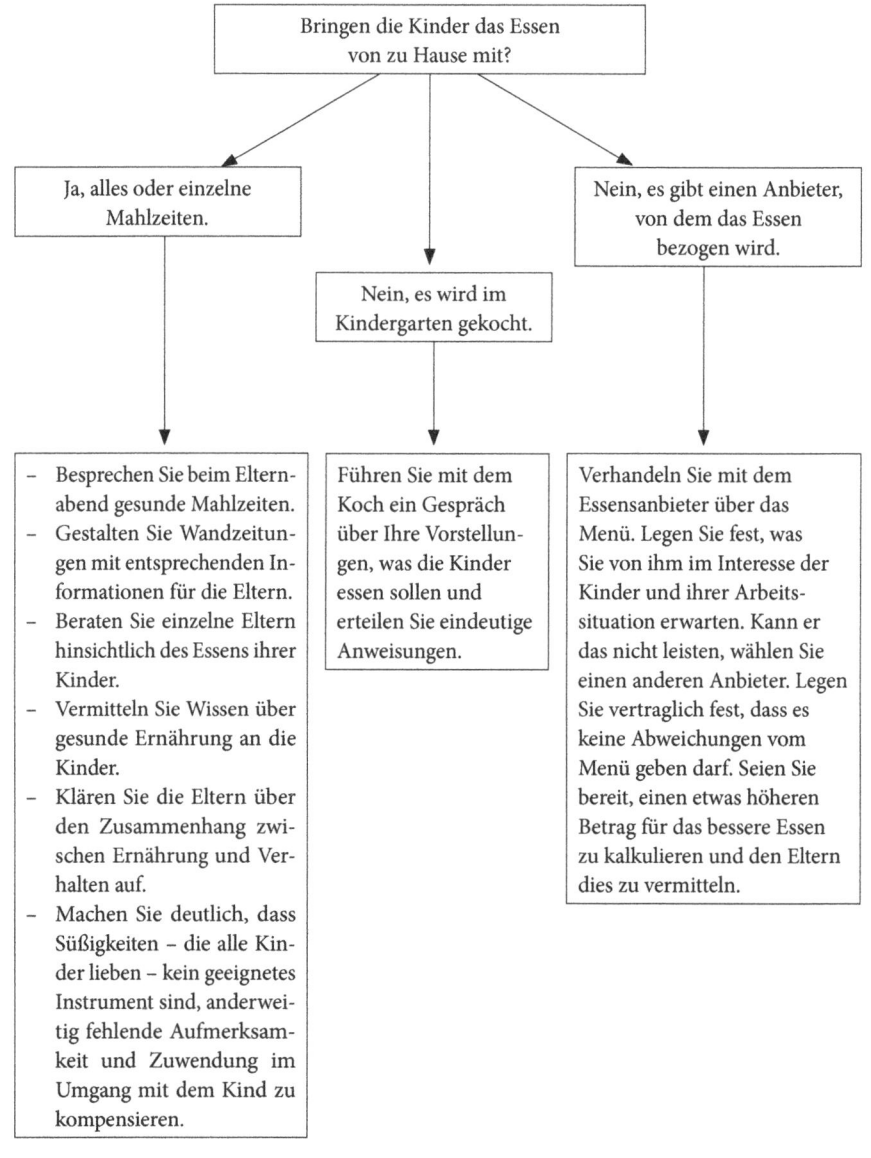

Abb. 1: Checkliste Ernährung

Die Ernährung der Kinder in der Kita ist wahrscheinlich nicht nur von großer Bedeutung für ihr physisches, sondern auch für ihr psychisches Gedeihen. Was die Kinder essen, sollte gründlich überlegt sein. Mit präventiven Maßnahmen kann der Entwicklung eines unangemessenen Niveaus der Aggression vorgebeugt werden kann. Es können somit schon auf der Ebene der Gestaltung des Speiseplans, d. h. also, auch durch die Auswahl des Essensanbieters oder der Organisation der Küche sinnvolle Maßnahmen ergriffen werden.

Wenn Sie konzeptionelle Überlegungen in Ihrer Einrichtung anstellen, wie Sie mithilfe gesunder und ausgewogener Ernährung günstige Bedingungen für die physische und zugleich für die soziale Entwicklung der Mädchen und Jungen schaffen können, bringt dies sicher auch eine hohe Motivation für Eltern, ihr Kind bei Ihnen betreuen zu lassen.

Der Einfluss der Bezugspersonen: Wir haben schon gesehen, dass Aggressionen grundsätzlich durch Erziehung beeinflussbar sind. Unterschiedliche Kulturen haben auch verschiedene Konzepte von legitimer Aggression hervorgebracht (Schubert 2003, S. 133 ff.).

Zum Teil werden Aggressionen in Ritualen kanalisiert. Diese Rituale sorgen dafür, dass auf der einen Seite das vorhandene Aggressionspotenzial ausgelebt werden kann, auf der anderen Seite aber niemand ernsthaft zu Schaden kommt.

Ein bekanntes Beispiel sind alle Kampfsportarten. Wenn es also ritualisierte Formen des Auslebens von Aggressionen gibt, dann wäre zu fragen, ob nicht auch im Kindergarten oder der Schule derartige Formen gefunden werden sollten. Dabei handelt es sich nicht um Tobereien und ähnliche Beschäftigungen zum Abbau motorischer Anspannungen und überschüssiger Energien. Es sollten vielmehr Wege gefunden werden, in denen Aggressionen sozial verträglich ausgelebt, kanalisiert, kontrolliert, reduziert und schließlich von den Kindern auch reflektiert werden können. Wenn schließlich ein Kind mit hohem Aggressionspotenzial den anderen darüber berichten kann, wann und aus welchem Grund es wütend wird, dient dies der individuellen Entwicklung ebenso wie der der ganzen Gruppe. Darüber hinaus können Kinder, die zu ihrem eigenen Nachteil ein zu niedriges Aggressionspotenzial aufweisen, in Form des ritualisierten Erlebens und inszenierten Ausdrückens von Aggressionen einen Nachteilsausgleich erwerben.

Lernen am Erfolg: Es besteht auch die letztlich fatale Möglichkeit, dass Eltern das aggressive Verhalten ihres Kindes gleichsam trainieren, indem sie es durch Zuwendung noch verstärken. Dies kann beispielsweise geschehen, indem sie dem Kind Aufmerksamkeit zuwenden, wenn es sich aggressiv verhält. Eine andere Möglichkeit besteht darin, dass sie es von unangenehmen Anforderungen entlasten oder sie dieses unerwünschte Verhalten dulden (Cordes 2000, S. 86 oder Brezovsky 1985, S. 28 f.). Das Kind lernt auf diese Weise, dass es die Aufmerksamkeit der Eltern oder der Bezugspersonen erlangen kann, wenn es sich unangemessen verhält. Genauso kann es lernen, sich gegenüber Anforderungen zu verweigern, wenn es mit seinem Verhalten erfolgreich ist.

Die Tatsache des Lehrens von unangemessenem Verhalten darf nicht zu Verurteilungen der Eltern führen. Mütter und Väter wollen in der Regel das Beste für ihre Kinder. Sie erkennen nicht, dass sie durch unangemessene Nachsichtigkeit und Inkonsequenz bzw. durch Aufmerksamkeit und Zuwendung in der falschen Situation genau das unerwünschte Verhalten sogar noch belohnen und stabilisieren.

Diese Einsichten sind wichtige Anregungen für das Verhalten der Erzieherinnen. Derartige Fußfallen des pädagogischen Alltags liegen ja nicht nur im Elternhaus aus. Wichtig ist deshalb, die schwierigen Situationen gründlich zu analysieren, um derartige Fehler zu vermeiden. Sie münden nämlich in einer Aggressionsspirale.

Lernen am Modell: Von einem Vorbild zu lernen, spielt beim Erwerb aller Verhaltensmuster, und somit auch von Aggressionen, eine große Rolle. Diese Form des Lernens heißt Modell- oder Imitationslernen.

Es gibt die Möglichkeit, dass Kinder aggressives Verhalten durch Beobachtung und Imitation anderer Personen erlernen (Bullerjahn 1996, S. 40). Im Rahmen einer Untersuchung wurden Kindern aggressive und friedliche Modelle vorgeführt und anschließend ihr Spielverhalten beobachtet. Die Kinder ahmten gleichermaßen das aggressive wie das friedliche Verhalten nach (Eibl-Eibesfeldt 1999, S. 549).

Anders sieht es allerdings aus, wenn man die Kinder nach der Beobachtung von aggressivem Verhalten einer Frustration aussetzt, indem man ihr Spiel für kurze Zeit unterbricht. Haben sie dann Gelegenheit, z. B. zum Spiel mit einer Puppe, verhalten sich die Kinder, die das aggressive Verhalten modellhaft bei einem Erwachsenen beobachtet hatten, dem Spielzeug gegenüber aggressiv. Haben die Kinder ein nicht-aggressives Modell oder gar keines gehabt, ist ihr Verhalten auch nach der Frustration nicht aggressiv (Essau, Conradt 2004, S. 105).

Wenn die Kinder erst einmal gelernt haben, in bestimmten Situationen aggressiv zu reagieren, übertragen sie diese Reaktion bald auch auf andere Situationen, die den ursprünglichen ähnlich sind (ebd., S. 104). Durch das Erlernen aggressiver Verhaltensmodelle wird die Entwicklung moralischer Normen beeinflusst und es werden den Kindern unangemessene Problemlösungsstrategien vermittelt. Aggressive Kinder verfügen erwiesenermaßen über weniger positive, flexible, ausdifferenzierte oder effiziente Problemlösungsstrategien (Petermann, Natzke, Petermann, Brokhaus 2005, S. 211).

Moral: Einige Kinder beginnen im Alter von fünf bis sechs Jahren, eigene moralische Motivationen aufzubauen. Bei anderen erfolgt dies erst später und für einige wird das Nachdenken über die Begründung des eigenen Verhaltens niemals besonders wichtig.

Unter einer moralischen Motivation versteht man die Bereitschaft, nicht unmoralisch zu handeln, also vor allem andere nicht zu schädigen. Dabei dürfen die Dimension der kognitiven moralischen Urteilsfähigkeit und die Dimension der moralischen Motivation nicht miteinander vermischt werden.

Kognitive moralische Urteilsfähigkeit hat ein Kind dann, wenn es weiß, wie es sich verhalten sollte. Ein komplexeres Verständnis der Situationen führt nicht zwangsläufig dazu, dass ein Kind sein Handeln an moralischen Normen orientiert. Entscheidend ist, dass ein Kind das, was es für richtig hält, auch dann tut, wenn den eigenen aktuellen Bedürfnissen zuwiderläuft. Das ist die moralische Motivation.

Ohne moralische Motivation bleibt das moralische Wissen folgenlos, umgekehrt ist das Urteilsvermögen Voraussetzung dafür, dass auch tatsächlich moralisch gehandelt wird (o. V. 2003, S. 52 f.). Allerdings wurde im Rahmen einer Untersuchung am Max-Planck-Institut für psychologische Forschung in München deutlich, dass es Diskrepanzen zwischen dem moralischen Wissen, das man z. B. über Modelle erwirbt, und moralischer Motivation gibt.

Es sind also zwei Dinge zu berücksichtigen: Kindern müssen moralische Normen vermittelt werden (»Man schlägt nicht, wenn jemand am Boden liegt.«) und man muss zugleich die Motivation des Kindes stärken, diese Normen auch in Konfliktfällen zu berücksichtigen (vgl. das Kapitel über Kinder mit AD(H)S, Abschnitt *Impulskontrolle verbessern*).

Selbstwertgefühl: Auch das Selbstwertgefühl steht im Zusammenhang mit dem Grad der Bereitschaft zu Aggressionen. Kinder mit einem großen und stabilen Selbstwertgefühl zeigen die geringste Aggressionsbereitschaft, die höchste dagegen jene mit einer hohen, aber instabilen Meinung von sich. Menschen mit geringem Selbstwertgefühl liegen dazwischen (Baumeister 2003, S. 70 ff.).

Besonders auffällig sind Kinder mit einem übersteigerten, nicht in der Realität begründeten Selbstbild, die kritisiert oder beleidigt werden. Sie zeigen ein besonders hohes Aggressionspotenzial (ebd.).

Es ist also keine gute Strategie, Kinder ständig zu loben. Lob sollte das Kind vor allem erhalten, wenn es sich angestrengt hat. Nicht jedes gemalte

Bild braucht Begeisterungsstürme eines Erwachsenen! Für ein gutes Selbstbild ist es wichtig zu wissen, was man kann, aber auch, was man nicht kann und wie man damit umgeht. Rückzumelden, was ein Kind noch nicht so gut kann, ohne es abzuwerten oder klein zu machen, ist eine pädagogische Kunst. Dazu gehört auch, den Weg aufzuzeigen, wie es seine Kompetenzen erweitern kann und zu vermitteln, dass man als Erwachsener bereit ist, das Kind dabei zu unterstützen.

Zu wenig Anerkennung oder sogar Abwertung hingegen kann zu einem mangelnden Selbstwertgefühl führen. Viele Kinder mit aggressivem Verhalten bekommen von den Erwachsenen wenig Anerkennung. Mit ihnen wird viel geschimpft. Einige Kinder mit aggressivem Verhalten haben mit ihrem Verhalten einen Weg gefunden, um Beachtung und Respekt von einigen Gleichaltrigen zu bekommen. Sie erhoffen sich durch ihr Verhalten die Bestätigung für ihr »mutiges« Verhalten oder zumindest Aufmerksamkeit (Petermann, Natzke, Petermann, Brokhaus 2005, S. 211).

Einige der weniger selbstbewussten Kinder neigen dazu, anderen negative Absichten hinsichtlich der eigenen Person zuzusprechen. Sie vermuten bei ihnen ausgesprochen häufig feindliche Ziele, dies gilt insbesondere auch in nicht eindeutigen Situationen (Essau, Conradt 2004, S. 106). Geraten sie deshalb in Wut, erhöht sich noch einmal die Wahrscheinlichkeit, dass sie glauben, dass ihnen der Schaden in einer mehrdeutigen Situation absichtlich zugefügt wurde (ebd., S. 109). Auch ihr eigenes Verhalten nehmen diese Kinder häufig falsch wahr. Sie haben die Tendenz, die positiven Konsequenzen ihres Verhaltens zu überschätzen (ebd., S. 129).

Solche Kinder brauchen jemanden, der ihnen das Verhalten der anderen und die Folgen ihres eigenen Handelns erläutert. Eine wirkungsvolle Hilfe könnten hier z. B. die im Kapitel über Kinder im Autismus-Spektrum erläuterten Comic-Strips sein.

Die Anerkennung der Leistungen aber vor allem auch die Wertschätzung der Anstrengungsbereitschaft der Kinder ist also ein wichtiger Aspekt im Umgang mit ihnen. Nicht selten vergisst man gerade bei den Mädchen und Jungen, die im Alltag so viel Kraft kosten, ihre positiven Eigenschaften und ihr regelkonformes Verhalten zu loben. Oftmals haben sie sich sehr angestrengt, um in einer Situation angemessen zu handeln. Das muss unbedingt bemerkt und honoriert werden. Selbst dann, wenn sich die meisten anderen Kinder tagtäglich so verhalten. Wer sich anstrengt, hat es verdient dafür wertgeschätzt zu werden, auch unabhängig vom Ergebnis.

Erziehungsverhalten: Ein ungünstiges Erziehungsverhalten kann das Auftreten von Aggressionen unterstützen. Dazu gehören

- zu viele oder zu wenige soziale Regeln
- nicht konsequent auf die Einhaltung aufgestellter Regeln zu achten,
- zu hart oder
- ohne unmittelbar erkennbaren Zusammenhang mit dem Fehlverhalten oder
- völlig inkonsequent zu strafen (Könneker 2004, S. 52).

Einige Kinder zeigen Aggressionen, weil es ihnen hilft, ihre Bindung zu den Bezugspersonen, die – vielleicht aus Überlastung – nicht oder nicht ausreichend auf das Kind reagieren, aufrechtzuerhalten (Essau, Conradt 2004, S. 125). Mit ihren Aggressionen erzwingen sie sich deren Aufmerksamkeit. Insofern ist das Verhalten für das Kind sinnvoll. Es schadet ihm aber im Kindergarten oder in der Schule.

Hier muss es andere Verhaltensweisen lernen. Wie kann es Aufmerksamkeit sozial verträglich einfordern? Es könnte die Erzieherin bspw. rufen. Das heißt aber auch, dass es auf diese alternative, angemessene Weise unbedingt Aufmerksamkeit bekommen muss. Wenn sich der bisherige Weg über die Aggression als nicht mehr erfolgreich erweist, das Kind also keine ausreichende Aufmerksamkeit mehr erhält, muss das Bedürfnis anders befriedigt werden. Es droht sonst die Gefahr, dass das Kind andere Wege sucht, um beachtet zu werden, die genauso herausfordernd sind. Es könnte z. B. einnässen oder Kot schmieren.

Auch Misshandlungen in der Familie können ihre Spuren hinterlassen. 25–40 % der misshandelten Kinder geben die Gewalt weiter (Possemeyer 2004, S. 158). Es ist wichtig, bei dem Verdacht der Kindesmisshandlung das zuständige Jugendamt zu unterrichten, um das Kind zu schützen.

Sich selbst erfüllende Prophezeiungen:

> Die Erzieherin hatte früher schon Noahs älteren Bruder Konrad in der Gruppe. Konrad ist ein Kind, das sie sehr viel Kraft gekostet hat. Immer wieder meint sie nun, die gleichen schwierigen Verhaltensweisen aufblitzen zu sehen. »Du bist wie dein Bruder«, kommentiert sie das. Irgendwann hört Noah auf, sich anzustrengen. Es hat für ihn keinen Sinn. Die Erzieherin interpretiert sein Verhalten immer nur auf der Grundlage ihrer Erfahrungen mit seinem großen Bruder.

Sich wiederholende, negative Bewertungen eines Verhaltens – im Abschnitt *Was sind Aggressionen?* wurde der Bewertungsaspekt bereits angesprochen – können im Sinne einer sich selbst erfüllenden Prophezeiung wirken. Die Erzieherin, die ein Verhalten beurteilt, sieht dabei nicht von ihren bisherigen Erfahrungen ab, beobachtet nicht den konkreten Einzelfall und überträgt ihr Urteil hinsichtlich des Verhaltens des einen Kindes auf ihre Beurteilung des anderen Kindes. Bei anscheinenden Verhaltensähnlichkeiten verschiedener Kinder werden solche Mechanismen der Übertragung aktiviert und können den Kindern aufgrund falscher Einschätzung durch die Erzieherin langfristig schaden.

Manchmal wird ein Kind auch der *Buhmann*. Egal was in der Kindergruppe passiert, alle wissen schon, wer es war. Zu schnell wird ihm Schuld zugeschrieben. Auch diese Kinder verlieren die Kraft und Motivation sich anzustrengen.

> »Wenn alle sowieso denken, ich bin schlecht, dann kann ich mich auch schlecht verhalten.«

Es ist anstrengend, lohnt sich aber immer wieder neu auf das konkrete Verhalten eines Kindes zu schauen, ohne sich von den eigenen Vorurteilen leiten zu lassen.

Videospiele und Fernsehen: Kinder können beim Fernsehen mit aggressivem Verhalten und mit problematischen Modellen für Konfliktlösungen konfrontiert werden.

Im Durchschnitt sahen in der Bundesrepublik Drei- bis Dreizehnjährige vor 15 Jahren täglich 95 Minuten fern. Dabei saßen Kinder aus Unterschichtsfamilien länger vor dem Fernseher als Kinder aus der Mittel- oder Oberschicht (Herzog, Grünke 2005, S. 382). Heute dürfte das Fernsehen in vielen Familien durch YouTube-Filme oder Filme über Streaming-Media abgelöst worden sein. Wahrscheinlich hat sich aber nur das Medium, nicht aber die genutzte Zeit verändert. Hinzu kommen Spiele auf Konsole, Handy oder Computer.

Welche Auswirkungen hat der Konsum dieser Filme auf das Verhalten von Kindern? Die meisten Menschen gehen davon aus, dass das Ansehen von Gewalttaten im Fernsehen oder das Spielen von brutalen Videospielen zu Aggressionen führt. Das ist aber nicht eindeutig erwiesen. Es gibt verschiedene Standpunkte.

Einer geht davon aus, dass das Betrachten von Filmen mit aggressiven Szenen nicht zu einer erhöhten Aggressionsbereitschaft bei den Zuschauern führt. Es wird damit argumentiert, dass seit der Einführung des kommerziellen Fernsehens in der Mitte der 1980er-Jahre und durch die Verbreitung von Video- und Computerspielen die Darstellung von Brutalitäten zwar unverhältnismäßig gestiegen sei, die Gewalt in der Gesellschaft allerdings keineswegs in einem auch nur annähernd gleichem Maße zugenommen hätte. Stattdessen böten Filme und Spiele die Möglichkeit, auf einer symbolischen Ebene den Umgang mit Aggression und Gewalt zu simulieren (Gangloff 2002, S. 78).

Dass sich aggressive Spannungen sogar abbauen lassen, konnte aber nicht bestätigt werden (Steiner 1985, S. 37). Im Gegenteil: In experimentellen Studien erfasste man das Verhalten von Kindern und Jugendlichen vor und nach dem Anschauen von Filmen, in denen entweder gewalttätiges, prosoziales oder im Hinblick auf diese Kategorien neutrales Verhalten gezeigt wurde. Es ist das übereinstimmende Ergebnis dieser Studien, dass Filme mit gewalttätigem Inhalt die Bereitschaft zu aggressivem Verhalten erhöhen (Essau, Conradt 2004, S. 135).

Auch Längsschnittstudien ergaben, dass das Anschauen von Sendungen mit gewalttätigem Inhalt die Häufigkeit späterer gewalttätigen Verhaltens leicht erhöht. Kritisch anzumerken ist bei diesen Studien allerdings, dass wahrscheinlich die Kinder, die Filme mit Gewaltszenen sehen, auch eher aus gewaltbereiten Familien kommen (vgl. ebd.). Sie hätten damit auch aggressive Modelle.

Das Ansehen von Filmen mit brutalen Szenen und das Spielen von brutalen Spielen führen wahrscheinlich immer dann zur Steigerung der Aggressionsbereitschaft, wenn ein Kind die Situationen als real erlebt und nicht als Spiel oder Fiktion begreift. Bei jüngeren Kindern dürfte es häufig der Fall sein, dass sie zwischen Film und realem Leben nicht unterscheiden können. Vor allem dann, wenn sie die Informationen ohne begleitenden Austausch mit einem Erwachsenen aufnehmen. Es ist deshalb wichtig, als Gesprächspartnerin bereitzustehen, wenn die Kinder von Filmen erzählen, die für ihr Alter nicht geeignet sind. Während Erzieherinnen nur wenig Einfluss auf den häuslichen Fernsehkonsum haben, ist dies doch eine Aufgabe, die sie übernehmen können.

Die soziale Umwelt: Aggressionen können in Folge von Veränderungen der sozialen Gruppenstruktur durch Eingliederung neuer Mitglieder entstehen (Fromm 2003, S. 124). Wenn Kinder sich in eine neue Gemeinschaft einfügen, neigen sie dazu, die Grenzen ihres Handlungsfreiraumes auszuloten (Eibl-Eibesfeldt 2000, S. 212). Es ist also sinnvoll, Gruppen in ihrer Zusammensetzung möglichst stabil zu lassen.

Grundsätzlich können alle Quellen unangenehmer Erregung die Bereitschaft zu aggressivem Verhalten erhöhen, also z. B. Provokation, Lärm oder Hitze. Wenn das Kind nur eine geringe moralische Motivation hat (siehe Abschnitt *Lernen am Modell*) und ohnehin bereit ist, aggressiv zu reagieren, vermag sogar jede zusätzliche Erregung diese Bereitschaft zu verstärken. Dies kann z. B. auch durch körperliche Anstrengung oder spannende Filme hervorgerufen werden (Stroebe, Hewstone, Stephenson 1996, S. 439). Dabei kommt es noch darauf an, wie ein Kind seine Erregung interpretiert: Wenn es sie für Ärger hält, führt eine erhöhte physiologische Erregung mit besonders großer Wahrscheinlichkeit zur Bereitschaft, aggressiv zu handeln. Kinder, die sich besonders häufig aggressiv verhalten, haben oft Schwierigkeiten, ihre eigenen Emotionen angemessen zu interpretieren (vgl. der Abschnitt *Die eigenen Emotionen verstehen*).

3. Was kann ich tun?

Den Aggressionen vorbeugen

Aus dem bisher Dargestellten wird deutlich, dass es Möglichkeiten der Prävention aggressiven Verhaltens gibt.

Das Verhalten der Erzieherin

Bezogen auf das Verhalten der Erzieherin kann man folgende Konsequenzen ableiten: Da kleine Kinder Aggressionen benutzen, um ihren sozialen Handlungsspielraum auszutesten und da sie aus den Reaktionen der Umwelt lernen und sich in ihrem Verhalten bestätigt oder kritisiert fühlen, muss die Reaktion auf aggressives Verhalten von Kindern genau und bewusst erfolgen. Zeigen Sie deutlich, dass aggressives Verhalten unerwünscht ist. Lachen Sie nicht, weil es so niedlich aussieht, wenn der Einjährige ungeschickt mit seinen Fäustchen auf den Vierjährigen einschlägt! Gleiches gilt, wenn Kinder noch ganz unbeholfen und sprachlich am Anfang ihrer Entwicklung stehend, verbale Aggressionen formulieren und gegen eine andere Person richten.

> So ist der schlimmste Fluch, den sich ein dreijähriges Kind ausdachte, das sich über eine Aufforderung seiner Erzieherin geärgert hat: »Du Schlingelpumpe, du« oder »Du hast nie mehr Geburtstag.«

Auch wenn man sich eventuell innerlich vor Lachen ausschütten könnte, muss auch die Entwicklung verbaler Aggressionen genau beobachtet und im Zaum gehalten werden.

Für aggressives Verhalten darf das Kind nicht von unangenehmen Anforderungen entlastet werden und es darf auch keine zusätzliche Aufmerksamkeit erhalten, wenn es diese als positiv erlebt. Das ist in der Praxis nicht leicht durchzuhalten. Schließlich kann man kaum wegsehen, wenn ein Kind ein anderes schlägt (vgl. Kapitel *Umgang mit Aggressionen*). Kümmern Sie sich dann mit emotionaler Zuwendung um das geschlagene Kind. Das andere können Sie wortlos an einen anderen Platz begleiten, um eine räumliche Distanz zwischen den Kindern zu schaffen. Wenn sich die emotionalen Wogen geglättet haben, sollte das Geschehen mit beiden besprochen werden. Nun können alternative Lösungswege für das Problem erarbeitet werden. Stellen Sie am besten gemeinsam mit den Kindern altersangemessene soziale Regeln auf und achten Sie konsequent auf deren Einhaltung.

Da ein Zusammenhang zwischen Ernährung und Aggression festgestellt wurde, muss auf eine vitaminreiche Nahrung geachtet werden, die ausreichend Spurenelemente und Fettsäuren enthält.

Erwachsene dürfen Kindern kein aggressives Verhaltensmodell vorführen, sondern sie sollten ihnen verschiedene konstruktive Problemlösungsstrategien anbieten. Die Frage besteht immer darin, wie man Meinungsverschiedenheiten konstruktiv klären und wie man sich in schwierigen Situationen verhalten kann. Kinder beobachten genau, wie die Erzieherinnen auf sie und auf Konflikte untereinander reagieren. Dies nicht, weil sie vielleicht hinterhältig sind und auf Erziehungsfehler warten, die sie gnadenlos ausnutzen wollen, sondern weil sie schon genetisch dazu angelegt sind, auf ihre soziale Umwelt zu reagieren und daraus für ihr Verhalten zu lernen.

Die Entwicklung eines hohen und stabilen Selbstwertgefühls ist eine gute Aggressionsprophylaxe. Zollen Sie dem Kind angemessene Anerkennung für seine Anstrengungen, seine Leistungen und sein Verhalten.

Versuchen Sie, sich von negativen Erwartungen an das Kind freizumachen. Ansonsten laufen Sie Gefahr, dass durch Ihr unbewusstes Verhalten dieses negative Verhalten tatsächlich eintritt.

Sollten Kinder im häuslichen Umfeld Filme mit Gewaltszenen sehen oder Computerspiele ihrer älteren Geschwister mitbenutzen, reden Sie mit dem Kind darüber und sprechen Sie dies bei den Eltern an.

Es ist denkbar, dass Sie das Verhalten eines Kindes sehr stresst. Auch bei Erzieherinnen ist in dieser Situation die Handlungskompetenz herabgesetzt und die Freiheit der Handlungsmöglichkeiten reduziert. Oft ist es sinnvoll, nicht mehr weiter einzugreifen, sondern sich stattdessen aus der Situation zu entfernen, zumindest bis man sich wieder beruhigt hat. Ideal ist es, wenn Sie in einem Team arbeiten, in dem jeder auch einmal ohne Gesichtsverlust aus einem Konflikt gehen kann und die Kollegin die Betreuung der Kinder kurzzeitig übernimmt.

Die Gruppenzusammensetzung stabil lassen

Wie bereits dargestellt wurde, spielen auch Veränderungen in der Gruppenzusammensetzung eine wichtige Rolle. In jeder Gruppe entstehen soziale Hierarchien, die neu ausgehandelt werden müssen, wenn sich die Gruppenzusammensetzung verändert. Im Sinne einer Aggressionsprophylaxe sollte die Gruppe möglichst stabil bleiben. Das erfordert häufig eine besondere Personalausstattung und ist damit kostenintensiv. Im Kindergarten sind Sparmaßnahmen, mit der Folge von Personaleinsparungen und Kostenreduzierungen, verhängnisvoll.

Ausagieren von Erregungen

Es sollte nicht vergessen werden, Möglichkeiten zum Abbau von Erregungspotenzial zu geben. Dies kann z. B. im Sportraum erfolgen, durch ritualisierte Kämpfe, die genauen Regeln unterliegen. Aggressivität muss an Orten und zu Zeiten ausgelebt werden, an und zu denen niemand gefährdet werden kann.

Die eigenen Emotionen verstehen

Kinder im Vorschulalter, die durch ihr aggressives Verhalten auffallen, haben große Schwierigkeiten, ihre eigenen Gefühle zu erkennen und zu verstehen (Petermann, Natzke, Petermann, Brokhaus 2005, S. 211). Dies ist aber die Voraussetzung für einen sozial angemessenen Umgang mit den eigenen Gefühlen.

Kinder lernen erst allmählich, ihre Gefühle differenziert wahrzunehmen und genau benennen zu können. Vom ersten Schrei des Säuglings in einer unangenehmen Situation bis hin zur genauen Differenzierung zwischen Angst, Ärger, Schmerz, Trauer und Wut sowie dem sprachlichen Ausdruck dieser ist es ein langer Weg der Entwicklung und Ausdifferenzierung von Selbstwahrnehmung. Auch wie es seine Gefühle zeigen und regulieren kann, lernt ein Kind. Ist es nicht in der Lage, seine Emotionen situationsangemessen zu regulieren, kann es seine sozialen Fertigkeiten kaum umsetzen. Kinder, die sich auffallend aggressiv verhalten, haben oft Schwierigkeiten mit der Selbstberuhigung bzw. damit, eine Situation angemessen zu verändern. Man muss die Kinder deshalb dabei unterstützen, ihre Gefühle zu identifizieren. Aber wie?

Zunächst muss man sich daran orientieren, wie sich dieser Entwicklungsprozess in der ungestörten Entwicklung vollzieht. Die eigenen Gefühle zu verstehen, ist nicht angeboren. Es ist ein Lernprozess.

Emotionen sind Körperreaktionen, die das Kind im Laufe seiner frühen Entwicklung erst lesen lernen muss. Ein Neugeborenes kennt von Geburt an zunächst nur fünf Emotionen: Disstress, Interesse, endogenes Wohlbehagen, Erschrecken und Ekel (Holodynski 2006, S. 204).

In der Interaktion mit seinen Bezugspersonen entwickelt das Kind schrittweise ein differenziertes Spektrum an Emotionen. Beide Seiten sind darauf vorbereitet: Die Bezugspersonen interpretieren die Zeichen des Kindes, spiegeln sie und reagieren mit angemessenen bedürfnisbefriedigenden Handlungen, die das Kind seinerseits erlernt und versteht, weil die Fähigkeit zur Nachahmung angeboren ist (ebd., S. 84). Indem die Eltern die vermuteten Emotionen des Kindes spiegeln, erlebt das Kind zugleich was in ihm vorgeht und wie Mama oder Papa das ausdrücken. Die Mutter nimmt z. B. das Kind auf den Arm, stellt Blickkontakt her, lächelt und sagt: »Da freust Du Dich aber, dass der Papa kommt!« Das Kind lernt zugleich seine eigenen und die Gefühle des Gegenübers zu lesen. Es spürt, was in ihm vorgeht und gleicht das ab mit der Mimik, der Stimmlage und Körperhaltung der Mutter. Er erlebt zugleich das eigene Innenleben und den Gefühlsausdruck der Mutter.

Vermittelt wird von den Eltern auch die kulturell übliche Art Gefühle zu zeigen, also z. B. was man tun darf, wenn man wütend ist. So entwickeln sich im ersten Lebensjahr u. a. die Gefühle Freude, Ärger und Traurigkeit (ebd., S. 204f.). Im zweiten Lebensjahr bilden sich Wohlbehagen, Zuneigung, Belustigung, Frustration, Trotz, Furcht, Überraschung und Kummer (ebd., S. 206).

In der zweiten Hälfte des zweiten Lebensjahres entwickelt sich die Vorstellung vom eigenen Ich. Sie ist die Voraussetzung für die Entwicklung der Emotion Verlegenheit (Kernberg, Hartmann 2009, S. 58).

Indem sich das Kind an den Normen seiner kulturellen Umgebung zu orientieren beginnt, fängt es an, seine Handlungen mit dem sozialen Umfeld abzustimmen. Es entstehen die Emotionen Schuld, Stolz und Scham (Holodynski 2006, S. 207). Zwischen dem dritten und sechsten Lebensjahr beginnen die Kinder, ihre Emotionen selbst zu regulieren. Sie haben Strategien entwickelt, sich selbst zu beruhigen.

Je nach Situation regulieren sie ihre Emotionen nun mithilfe der Bezugspersonen oder auch allein. Sie sind in der Lage, ihre Bedürfnisse selbstständig und in Abstimmung mit ihrem sozialen Umfeld zu befriedigen (ebd., S. 144).

Ab dem sechsten Lebensjahr sind Kinder imstande, Emotionen zu verspüren, ohne dass sie sie in Körperhaltung und Mimik zeigen müssen. Nicht jeder kann nunmehr ablesen, was sie fühlen.

Erwachsene haben schließlich ein sehr ausdifferenziertes System verschiedener Emotionen. 412 verschiedene, sich gegenseitig ausschließende menschliche Emotionen wurden von einem Forscherteam gefunden (Baron-Cohen 2006, S. 41).

Bei Kindern, bei denen der Prozess der Ausdifferenzierung der Emotionen beeinträchtigt ist, muss man zunächst feststellen, über welche Emotionen sie überhaupt sicher verfügen. Damit ist gemeint, welche sie bei sich und anderen erkennen und sozial angemessen ausdrücken können. Unabhängig vom Lebensalter muss man so reagieren, wie es der Entwicklungsstufe angemessen ist. Eventuell muss man auch bei Vorschulkindern Emotionen noch spiegeln, interpretieren und bei der Bedürfnisbefriedigung helfen, sowie Hilfestellung zur Emotionsregulation geben (vgl. das Kapitel über Kinder mit AD(H)S, Abschnitt *Die Emotionen in Krisensituationen besser regulieren*).

Aggressives Verhalten einschränken

Grundsätzlich sollte überlegt werden, wie die Umgebung so gestaltet (strukturiert) werden kann, dass aggressives Verhalten erschwert wird. Schließlich gilt es, das Kind selbst bzw. andere vor Übergriffen zu schützen. Schon die Gestaltung des Raumes kann dazu beitragen, Übergriffe zu erschweren.

> Luis, der Elias und Gregor beim Frühstück immer wieder stört, kann beispielsweise so platziert werden, dass er die anderen nicht in seinem Aktionsradius hat.

Unstrukturierte Situationen, wie z. B. das morgendliche Ankommen im Kindergarten, eventuell Enge und Gedränge in der Garderobe etc., sollten vermieden werden. Das sind oft Situationen, die besonders schwierig sind. Vielleicht kann man mit den Eltern vereinbaren, dass das Kind ein wenig früher oder später kommt.

Präventionsprogramme

Neben diesen allgemeinen Hinweisen zur Prävention von Aggressionen gibt es noch spezielle Präventionsprogramme. Sie sollen zum einen Risikofaktoren für das Entstehen aggressiven Verhaltens reduzieren und zum anderen Schutzfaktoren entwickeln helfen. Sie zielen auf die Prozesse, die für das Entstehen und das Fortbestehen von Aggressionen von Bedeutung sind.

Man kann zwei Arten von Programmen unterscheiden:
- Primäre Präventionsprogramme beugen der Entwicklung einer Störung vor und werden mit der ganzen Kindergruppe in der Kita durchgeführt.
- Sekundäre Präventionsprogramme richten sich vor allem an die Kinder, die bereits auffällig sind (Essau, Conradt 2004, S. 170).

Präventionsprogramme sind dann besonders erfolgreich,
- wenn sie möglichst früh beginnen und sich über einen längeren Zeitraum erstrecken,
- wenn Kontakt und Beteiligung am Programm intensiv sind, der Teilnehmer regelmäßig erscheint und seine Fähigkeiten, die ihm dort vermittelt werden, auch einsetzt und
- wenn das Programm soziale, gesundheitsbezogene und kognitive Aspekte beinhaltet und das Kind mit seiner Familie anspricht (ebd.).

Präventionsprogramme wirken nicht in allen Altersstufen gleich gut. Bei Kindern im Vorschulalter sind sie aber besonders erfolgreich (Fingerle, Grumm, Hein 2009, S. 479).

Faustlos: Kaj Börkqvist, ein bekannter finnischer Aggressionsforscher, hält die Schulung der Empathie, des Einfühlungsvermögens, für ein geeignetes Mittel, um Aggressionen zu reduzieren. Dies könnte durch Rollenspiele oder mithilfe von Filmen geschehen, in denen die Kinder die Perspektive der Opfer kennenlernen (Haegele 2003, S. 87). Dies ist auch Bestandteil des primären Präventionsprogramms *Faustlos*, das auf einem amerikanischen Programm basiert, dem *Second Step*. Dieses Curriculum zur Gewaltprävention beruht auf Forschungsergebnissen und entwicklungspsychologischen Theorien. Viele Kindergärten in der Bundesrepublik arbeiten aktuell damit. Spielerisch werden sechs Monate lang drei Fähigkeiten trainiert, die die Aggressivität reduzieren helfen: Empathie, soziales Verhalten und Impulskontrolle. Entsprechend ist das Programm in drei Einheiten unterteilt. Die Einheiten gliedern sich in 28 Lektionen für Kindergartenkinder.

Empathie ist eine wesentliche Grundlage für den Erwerb prosozialer Fähigkeiten. Die Kinder lernen deshalb im ersten Teil:

»Gefühle anhand von Mimik, Gestik und situativen Anhaltspunkten zu identifizieren, zu erkennen, dass Menschen in Bezug auf gleiche Sachen unterschiedliche Gefühle haben können, wahrzunehmen, dass Gefühle sich ändern können und welche Gründe dafür vorliegen, Gefühle vorherzusagen, verstehen, dass Menschen unterschiedliche Vorlieben und Abneigungen haben, beabsichtigte von unbeabsichtigten Handlungen zu unterscheiden, Regeln für Fairness in einfachen Situationen anzuwenden, ihre Gefühle unter Verwendung von Ich-Botschaften und aktivem Zuhören mitzuteilen und Sorge und Mitgefühl für andere auszudrücken.« (Essau, Conradt 2004, S. 173 f.)

Eine zweite Einheit des Programms dient der Impulskontrolle. Die Kinder erlernen hier Problemlösungsverfahren. Dazu sollen sie folgenden Algorithmus beherrschen:

»1. Was ist das Problem?
2. Welche Lösung gibt es? (Was kann ich tun?)
3. Frage dich bei jeder Lösung: Ist sie ungefährlich?
Wie fühlen sich die anderen? Ist sie fair?
Wird sie funktionieren?
4. Entscheide dich für eine Lösung und probiere sie aus!
5. Funktioniert die Lösung? Wenn nicht, was kannst du jetzt tun?«
(ebd., S. 174)

Der dritte Baustein heißt Umgang mit Wut und Ärger. Die Kinder erwerben Techniken der Stressreduktion und sollen mit Gefühlen von Ärger und Wut konstruktiv umgehen lernen. Dazu werden ihnen folgende Schritte vermittelt:

»1. Wie fühlt sich mein Körper an?
2. Beruhige dich:
Hole dreimal tief Luft. Zähle langsam rückwärts.
Denke an etwas Schönes.
Sage ›Beruhige dich‹ zu dir selbst.
3. Denke laut über die Lösung des Problems nach.
4. Denke später noch einmal darüber nach:
Warum habe ich mich geärgert?
Was habe ich dann gemacht? Was hat funktioniert?
Was hat nicht funktioniert?
Was würde ich beim nächsten Mal anders machen? Kann ich mit mir zufrieden sein?« (ebd., S. 175).

Amerikanische Studien belegen den Rückgang der Aggressivität, nachdem die Kinder das Programm durchlaufen haben (Possemeyer 2004, S. 161 ff.).

Der Umgang mit Aggressionen

Doch wie verhält man sich, wenn ein Kind dennoch gehäuft Aggressionen zeigt? Inwieweit muss man die Individualität des Kindes respektieren und wann muss man an Verhaltensänderungen arbeiten? Hat das Kind nicht das Recht auf selbstbestimmte Wahl seiner Ausdrucksmöglichkeiten?

Man darf dabei nicht vergessen: Selbstbestimmung hebt nicht das Bedürfnis nach sozialer Bezogenheit auf. Jedes Kind ist ein soziales Wesen, dessen Autonomie innerhalb sozialer Bezüge besteht. Es geht also nicht darum, ein Kind so zu verändern, dass sein Verhalten eventuell bequemer würde, vielmehr sollen Kinder ihr Potenzial als Teil ihrer sozialen Gemeinschaft entfalten können.

Für den Umgang mit aggressivem Verhalten empfiehlt es sich, folgende Schritte zu absolvieren.

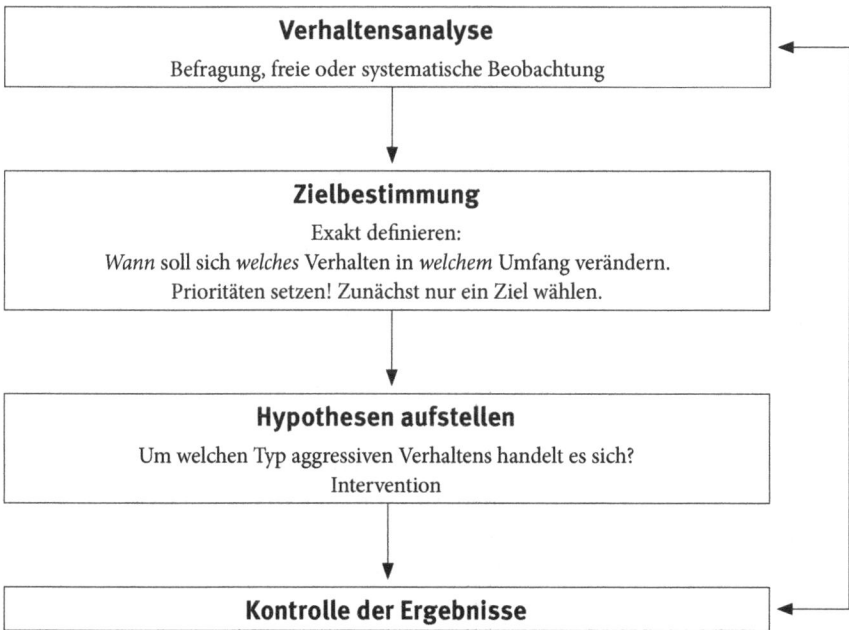

Abb. 2: Ablaufschema zum Umgang mit Aggressionen

Die im Abschnitt *Welche Kinder sind aggressiv in der Kita?* erwähnte Studie an 1000 Kindern zeigt, dass es einen großen Prozentsatz von Jungen und Mädchen gibt, bei denen die Aggressionen im Laufe der Zeit seltener werden. Welche Bedingungen muss man schaffen, um diese Entwicklung zu unterstützen?

Auch hier wird man wieder nach individuellen Lösungen suchen müssen. Kinder mit heißer Aggression (vgl. Abschnitt *Hormone*) brauchen z. B. Belohnungen bei erwünschtem Verhalten und ruhige, vorhersehbare Konsequenzen bei negativem Verhalten.

Bei Kindern mit *kalter Aggression* fruchten Bestrafungen kaum. Belohnungen für angemessenes Verhalten mit Lob und Zuneigung hingegen zeigen Erfolge. Ebenso notwendig sind klare Regeln, Konsequenzen und ein einfühlsames, liebevolles Verhalten der Erzieherin (Amrhein 2009, S. 76 f.).

Das Verhalten analysieren

Erzieherinnen messen in der Kita nicht den Stresshormonspiegel ihrer Kinder, um ihr Verhalten danach auszurichten. Sie erleben seine Auswirkungen. Zudem ist mit dem Hormonspiegel nur einer von vielen individuellen Parametern erfasst. Die Instrumente der Erzieherinnen sind Beobachtungen des Verhaltens der Kinder, Gespräche mit den Eltern und die Verhaltensanalyse.

Untersuchungen haben gezeigt, dass eine gründliche Analyse des Verhaltens und seines psychosozialen Umfelds vor der Festlegung von Interventionen häufig nicht durchgeführt wird. Wird dies versäumt, werden die Maßnahmen festgelegt, ohne nach funktionalen Zusammenhängen zwischen Umweltbedingungen und Verhalten zu fragen. Maßnahmen, denen eine Verhaltensanalyse vorausgeht, weisen aber im Allgemeinen einen länger anhaltenden Erfolg auf (Mühl, Neukäter, Schulz 1996, S. 50 f.).

Es ist in jedem Fall sinnvoll, bei der Analyse den Blick nicht nur auf das aggressive Verhalten zu beschränken, sondern zugleich systemische Zusammenhänge und die Lebensgeschichte des Kindes zu berücksichtigen. Diese Faktoren können durch eine systematische Befragung der Bezugspersonen erhoben werden. Die Befragung kann in Form eines strukturierten oder unstrukturierten Gesprächs, eines Interviews, mithilfe von Checklisten oder Fragebögen durchgeführt werden. Einen Überblick über verschiedene Interviews und Checklisten findet man bei Mühl, Neukäter, Schulz (1996).

Die Beobachtungen dienen dazu, das Verhalten exakt zu beschreiben. Dabei soll festgestellt werden:
- wann und wo die Aggressionen auftreten,
- wie oft das Verhalten in einem bestimmten Zeitraum auftritt,
- wie lange es anhält,
- welche Personen dabei anwesend sind,
- was die vorausgehenden Reize waren,

- worin der Auslöser besteht,
- wie die Umgebungsbedingungen sind und
- wie auf das Verhalten reagiert wird.

Das Verhalten steht oftmals in einem engen Zusammenhang mit vorhergehenden oder nachfolgenden Situationen (Glasberg 2006). Zum anderen muss aber auch registriert werden, in welchen Situationen das Kind keine Aggression zeigt und welches die Begleitumstände dieser Gelegenheiten sind.

Auch die Abläufe der Aggressionen sind wichtig: Treten sie plötzlich und unvorhersehbar auf und/oder eskalieren sie immer stärker? Oft gibt es einen typischen Ablauf, mit einer sogenannten Vorläuferphase, dem Kontrollverlust, der Eskalation, der abklingenden Aggression und der schließlich wiederkehrenden Selbststeuerung (Bradl 2003, S. 51).

Es sollte gut überlegt werden, in welcher Situation und für welchen Zeitraum man das Kind beobachten möchte. Darüber hinaus, ob es das Kind bemerken darf, dass es beobachtet wird (offene Beobachtung) oder nicht (verdeckte Beobachtung), ob die Erzieherin nur zuschaut (nicht teilnehmend) oder mit ins Geschehen involviert ist (teilnehmend). In diesem Zusammenhang sollte auch vorher überlegt werden, wie die Ergebnisse dokumentiert werden sollen. Am besten geschieht das so einfach wie möglich. Manchmal ist es schon ausreichend, Häufigkeiten auszuzählen (z. B. Wie oft steht ein Kind an jedem Wochentag während eines Morgenkreises auf?).

Ein vorzügliches Mittel der Datengewinnung ist die Anfertigung von Videoaufnahmen. Sie gestatten es, die Situation ganz genau und auch mehrere Male wiederholt anzusehen. An dieser Stelle soll auch auf die Beratungsmethode *Marte Meo* verwiesen werden. Sie nutzt ebenfalls Videos, um pädagogische Prozesse und Ressourcen aufzuzeigen und nicht allein auf der theoretischen Ebene erklären zu müssen (https://de.wikipedia.org/wiki/Marte_Meo, 06.10.19).

Das Verhalten genau beschreiben: Beschreibungen von Aggressionen fallen gelegentlich sehr allgemein aus, etwa »Loui provoziert den ganzen Tag andere Kinder.« Sinnvoller und für eine Intervention geeigneter ist eine genaue Beschreibung des Verhaltens. Nicht: Wie ist Loui, sondern: Was macht Loui? Was hat Loui genau getan oder gesagt? Statt »Loui ist aggressiv« muss also z. B. formuliert werden »Loui zieht Sophie an den Zöpfen.«

Manchmal ist es sogar hilfreich, das Verhalten so genau zu beschreiben, als wolle man einen Schauspieler bitten, es vorzuspielen. Nicht selten verstehen nämlich Bezugspersonen unter Beschreibungen, wie »Er hatte einen Wutanfall« ganz unterschiedliche Dinge. Das nachfolgende Protokoll eignet sich zur Erfassung wesentlicher Aspekte der Aggressionen des Kindes. Achtung:

Es ist nicht immer möglich und auch nicht nötig, alle Kästchen der Tabelle in Abb. 3 auszufüllen. Sie werden noch im Weiteren erfahren, wie man mit der ausgefüllten Tabelle arbeitet.

Was ging dem Verhalten voraus?	Was tut das Kind genau?	Wie reagieren anwesende Personen?
Gab es einen Auslöser?	Wie lange dauerte es?	Bekommt das Kind etwas, was es sonst nicht bekommen hätte (Aufmerksamkeit!)?
Welche Personen waren dabei?	Wie oft wurde das Verhalten wiederholt?	Vermeidet es etwas Unangenehmes?
In welchem Raum fand es statt?		

Abb. 3: Verhaltensanalyse

Schuldzuweisungen vermeiden: Eine gründliche Analyse des Verhaltens ist noch aus einem weiteren Grund zu empfehlen. Wenn sich pädagogische Fachkräfte oder Eltern über das Verhalten eines Kindes austauschen, stellt möglicherweise ein Partner fest: »Bei mir macht er das nicht!« Bei solchen Feststellungen ist Vorsicht geboten, denn implizit disqualifizieren sie die andere Person. Obgleich die Aussage an sich völlig wertfrei ist, wird doch zugleich unterstellt, dass das Vorgehen der anderen nicht adäquat ist. Diese gerät in eine Position, in der sie das eigene Verhalten rechtfertigen und zugleich erschwerende Umstände benennen muss.

Ein ähnliches Problem entwickelt sich oftmals durch gegenseitige Schuldzuweisungen von Eltern und pädagogischen Fachkräften. Die Probleme des Kindes können dazu führen, dass man versucht, die Ursache der Probleme dem jeweils anderen zuzuschieben. Für eine konstruktive Suche nach geeigneten Strategien, mit dem Verhalten umzugehen, sind diese Situationen nicht günstig. Doch das wird genauer im letzten Kapitel des Buches besprochen.

Doch wie verhält man sich nun, wenn das Kind bei einigen Erwachsenen kein aggressives Verhalten zeigt? Sollte das aggressive Verhalten tatsächlich nur bei einzelnen Erwachsenen auftreten, muss versucht werden, die Ursache hierfür zu ergründen. Worin unterscheidet sich ihr Verhalten von dem der anderen? Worin unterscheidet sich die Situation oder die Umgebung? *Mehr von dem, was gut funktioniert,* ist ein Grundsatz pädagogischen Arbeitens.

Es gibt viel mehr Variablen als nur das pädagogische Geschick, die eine Rolle spielen können. Einige, wie das Geschlecht, kann man nicht einmal beeinflussen. Es gibt Kinder, die auf Männer mit Aggressionen reagieren oder auch bei diesen niemals ein derartiges Verhalten zeigen. In solchen Fällen muss man strukturelle Veränderungen vornehmen. Der Mann sollte unbedingt oder, je nach Situation, niemals Bezugserzieher sein. Vielleicht kann er seine Beziehung oder seine Autorität nutzen, um positive Verhaltensmuster auch auf andere Situationen zu übertragen. Er kann mit dem Kind Situationen vor- oder nachbesprechen und als Modell dienen. Reagiert das Kind besonders aggressiv auf die Anwesenheit von Männern, sollte man mithilfe der Eltern versuchen, die Ursache für dieses Verhalten zu ergründen.

Das Ziel bestimmen

Für die Zielbestimmung ist es wichtig, bescheiden zu sein. Setzen Sie sich zunächst kleine Ziele. Das vereinbarte Ziel sollte sich im ersten Schritt auf eine Verhaltensweise, die zu einer bestimmten Zeit auftritt, beschränken. Dazu müssen Prioritäten gesetzt werden. Sie müssen fragen: Welches Verhalten belastet Sie, Ihre Kolleginnen und die anderen Kinder in welcher Situation am meisten?

Das Ziel Ihrer Maßnahmen kann u. U.
- die Reduktion der Häufigkeit eines Verhaltens sein, z. B. dass ein Kind ein anderes beim Spielen nicht so oft stört.
- die Intensität seines Verhaltens betreffen. So könnten Sie sich das Ziel setzen, dass ein Kind, sich nicht auf den Boden wirft, wenn es sich ärgert, sondern vielleicht nur mit den Füßen stampft.
- die Dauer des schwierigen Verhaltens reduzieren. Dann soll das Kind vielleicht nicht 30 Minuten schreien, wenn es sich geärgert hat, sondern nur fünf Minuten lang.

Berücksichtigt werden muss, dass gelegentlich der Erfolg einer Interventionsmaßnahme mit dem Gegenüber variiert (Bernard-Opitz, Kok 1994, S. 19). Es muss also auch exakt definiert werden, bei welchen Personen der Erfolg gemessen und bewertet werden soll und wie neue, sozial angemessene Verhaltensmodelle auf andere übertragen werden können.

Bleiben Sie nicht bei allgemeinen Feststellungen stehen wie beispielsweise: »Er soll nicht mehr toben, wenn ich ihn zum Aufräumen auffordere.« Formulieren Sie Ihr Ziel präziser. Oft ist es hilfreich, sich das Ziel zu notieren. Wenn Sie sicher sind, dass Sie nach einem Zeitraum, den Sie selbst festlegen, exakt entscheiden können, ob Sie das Ziel erreicht haben oder nicht, sind Sie auf dem richtigen Weg. Das Ziel könnte also heißen: »Gerrit wirft sich nicht auf den Boden und schreit, wenn ich ihn zum Aufräumen auffordere.«

Gelingt es, auch nur eine kleine Veränderung des Verhaltens zu bewirken, beginnt oft ein ganz erstaunlicher Prozess. Wenn Sie den Eindruck haben, dass Sie auf das schwierige Verhalten Einfluss nehmen können, vermindert sich Ihr Stress. Dadurch verhalten Sie sich anders und können so noch weitere Veränderungen im Verhalten des Kindes in Gang setzen.

Selbstverständlich sollen Sie Aggressionen in anderen Situationen nun nicht tatenlos begegnen. Tun Sie einfach weiter, was Sie bisher immer getan haben. Für ein neues, durchdachtes und geplantes Vorgehen beschränken Sie sich aber auf das, was Sie im Ziel formuliert haben.

Das Vorgehen: Sie müssen etwas ändern!

Betrachten wir aussichtslos verfahrene Situationen, dann erkennen wir, dass zumeist nach folgenden Prinzipien gehandelt wurde:

»Erstens, es gibt nur eine mögliche, erlaubte, vernünftige, sinnvolle, logische Lösung des Problems, und wenn diese Anstrengungen noch nicht zum Erfolg geführt haben, so beweist das nur, daß er sich noch nicht genügend angestrengt hat. Zweitens, die Annahme, daß es nur diese einzige Lösung gibt, darf selbst nie in Frage gestellt werden; herumprobieren darf man nur an der Anwendung dieser Grundannahme.« (Watzlawick 2002, S. 29 f.)

Der Kommunikationswissenschaftler Paul Watzlawick formuliert hier einen wichtigen Grundsatz – erfolglosen – pädagogischen Handelns, der garantiert, dass alle Bemühungen scheitern. Watzlawicks Analyse ist hier also nicht ganz ernst gemeint. Aber er hat recht: Oft ist man der Meinung, man würde alles richtig machen und es sei ganz unmöglich, sich anders zu verhalten, um ein bestimmtes Problem zu lösen. Doch das ist eine Denkfalle. Wie wir schon bei den Kindern mit unterschiedlichem Stresshormonspiegel gesehen haben, gibt es nämlich nicht DIE richtige Maßnahme für den Umgang mit aggressivem Verhalten bei Kindern.

Wichtig ist, dass etwas verändert werden muss. Nur wenn Sie etwas verändern, wird das Kind motiviert, ein alternatives Verhalten zu wählen. Die Veränderung kann viele Bereiche betreffen: Räumliche oder zeitliche Umgestaltungen können hilfreich sein, aber auch andere Ausgangssituationen oder neue Reaktionsweisen auf das Verhalten des Kindes. Wenn Sie der Meinung sind, es könne sich nichts ändern an der augenblicklichen Situation und den Reaktionen, wird sich auch am Verhalten des Kindes nichts ändern. Die bisherigen Bemühungen waren ja nicht ausreichend erfolgreich.

Man kann aufgrund der unterschiedlichen Motivation von verschiedenen Typen der Aggression sprechen. Jede macht zugleich verschiedene Formen der Intervention notwendig.

Es ist Ihre Aufgabe, eine Hypothese darüber anzustellen, um welchen Typ aggressiven Handelns es sich bei dem Kind, das Sie vor Augen haben, handelt. Hypothesen sind Vermutungen, d. h. zugleich auch, dass man sich durchaus irren kann. Haben Sie Mut zum Irrtum in Ihrer pädagogischen Praxis. Wer nichts versucht, kann auch nichts zum Positiven verändern.

Instrumentell-aggressives Verhalten

Der erste Typ von aggressivem Verhalten, der hier vorgestellt werden soll, ist die instrumentelle Aggression. Dabei handelt es sich um ein gelerntes Verhalten. Instrumentelle Aggressionen haben für das Kind eine positive Konsequenz: »Es hat etwas davon.« Es kann in der Folge etwas Positives erhalten, z. B. Aufmerksamkeit, Zuwendung, aber auch Nahrung oder Spielzeug. Wenn das Kind weiß, dass Sie sich ihm intensiv zuwenden, wenn es laut schreit, und ihm dies angenehm ist, wird es das laute Schreien benutzen, um Ihre Aufmerksamkeit zu erhalten. Auch Zuwendungen in Form von Schimpfen und Ermahnungen sind für manche Kinder besser als nicht beachtet zu werden.

Es gibt außerdem noch die Möglichkeit, dass aggressives Verhalten eingesetzt wird, um unangenehme Situationen zu vermeiden oder zu beenden. Es kann also ein Mittel sein, um Widerstand auszudrücken, wenn andere Möglichkeiten nicht zur Verfügung stehen bzw. keine Wirkung haben. Das Kind könnte z. B. zu toben beginnen, wenn es aufräumen soll. Wenn es dann aus dem Raum entfernt wird und die anderen Kinder in dieser Zeit die Ordnung wiederherstellen, wird das Kind lernen, wie man um das Aufräumen herumkommt.

Das Kind verfügt häufig nicht über sozial akzeptierte Handlungsalternativen, um seine Ziele zu erreichen. Muss es sein Verhalten jedoch aufgrund Ihrer Reaktion als erfolgreich und zielführend deuten, wird dieses Muster gelernt und in der Folgezeit häufiger angewandt bzw. auch auf andere Situationen übertragen.

Es ist sicher nicht so, dass das Kind lange Überlegungen hinsichtlich des effizientesten Handlungsmodells anstellt. Menschliche Entscheidungen sind von vielen äußeren und inneren Faktoren bestimmt, die nur zu einem Bruchteil während des Entscheidungsprozesses bewusst werden. Die Entscheidung fällt schnell und ohne lange Überlegung. Je öfter sie sich als erfolgreich erwiesen hat, umso automatischer wird wieder darauf zurückgegriffen. Es ist, als wenn Sie einen Weg in frisch gefallenen Schnee treten. Je öfter Sie einen Weg gehen, desto schneller kommen Sie voran. Es handelt sich wahrscheinlich um diesen Verhaltenstypus, wenn Sie auf der rechten Seite der Tabelle in Abb. 3 etwas in den unteren beiden Spalten eintragen konnten.

Haben Sie die Vermutung, dass das aggressive Verhalten eine positive Folge für das Kind hat, ist die Veränderung des eigenen Reaktionsmusters auf aggressives Verhalten notwendig: Die positive Folge für das Kind darf nicht mehr eintreten, wenn es das unerwünschte Verhalten zeigt. Langfristig greifen alle Menschen auf die Verhaltensweisen zurück, die sich für sie als die erfolgreichsten erwiesen haben. Das Kind muss nun also umlernen. Ein anderes Verhalten muss ihm langfristig erfolgreicher erscheinen als die Aggression. Das bedeutet zugleich, dass es nicht ausreicht, ein Verhalten abzubauen, sondern dass zugleich alternatives Verhalten entwickelt werden muss.

> Sucht das Kind mit seiner Aggression die Aufmerksamkeit der Erzieherin, kann man mit ihm vereinbaren, dass es nach jedem Vormittag, an dem es kein anderes Kind geschlagen hat, eine Runde »Mensch-ärgere-dich-nicht« mit ihr spielen darf. Ihre Aufmerksamkeit ist die Konsequenz auf sozial angemessenes Verhalten. Sie folgt nicht auf die Aggression. Zugleich bringt man dem Kind bei, wie es auf andere Weise Aufmerksamkeit erhalten kann: Es soll die Erzieherin beim Namen rufen, wenn es Beachtung möchte. Eine gewisse Zeit ist das sehr anstrengend, denn das Kind muss dann auch zuverlässig beachtet werden. Schließlich muss das neue Verhaltensmuster (die Erzieherin rufen) erfolgreicher sein als das alte (Schlagen). Auf keinen Fall darf sie das Kind in der ersten Zeit vertrösten, sonst erlebt es das Rufen ja nicht als erfolgreicher als das Schlagen.

Es besteht aber die Möglichkeit, dass es vorübergehend sogar zu noch häufigeren aggressiven Ausbrüchen kommt, wenn das Kind merkt, dass sein bisheriges Verhalten nicht mehr zum Erfolg führt. Hier helfen nur Konsequenz und starke Nerven. Wenn man jetzt nachgibt, hat man es beim nächsten Versuch, das Verhaltensmuster zu durchbrechen, gleich doppelt so schwer.

Es ist umso schwieriger, ein Verhalten zu verändern, je länger es sich bereits im Repertoire eines Kindes befindet. Dennoch kann es Gründe geben, nicht sofort mit einer Maßnahme zu beginnen. Dann nämlich beispielsweise, wenn die Möglichkeit besteht, dass das Team nicht die Kraft hat, die geplanten Maßnahmen tatsächlich konsequent umzusetzen.

Affektiv-aggressives Verhalten

Affektiv-aggressives Verhalten ist ungeplant und die Reaktion auf ein Geschehen, ein Objekt, o. ä., das bei dem Kind Angst oder Zorn auslöst. Manchmal entwickeln Kinder aber auch Angst einflößende Vorstellungen von Situationen, Personen oder Gegenständen.

Es handelt sich wahrscheinlich um einen solchen Verhaltenstyp, wenn Sie in der Tabelle in Abb. 3 zur Verhaltensanalyse in den Spalten *Was ging dem Verhalten voraus?* und *Gab es einen Auslöser?* etwas eingetragen haben.

Im Abschnitt *Hormone* wurde schon beschrieben, dass es Kinder gibt, die sich schneller als andere bedroht fühlen. Sie interpretieren möglicherweise ein versehentliches Anstoßen als Angriff und reagieren mit einer Attacke. Oft mündet das Verhalten in negativen Konsequenzen für das Kind selbst. Kinder, die im Affekt aggressiv werden, bereuen das hinterher sehr. Manchmal brechen sie sogar in Tränen aus. Außerdem fragen sich die Erwachsenen bei diesem Verhaltenstyp oft, warum sich das Kind so verhalte. Schließlich kenne es ja die unangenehmen Folgen seines Handelns. Doch das Kind hat in seiner großen Wut oder Angst keine Kontrolle mehr über das, was es tut. Aus diesem Grund kann in demselben Moment auch keine pädagogische Maßnahme greifen. Das Kind und seine Umwelt können nur noch geschützt werden.

Um dem Kind zu helfen, kann es sinnvoll sein, sich eine Ampel vorzustellen oder sie sogar aufzuzeichnen.
Grün: Das Kind ist entspannt. Woran kann man das erkennen, falls es das nicht benennen kann? Notieren Sie es!
Gelb: Das Kind ist angespannt. Woran kann man das erkennen, falls es das nicht benennen kann? Was hilft ihm, sich wieder zu entspannen? Schreiben Sie auch das auf! Je mehr Entspannungshilfen identifiziert werden, desto leichter kann flexibel in verschiedenen Situationen reagiert werden. Die Gelbphase kann natürlich noch weiter unterteilt werden, wenn das sinnvoll ist. Je weiter die Erregung im gelben Bereich steigt, desto geringere Frustrationen sind nötig, um in einen Kontrollverlust zu münden. »Rot« wirkt wie ein Magnet. Der in der Tabelle in Abb. 3 zur Verhaltensanalyse erfasste »Auslöser« ist oft der Tropfen,

der das Fass zum Überlaufen bringt. Das, was dem voraus ging ist die Situation, die das Anspannungsniveau des Kindes steigen ließ.

Rot: Kontrollverlust. Dieser muss unbedingt verhindert werden! Niemand profitiert davon. Im Zustand des Kontrollverlustes müssen Kind und Umfeld geschützt werden. Erklärungen, aber auch in Aussicht gestellte Belohnungen oder Strafen sind in diesen Momenten unwirksam. »Blind vor Wut«, beschreibt der Volksmund den Zustand im roten Modus.

Mit diesem Ampelsystem zu arbeiten bedeutet, den Tag unterschiedlich zu beginnen, in Abhängigkeit davon, ob das Kind entspannt (grün) oder angespannt (gelb) in der Einrichtung ankommt.

Alles, was dafür sorgt, dass das Kind weniger angespannt ist, ist hilfreich. Eine angstfreie Atmosphäre trägt in jedem Fall dazu bei, dass Kinder ihr Verhalten besser steuern können.

> Wenn sich das Kind beispielsweise vor den Geräuschen eines Spielzeugroboters fürchtet, darf mit diesem in seiner Anwesenheit nicht gespielt werden. Manchmal ist es auch möglich, die Situation mit dem Kind zu verlassen. Wenn das Kind z. B. Angst vor der Bohrmaschine hat, kann man mit ihm einen Spaziergang machen, wenn der Hausmeister sie nutzt, um ein Regal anzubringen.

Doch nicht immer kann die Situation durch das Entfernen aus der Situation entspannt werden. Ein wenig kann es schon helfen, wenn man das Kind in die Ausführung von Routinen einbezieht. Man macht Dinge, die es gern tut und bei denen es sich nicht sehr anstrengen muss, die es aber ablenken. Routinen reduzieren Ängste.

Auch der als unvorhersehbar erlebte Alltag kann angstauslösend sein. Dies kann u. a. erforderlich machen, eine klare äußere Struktur zu schaffen (siehe Abschnitt *Die Raumgestaltung* im Kapitel über Kinder mit AD(H)S).

Umgeleitete Aggression: Nicht selten gibt es folgendes Szenario: Ein Kind wird aufgrund des Verhaltens eines anderen Kindes oder Erwachsenen wütend. Es entlädt seine Aggressivität gegen einen Unbeteiligten – meist einen Jüngeren.

In diesem Fall ist allein ein moralisch motiviertes Verbot nicht sinnvoll. Das Kind braucht Möglichkeiten, um sein Erregungsniveau in allgemein akzeptierter Weise herunterzuregulieren. Das Abreagieren der Aggressivität an einem

Ersatzobjekt ist dabei durchaus möglich und kann sozial akzeptabel sein, wenn es nicht mit Sachbeschädigung einhergeht.

»Im Alltag kennt man verschiedene Möglichkeiten, den eigenen Ärger abzureagieren, beispielsweise indem man mit der Tür knallt oder mit sehr lauter Stimme spricht. Viele Menschen gehen ins Fitnessstudio, um Spannungen abzubauen.« (Kasten 2006, S. 39)

Impulsiv-aggressives Verhalten

Ein dritter Typus aggressiven Verhaltens ist das impulsiv-aggressive Verhalten. Impulsiv zu sein bedeutet, ein Bedürfnis nicht aufschieben oder zugunsten eines anderen Bedürfnisses unterdrücken zu können. Das Kind lebt im Jetzt (vgl. das Kapitel über Kinder mit AD(H)S). Es ist ein

»Handeln, ohne zu überlegen, zwischen Gedanken und Tun scheint es keine Handlungskontrolle zu geben, so daß auch gegen besseres Wissen und gegen besseres Wollen gehandelt wird, auch wenn es zum eigenen Schaden gereicht.« (Warnke, 1998, S. 39 f.)

Die Impulskontrolle entwickelt sich im Laufe der Kindheit schrittweise auf der Grundlage von
- Hirnreifeprozessen,
- Übung und
- Vertrauen (Mischel 2014, S. 30).

18 Monate alte Kinder können z. B. 10 bis 13 Sekunden auf eine Bedürfnisbefriedigung warten, 30 Monate alte bereits 120 bis 150 Sekunden. Erst im vierten Lebensjahr gelingt ihnen der Bedürfnisaufschub (Bischof-Köhler 2011, S. 359).

Dass Impulskontrolle auch geübt werden muss, wird in der augenblicklichen pädagogischen Diskussion oft vergessen. Impulskontrolle zu üben bedeutet ja, zu trainieren, Bedürfnisse aufzuschieben oder zu unterdrücken. Das ist wichtig, denn im Leben kann nicht jedes Bedürfnis sofort erfüllt werden. Damit das Kind üben kann, sind Grenzsetzungen notwendig.

Wenn Selbstbestimmung aber in dem Sinne missverstanden wird, dass ein Kind seine Bedürfnisse immer sofort erfüllen kann, wird es seine Impulskontrolle nicht ausreichend üben. Natürlich müssen Kinder mit ihren Wünschen ernst genommen werden. Sie sind aber in der Lage zu lernen, dass sie manchmal etwas warten müssen oder gelegentlich etwas anderes sogar wich-

tiger ist. Viele Übungsmöglichkeiten lassen sich einfach in den Alltag integrieren, z. B. indem
- eine Gruppe gemeinsam das Essen beginnt, auch wenn die Teller schon gefüllt sind,
- man das Kind anhält, sich etwas Leckeres aus der Brotdose bis zum Nachmittag aufzuheben,
- sich Kinder mit dem Spielzeug abwechseln und das Kind warten muss, bis es an der Reihe ist,
- Kinder auch mit ihrem Anliegen warten müssen, bis die andere Person ein Gespräch beendet hat oder bis sie sie unterbrechen können,
- Kinder beim Vorlesen einer kurzen Geschichte nicht dazwischenreden, sondern ihre Fragen und Kommentare am Schluss abgeben sollen.

Wenn ein Kind immer wieder impulsive aggressive Durchbrüche hat, anderen z. B. das Spielzeug, den Platz oder das Essen wegnimmt, haben Sie ihm sicher bereits erklärt, was sein Verhalten für die anderen Kinder bedeutet. Dieser Weg war also nicht erfolgreich genug. Sie müssen einen anderen gehen.

In einem ersten Schritt vereinbaren Sie mit dem Kind ein konkretes Ziel, z. B.: »Du isst nur die Dinge aus Deiner Brotdose.«

Im zweiten Schritt verändern Sie das Umfeld. Die Essenssituation sollte zunächst so gestaltet werden, dass es das Kind möglichst schwer hat, an andere Brotdosen zu gelangen. Es kann einen anderen Sitzplatz bekommen oder aber auch zu anderen Zeiten essen als bestimmte Kinder, denen es besonders oft etwas wegnimmt.

Der Erfolg Ihres Vorgehens wächst, wenn sich das Kind als erfolgreich erleben kann. Je öfter Kinder ihre Bedürfnisse aufschieben konnten, desto größer wird ihre Erfolgsüberzeugung (»Ich schaffe das!«) und umso eher stellen sie sich neuen Herausforderungen (Mischel 2014, S. 150).

Unterstützen Sie sein Gedächtnis am besten mit einem kleinen Bild auf seinem Essplatz, das symbolisiert, dass andere Brotdosen tabu sind. Schließlich soll das Kind sein Vorhaben nicht vergessen (Ich esse nur aus meiner Brotdose) und sich vor allem im entscheidenden Augenblick daran erinnern (Kliegel, Ballhausen 2018).

Vergessen Sie nicht, das Kind zu loben, wenn es seine Impulse kontrollieren konnte. Immerhin hat es sich angestrengt. Anstrengung lohnt sich, das ist auch eine wichtige Erfahrung.

Moralische Appelle sind bei Impulskontrollproblemen unangebracht. Es gibt einige erprobte Verfahren, die an dieser Stelle vorgestellt werden sollen. Gemeinsam ist ihnen der Versuch, aus der Spirale aus Kontrollverlust und Strafe auszusteigen und eine positivere Kommunikation zu beginnen. Das erste nennt man *Differentielle Verstärkung anderen Verhaltens* oder *Differential Reinforcement of Other Behavior (DRO)*. Im zuvor dargestellten Beispiel mit der Brotdose wurde danach vorgegangen. Hier wird das Kind belohnt, wenn es eine gewisse Zeitlang das unerwünschte Verhalten nicht zeigt. Der Zeitrahmen, nach dem die Belohnung erfolgt, umfasst in etwa die Hälfte der Zeit, nach der das Verhalten üblicherweise auftritt. Die Belohnung muss immer für das Kind auch wirklich belohnend sein. Das klingt simpler als es ist. Manchmal vermutet man, ein Kind freue sich, wenn es öffentlich gelobt wird, vielleicht ist ihm dies aber auch peinlich, weil es cool sein möchte. Dann wäre die beabsichtigte Belohnung in Wirklichkeit keine.

> Wenn Elias also ca. eine Minute nach Beginn des Morgenkreises beginnt, die Kinder neben sich zu kneifen, muss er nach 30 Sekunden dafür belohnt werden, dass er es nicht getan hat.

Ein Problem bei diesem Vorgehen besteht darin, dass Elias vielleicht niemanden kneift, aber schubst. Nun müsste man ihn nach dieser Technik belohnen, obwohl es ein anderes aggressives Verhalten gezeigt hat. Dieses Problem kann man umgehen, wenn man ein Verhalten findet, das Elias unmöglich zugleich mit dem aggressiven Verhalten zeigen kann.

Dies nennt man *Differentielle Verstärkung inkompatiblen Verhaltens* oder *Differential Reinforcement of Incompatible Behavior (DRI)*. Es werden innerhalb eines bestimmten Zeitraumes die Verhaltensweisen verstärkt, die mit dem aggressiven Verhalten unvereinbar sind (Mühl, Neukäter, Schulz 1996, S. 101 ff.).

> Wenn das Kind also z. B. immer im Morgenkreis seine Nachbarn kneift, gibt man ihm einen Fotoapparat und fordert es auf, Fotos von den Kindern zu machen. Man belohnt es dafür, wenn das gut klappt. Wenn man einen Fotoapparat in den Händen hat, kann man nicht zugleich kneifen oder schubsen.

Es existiert aber noch eine dritte Möglichkeit. Vielleicht kneift Elias auch andere Kinder, weil ihm im Morgenkreis langweilig ist. Er versucht also, sich die Situation abwechslungsreicher zu gestalten. Dann kann man ihm eine Aufgabe geben, wie das beim Fotografieren schon versucht wurde. Vielleicht kann er auch auf einer Tafel abhaken, wer heute anwesend ist. Dies nennt man *Differentielle Verstärkung alternativen Verhaltens* oder *Differential Reinforcement of Alternative Behavior (DRA)*. Der Vorteil dieser drei vorgestellten Methoden besteht darin, dass man die Endlosschleife aus Aggression und Bestrafung beendet.

Impulskontrolle zu halten ist eine Anstrengung. Niemand kann sie unentwegt erbringen. Für den Alltag bedeutet das, dass Sie die Prioritäten setzen müssen. Wann ist es besonders wichtig, dass sich das Kind kontrolliert? Und wenn ihm das in einer Situation gut gelungen ist, darf ihm das auf keinen Fall in der nächsten Situation zum Vorwurf gemacht werden (»Ich verstehe das nicht. Eben ging es ja auch!«).

Kontrolle der Ergebnisse

Es ist wichtig, nach einiger Zeit zu kontrollieren, ob die Maßnahmen erfolgreich waren. Man muss also festlegen, nach welcher Dauer man das Verhalten erneut beurteilen möchte und was als Fortschritt gewertet wird.

Reicht es, wenn das Kind das Verhalten an einem Tag nicht gezeigt hat, bedarf es einer Woche, eines Monats, die man abwarten muss? Eine begleitende kontinuierliche Verhaltensbeobachtung ist unumgänglich. Nur wenn alle Beteiligten genaue Aufzeichnungen über das Verhalten anfertigen, wird zu entscheiden sein, ob eine geeignete Möglichkeit zur Verhaltensänderung gewählt wurde oder nicht. Bezugspunkt bildet dabei das Ausgangsverhalten, das bei der Verhaltensanalyse eingeschätzt wurde.

Mangelnde oder nur kurzfristig anhaltende Erfolge verweisen auf Fehler im Vorgehen. Sie können dadurch bedingt sein, dass bestimmte Faktoren eben doch nicht beobacht- und nachvollziehbar sind. Das können z. B. innere Bedingungen, wie Anspannungen oder häusliche Belastungen, sein.

Möglicherweise war auch die Hypothese über die Motivation der Aggression und damit die gewählte Intervention falsch.

Oder das Ziel wurde nicht angemessen formuliert, vielleicht war es zu hoch? Auf der Grundlage dieser Überlegungen kann erneut die Intervention geplant werden bzw. muss die Zielstellung korrigiert werden. Die folgende Checkliste kann dabei helfen.

Was kann ich tun?

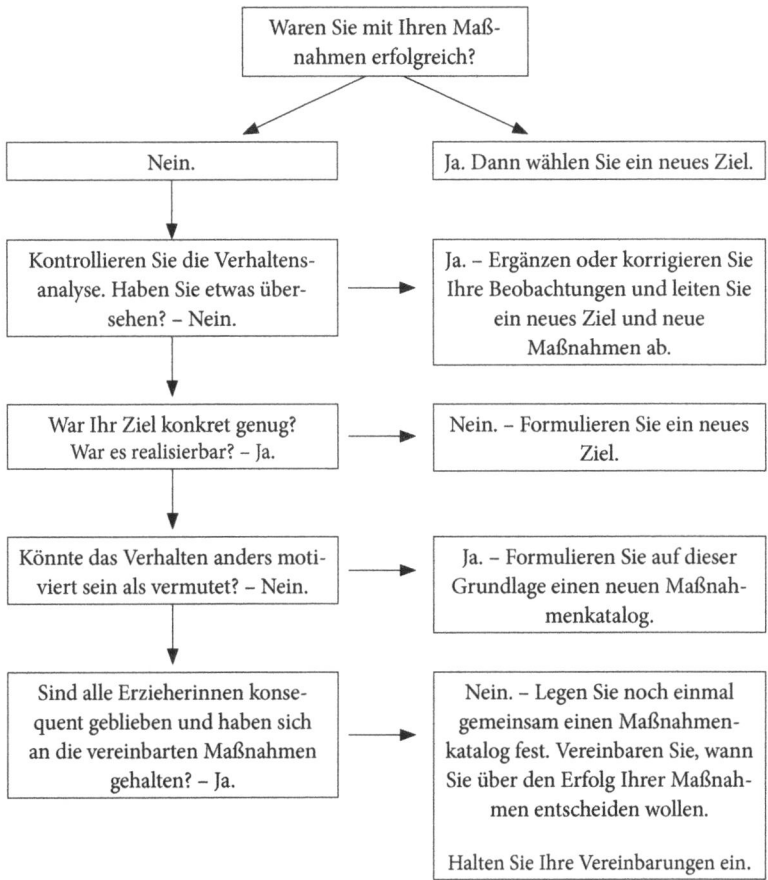

Abb. 4: Checkliste zur Kontrolle der Ergebnisse

Natürlich ist eine enge Zusammenarbeit mit den Eltern sehr hilfreich, um das Kind zu unterstützen. Wenn es möglich ist, die Maßnahmen mit den Eltern abzusprechen, wird das Kind viel schneller Verhaltensalternativen lernen können.

Zappelphilipp: Das Kind mit Aufmerksamkeitsdefizit-/Hyperaktivitätsstörung AD(H)S

1. Was kann ich beobachten?

Felix Dietz hat AD(H)S. Er erinnert sich daran, dass er als Kind niemals länger als fünf Minuten bei einer Sache bleiben konnte. Ständig fingen neue Dinge seine Aufmerksamkeit ein, mit der Folge, dass er immer wieder ein unendliches, alle belastendes Chaos verursachte:

> »Im Kindergarten baute ich [...] viel Mist. Ich habe Spiele ausgepackt, fünf Minuten damit gespielt und dann Neues ausgeräumt. Die alten Spiele habe ich einfach liegen gelassen anstatt sie ordentlich wegzuräumen. Das habe ich einfach vergessen. Dadurch habe ich natürlich ein totales Chaos verursacht. Meistens waren meine Erzieherinnen ganz schön wütend auf mich. [...] Richtig mitspielen konnte ich nicht, weil ich die Spielanleitung nicht verstanden hatte.« (Dietz 1999, S. 28f.)

Manche Kinder stellen Erzieherinnen mit ihrem Verhalten auf eine große Belastungsprobe. Ständig sind sie in Bewegung. Wo sie spielen, gibt es oft Streit und Chaos. Gruppenregeln halten sie nicht ein, was zu weiteren Problemen mit den anderen Kindern führt, die nicht gern mit ihnen spielen wollen. Viele haben oder bekommen später die Diagnose Aufmerksamkeitsdefizit-/Hyperaktivitätsstörung (AD(H)S).

Jede dritte Erzieherin fühlt sich in der Kita durch diese Kinder stark belastet (Agi, Hennemann, Hillenbrand 2010, S. 46). Es ist eine schwierige Aufgabe, diese Kinder in das Gruppengeschehen zu integrieren und sich von ihnen nicht persönlich provoziert zu fühlen.

Im Folgenden sollen einige Verhaltensweisen geschildert werden, die man bei Kindern mit AD(H)S in der Kita beobachten kann. Sie können Anlass sein, in einem vertrauensvollen Gespräch mit den Eltern eine kinder- und jugendpsychiatrische Untersuchung anzuraten und können den Facharzt bei der Diagnosestellung unterstützen. Sie haben durch Ihren intensiven Kontakt zu den Kindern die Möglichkeit, vielfältige Beobachtungen zu sammeln. Insbesondere können Sie aber aufgrund Ihrer Erfahrungen Vergleiche zum Verhalten gleichaltriger Kinder ziehen. Erzieherinnen dürfen, selbst wenn sie alle Anzeichen für diese Störung erkennen, die AD(H)S aber nicht selbst diagnostizieren, da es sich um eine medizinische Diagnose und nicht um einen pädagogischen Befund handelt.

Das Kind wechselt häufig seine Aktivitäten

»Man wechselt auch schnell die Aktivität. Deshalb bringt man oft die angefangenen Sachen nicht zu Ende. Man lässt sie einfach links liegen und kümmert sich meist nicht mehr darum.« (Dietz 1999, S. 68)

Kinder mit AD(H)S haben Schwierigkeiten, eine begonnene Aktivität zu Ende zu führen. Schnell werden sie abgelenkt und wenden sich dann etwas anderem zu. Sie beginnen ein Spiel und möchten schon mit dem nächsten anfangen, bevor das erste beendet ist. Damit stören sie oft auch die anderen Kinder, die von ihnen immer wieder unterbrochen werden.

Das Kind ist immer in Bewegung

»Beim Essen und bei den Kreisspielen fiel es mir schwer aufzupassen oder still sitzen zu bleiben. Ich hampelte auf meinem Stuhl herum. Außerdem lief ich herum, wenn alle eigentlich still sitzen sollten und redete ständig.« (ebd., S. 29)

Nicht alle Kinder mit ADS sind auch unentwegt in Bewegung, deshalb steht das ›H‹ für Hyperaktivität in der Abkürzung AD(H)S in Klammern. Hyperaktive Kinder können nicht stillsitzen. Sie verhalten sich wie der aus dem *Struwwelpeter* bekannte *Zappelphilipp*.

Für andere Menschen ist das oft anstrengend. Diesen Kindern passieren immer wieder Missgeschicke: Sie werfen versehentlich Spielzeuge und Geschirr um oder stolpern über das Lego-Haus, das ein anderes Kind gerade gebaut hatte.

Diese Probleme fallen früh auf. Das gibt Ihnen die Chance, frühzeitig den Kindern und ihren Eltern Hilfe und Intervention anzubieten. Der Unterstützungsbedarf der stillen, verträumten Kinder wird dagegen meist erst viel später erkannt.

Das Kind mit ADS

»Im Vorschulalter war uns schon aufgefallen, dass unser Kind nie an gemeinsamen Aktionen wie der Weihnachtsaufführung oder einem Theaterspiel teilgenommen hat. Oder wenn alle Bilder gemalt haben, war nie eins von unserer Tochter dabei.« (Reimann-Höhn 2010, S. 21)

Kinder mit ADS, also ohne Hyperaktivität, werden viel seltener diagnostiziert als die mit Hyperaktivität (ebd., S. 10). Meist fallen sie in der Kita wenig auf. Sie stören ja kaum. Doch an Gruppenaktivitäten beteiligen sie sich wenig und auf Aufforderungen der Erzieherinnen reagieren sie verzögert, unvollständig oder gar nicht (ebd., S. 20). Viele haben auch Stimmungsschwankungen mit heftigen Ausbrüchen (ebd., S. 33).

Das Kind hält sich nicht an Regeln

»Obwohl ich mir so viel Mühe gab, war nie jemand mit mir zufrieden, denn es passierte ja dauernd irgendwas blödes. Deshalb habe ich dann irgendwann aufgegeben und mich tatsächlich nicht mehr angestrengt. Es hatte ja sowieso keinen Sinn. Ich machte nur noch, was ich wollte.« (Dietz 1999, S. 31)

Kinder mit AD(H)S können oft vereinbarte Regeln nicht einhalten – beim Spielen mit anderen Kindern, aber auch in anderen Bereichen des Kita-Alltags. Zum Teil liegt das daran, dass sie wegen ihrer Unaufmerksamkeit die Regel nicht verstanden haben. Sie scheinen oft überhaupt nicht zuzuhören. Sie denken häufig nicht an Vereinbarungen oder sie erscheinen ihnen in der augenblicklichen Situation nicht wichtig.

Häufig beantworten sie eine Frage schon, bevor diese zu Ende gestellt ist. Überhaupt reden relativ viele Kinder mit AD(H)S sehr viel. Schwierig ist es für sie, zu warten, bis sie an der Reihe sind – insbesondere bei Spielen verärgert das dann die anderen Kinder. Oftmals stören oder unterbrechen sie Gleichaltrige in deren Aktivitäten.

Daraus erwachsen ihnen soziale Probleme. Die Hälfte der Kinder mit AD(H)S hat Schwierigkeiten im Umgang mit Gleichaltrigen. Sie können schlecht kooperieren und Zusagen und Verpflichtungen einhalten (Barkley 2005, S. 168 f.)

Einige Kinder bekommen so viel negatives Feedback für ihr Verhalten, dass sie aufhören, ihr Verhalten steuern zu wollen. Dies ist für sie sehr anstrengend, und da es ihnen aussichtslos erscheint, ein Lob zu bekommen, geben sie sich keine Mühe mehr.

Das Kind ist unselbstständig

Viele Kinder mit AD(H)S haben große Mühe mit alltäglichen Verrichtungen wie Zähneputzen, sich Waschen oder sich Anziehen. Zum einen verlieren sie immer wieder den Faden in der Handlung. Sie unterbrechen sie für andere, gerade attraktivere Aktivitäten. Zum anderen aber vermittelt es den Eindruck, als wenn sie die Handlungsabläufe nicht so automatisieren wie Gleichaltrige (Eitle 2006, S. 23).

Das Kind wird schnell wütend

Einige Kinder mit AD(H)S werden häufiger wütend als andere (Barkley 2005, S. 152), manchmal schon bei Kleinigkeiten. Sie haben eine verminderte Toleranz gegenüber Fehlern, Hindernissen und Frustrationen. Sie können dann andere Kinder oder sogar die Erzieherin körperlich attackieren oder Gegenstände beschädigen. Hinterher, wenn sie sich beruhigt haben, tut ihnen ihr Verhalten oft leid. In der Situation jedoch können sie es nicht steuern (vgl. das Kapitel Kinder mit aggressivem Verhalten).

Das Kind hat oft Unfälle

> »Raoul war ein echter Tollpatsch. Nicht nur, dass er ein langsames und verträumtes Kind war, er hatte auch zwei linke Hände und machte uns mit seiner Stolperei manchmal rasend.« (Reimann-Höhn 2010, S. 147)

Kinder mit AD(H)S sind fast viermal so oft in Unfälle verwickelt als andere Kinder. Dabei gilt, je schwerer der Unfall, desto wahrscheinlicher hat das beteiligte Kind AD(H)S (Eitle 2006, S. 16). Aufgrund ihrer Schwierigkeiten mit der Impulskontrolle können sie oft die Gefährlichkeit ihrer Aktionen nicht in ihren Spielen berücksichtigen. Viele Kinder klettern gern auf Dinge hinauf oder in Dinge hinein, ohne abzuschätzen, wie sie wieder herunter- bzw. herauskommen können. Aus diesem Grund benötigen sie viel Aufmerksamkeit von den Erzieherinnen. Diese müssen immerzu aufpassen, dass niemand zu Schaden kommt.

Einnässen und -koten

Kinder mit AD(H)S nässen und koten häufiger ein als andere Kinder. Grund dafür ist eine andere Wahrnehmungsverarbeitung (https://de.wikipedia.org/wiki/Enuresis). Die Kinder finden in den vielen Reizen, die auch aus dem Körper eingehen, nicht die wichtigen. Sie können schlecht filtern. So bemerken sie nicht, dass Blase oder Darm entleert werden müssen.

2. Was muss ich wissen?

Was ist ein Aufmerksamkeitsdefizit-/Hyperaktivitätsstörung?

»Man sagte meinen Eltern, dass sie mich nicht richtig erziehen würden, dass ich nur deshalb so bin, weil sie mich zu sehr verwöhnen und sich zu wenig um mich kümmern. Das war aber völliger Blödsinn, denn meine Eltern wollten ja auch nicht ständig diesen Ärger haben und waren schon ziemlich streng. Weil meine Eltern aber dauernd gesagt bekamen, sie sollten noch strenger sein, war es zu Hause für mich irgendwann die Hölle.« (Dietz 1999, S. 33)

Oftmals hört man die Aussage, Kinder mit AD(H)S seien einfach nur schlecht erzogen. Manchmal wird vermutet, ein Fehlverhalten der Eltern würde das unruhige Verhalten der Kinder hervorrufen. Dies vor allem, weil sie sich nicht ausreichend um ihre Kinder kümmern, ihnen zu wenig Grenzen setzen, nicht ausreichend auf die Schlafenszeit ihrer Kinder achten, sie zu lange fernsehen lassen oder vieles andere mehr.

Einigen Kindern wird auch unterstellt, sie würden sich nur nicht genug bemühen oder sie seien boshaft. Dies sind sowohl für die Eltern als auch für die Kinder verhängnisvolle Fehleinschätzungen, denn niemand ist an einer AD(H)S schuld.

Es handelt sich dabei mit großer Wahrscheinlichkeit um die Folge einer neuronalen Entwicklungsstörung und nicht um das Ergebnis eines durch falsche Modelle erworbenen Störung der psychosozialen Entwicklung.

AD(H)S ist angeboren und prägt sich vor dem siebten Lebensjahr aus. Sie zeigt sich durch Probleme mit der
- Aufmerksamkeit sowie
- Impulsivität und häufig auch
- Hyperaktivität (http://de.wikipedia.org/wiki/Aufmerksamkeitsdefizit-/Hyperaktivitätsstörung, Stand: 26.07.2019).

Die Probleme müssen länger als sechs Monate bestehen und beobachtet worden sein. Sie dürfen für die Erstellung und Erhärtung einer entsprechenden Diagnose nicht nur situativ, also z. B. ausschließlich in der Kita oder nur zu Hause, auftreten. Nach dem derzeitigen Wissensstand besteht die Störung lebenslang, auch wenn sich die Hyperaktivität meist mit steigendem Lebensalter reduziert

(Eitle 2006, S. 24). Alle Menschen haben nämlich ein geringeres Bewegungsbedürfnis, wenn sie älter werden.

Erste Anzeichen treten oft bereits im Kleinkindalter auf. Sie bestehen in körperlicher Unruhe, Reizbarkeit, einem schlecht angepassten Schlaf-Wach-Rhythmus und Launenhaftigkeit. Eltern beschreiben ihr Kind oft als anstrengend (Barkley 2005, S. 149).

Wie bei allen Störungen, die sehr früh die Entwicklung beeinflussen, gibt es eine große Wahrscheinlichkeit für Begleit- und Folgeprobleme (ebd., S. 5). Besonders weitreichend sind die häufig auftretenden Schwierigkeiten in der Entwicklung von sozialen Beziehungen, nicht selten sogar zu den Eltern, die durch das Verhalten stark belastet sind.

Insgesamt entwickelt die Hälfte aller Menschen mit AD(H)S eine oder mehrere zusätzliche Störungen (Eitle 2006, S. 15), wie
- Depressionen,
- Angststörungen, einschließlich Zwangsstörungen (20 %) (Barkley 2005, S. 5),
- Störungen mit oppositionellem Trotzverhalten (35–65 %) (ebd., S. 55),
- Tic-Störungen,
- soziale Phobien und
- Essstörungen.

Die häufigen Misserfolge und Beziehungsprobleme werden von vielen Kindern verinnerlicht. Sie können ein negatives Selbstbild entwickeln (Sobanski, Alm 2012, S. 42). Manche Kinder haben aber auch ein übersteigertes Selbstwertgefühl oder/und eine psychosoziale Entwicklungsverzögerung (Barkley 2005, S. 167).

Wozu braucht man Aufmerksamkeit?

»Wenn man an einer Aufgabe sitzt, genügen schon kleine Störungen und man kann nicht mehr weiterarbeiten. Deshalb hat man keine Ausdauer beim Aufgaben machen oder sogar beim Spielen. Nach jeder Ablenkung muss man sich dann selbst wieder überreden weiterzumachen. Das ist sehr anstrengend und klappt meistens nicht. So wird vieles nicht zu Ende gemacht.« (Dietz 1999, S. 60 f.)

Die Fähigkeit zur Fokussierung und Lenkung der Aufmerksamkeit entwickelt sich innerhalb eines neuronalen Reifungsprozesses. Sie ist ein wesentlicher Bestandteil der Verhaltenssteuerung (Petermann, Natzke, Petermann, Brokhaus 2005, S. 211), die jedoch bei Kindern und Erwachsenen mit AD(H)S reduziert sein kann.

Aufmerksamkeit hilft, sich in einer Situation auf die relevanten Reize zu fokussieren und irrelevante zu ignorieren. So kann man sich auf unterschiedliche Situationen gut einstellen, längere Zeit ein Ziel verfolgen, Aufgaben verstehen und lösen. Kinder mit AD(H)S haben Probleme damit, aufmerksam zu sein. Sie haben eine Reizfilterschwäche (Trott 2004, S. 85). Diese Reizfilterschwäche führt zu einem weiteren Wahrnehmungsverarbeitungsproblem: den Schwierigkeiten in der Gestaltwahrnehmung. Man bezeichnet dies auch als *schwache zentrale Kohärenz.* Der Volksmund sagt dazu »Den Wald vor lauter Bäumen nicht sehen.«

Grundsätzlich ist die menschliche Wahrnehmung darauf ausgerichtet, eher das Ganze zu sehen als isolierte Einzelteile – wir sehen eher einen Wald als einzelne Bäume mit ihren Ästen, Zweigen und Nadeln. Es geht bei der Wahrnehmungsverarbeitung immer um die Reduktion von Komplexität. Die Welt wird so einfacher!

Bei Kindern mit AD(H)S ist diese Tendenz erheblich abgeschwächt, dagegen ist die Tendenz, Informationen kontextfrei und partikular zu verarbeiten, stark ausgeprägt. Damit werden Details nicht als Teil eines größeren Ganzen wahrgenommen. Kinder mit AD(H)S verbinden Einzelmerkmale zu wenig zu einer Struktur und können so Sinnzusammenhänge oftmals nur schwer erkennen. Sie nehmen viele Details einer Situation wahr, das Verständnis des großen Ganzen wird aber erschwert.

Die Fähigkeit zum Erfassen komplexer Gestalten wird normalerweise in der frühen Kindheit erworben. Sie befähigt uns z. B. auch, Formen zu erkennen, die in einer Zeichnung versteckt sind, aber auch dem Handlungsstrang einer Geschichte oder eines Films folgen zu können. Die Fähigkeit unterscheidet sich individuell, befindet sich aber bei den meisten Menschen innerhalb eines bestimmten Spektrums.

Kinder, bei denen eine schwache zentrale Kohärenz festgestellt werden kann, haben folglich einen eigenen Stil der Informationsverarbeitung. Dieser beinhaltet sowohl Vor- als auch Nachteile gegenüber dem der Informationsverarbeitung von Menschen mit ausgeprägter zentraler Kohärenz.

Kinder, die Informationen auf der Basis schwacher zentraler Kohärenz verarbeiten, können Details besser erkennen, z. B. Formen, die in einer Zeichnung versteckt sind. Sie konzentrieren sich zunächst auf Details und Einzelsegmente und sind mithilfe dieser Strategie am Ende zu außergewöhnlichen Leistungen in der Lage. Oftmals wird aber das große Ganze, das Konzept einer Situation nicht verstanden, weil aus der Fülle der Daten keine Struktur entnommen werden kann. Dies zeigt sich beispielsweise, wenn sie Geschichten oder Filme nacherzählen sollen. Die Kinder verlieren sich in nebensächlichen Details. Auch wenn sie ihre Erlebnisse wiedergeben, verlieren sie oft den Faden.

Was bedeutet Impulsivität?

»Die Impulsivität bewirkt bei mir, dass ich Gefahren nicht erkenne und oft unüberlegt handele.« (Dietz 1999, S. 16)

Impulsivität ist die Unfähigkeit, eine spontane Reaktion zurückzuhalten, aufzuschieben oder zu unterdrücken. Die Konsequenzen der Handlung können nicht berücksichtigt werden. Kinder, die impulsiv handeln, haben Schwierigkeiten damit, Dinge zu tun, die sich erst nach längerer Zeit auszahlen. Für Kinder mit AD(H)S gilt deshalb immer das Prinzip des Jetzt (Barkley 2005, S. 13). Hinweise auf in Zukunft zu erwartende positive Geschehnisse, wie beispielsweise Belohnungen, können sie selten aus dieser Jetzt-Verhaftetheit lösen.

Man kann verschiedene Aspekte der Impulsivität unterscheiden:
- die kognitive Impulsivität, die sich in einem unbedachten und überstürzten Arbeitsstil zeigt,
- die motivationale Impulsivität mit der geringen Frustrationstoleranz und die
- emotionale Impulsivität, die eine verminderte Fähigkeit zur Selbstkontrolle und Affektsteuerung beinhaltet.

Die Impulsivität zeigt sich auch in der mangelnden Fähigkeit, einen angemessenen Belohnungs- und Bedürfnisaufschub zu akzeptieren. Es fehlt impulsiven Kindern die Möglichkeit, sich selbst zu motivieren, vor allem, wenn eine längere Aufmerksamkeitsleistung erforderlich ist.

Die Folge besteht in einer nur geringen Beteiligung an den Beschäftigungen in der Kita. Die Kinder stören oft die Angebote der Erzieherin, wissen oft nicht, wie sie eine Aufgabe lösen sollen, fangen nicht an und verzetteln sich oder sie beginnen zu rasch und machen Flüchtigkeitsfehler (Lauth, Naumann 2009, S. 53). Häufiger als andere Kinder sind sie aggressiv (vgl. das vorherige Kapitel über Kinder mit aggressivem Verhalten) (Eitle 2006, S. 17).

Schwächen der Impulskontrolle können neurologisch bedingt sein. Eine besondere Rolle spielt hier ein Teil des Gehirns, der direkt hinter der Stirn liegt. Er heißt *orbitofrontaler Cortex*. Er ist Teil des präfrontalen Cortexes, des Koordinierungszentrums für alle höheren geistigen Prozesse wie Sprache, Aufmerksamkeit und Gedächtnis.

Im präfrontalen Cortex laufen die Vorgänge ab, die es einem Kind ermöglichen, in einer bestimmten Situation angemessen auf die Umweltreize zu reagieren. Das Bewerten von Handlungsalternativen und das Planen von Handlungsschritten spielt hier eine entscheidende Rolle. Der orbitofrontale Cortex hat in diesem Zusammenhang offenbar spezielle Aufgaben, zu denen auch das Unterdrücken von spontanen Handlungsimpulsen gehört. Einige Handlungsimpulse (z. B. mit dem Feuerwehrauto zu spielen) müssen unterdrückt oder in andere Handlungen umgeleitet werden, damit eine geplante, auf längere Wirksamkeit bedachte Handlungsabfolge (z. B. zum Mittagessen zu kommen) möglich wird.

Es gibt Wissenschaftler, die das Gehirn als »Reaktionsmaschine mit selektiver Hemmung« bezeichnen. Damit soll verdeutlicht werden, dass der Mensch zunächst auf alle Umgebungsreize mit einer Handlung reagieren könnte. Er wird durch den orbitofrontalen Cortex aber daran gehindert, wenn diese Handlungsgerade unangebracht ist (Meienbrock 2003, S. 17).

Hier scheint auch die Auffälligkeit von Kindern mit Hyperaktivität begründet zu sein. Sie können Bewegungsimpulse nicht unterdrücken, haben Schwierigkeiten, einen Bewegungsablauf zu planen und können im Nachhinein schlecht einschätzen, ob ihre Reaktion angemessen war (Barkley 2000, S. 39).

Gibt es noch andere Bezeichnungen für AD(H)S?

In einigen Diagnosen oder in der Fachliteratur findet man synonym auch die englischen Bezeichnungen *Attention Deficit Disorder* (ADD), *Attention Deficit/ Hyperactivity Disorder* (ADHD), *Attention Deficit Disorder with Hyperactivity* (ADDH) oder auch *Hyperkinetisches Syndrom* oder (HKS).

Warum bringen die Kinder keine Aufgabe zu Ende?

»Eine weitere Schwierigkeit ist, dass ich nicht planen kann. Das heißt: ich lebe nur im hier und jetzt. Ich plane meistens nicht in die Zukunft. Manchmal blieb ich zum Beispiel so lange draußen, bis mir zufällig einfiel, dass ich ja eigentlich schon vor einer Stunde zum Abendbrot zu Hause sein sollte. Bis ich dann zu Hause ankam, dauerte es mindestens noch eine Stunde, denn es gab überall noch so viele Sachen, die mich ablenkten.« (Dietz 1999, S. 18 f.)

Kinder mit AD(H)S haben ein eingeschränktes Vermögen, Aufforderungen altersgerecht zu speichern. Sie vergessen also einfach ganz schnell wieder, was sie tun sollten (Eitle 2006, S. 23).

Doch neben den bereits dargestellten Schwierigkeiten gibt es noch ein weiteres Problem, das Kinder mit AD(H)S haben. Man bezeichnet es als *eingeschränkte exekutive Funktionen*.

Bei den exekutiven Funktionen handelt es sich um einen Komplex an Fähigkeiten, die eine Person in die Lage versetzen, eine aus Teilen bestehende Handlung zeitgerecht und vollständig auszuführen.

> Stellen Sie sich vor, man böte Ihnen an, sehr kurzfristig morgen eine Reise anzutreten. Alle Fähigkeiten, die Sie benötigen, um das dafür Erforderliche zu organisieren, zählen zu den exekutiven Funktionen. Sie müssten planen, was bis zur Abreise alles zu erledigen ist, Prioritäten setzen, Pläne erstellen, Ablenkungen ausblenden und Ihre Pläne aufmerksam umsetzen. Sie müssten Ihre Handlungsergebnisse beurteilen (Ist nun alles Wichtige im Koffer? Habe ich den Pass, die Kreditkarte eingesteckt?) und sich selbst korrigieren, wenn erforderlich. Daneben müssten sie die zur Verfügung stehende Zeit richtig einteilen.

Bei den exekutiven Funktionen liegt bei Menschen mit AD(H)S ein globales Defizit in allen Altersgruppen vor. Sie kommen nicht zur vereinbarten Zeit, schaffen es nicht, die Spielsachen aufzuräumen oder sich zum Sport umzuziehen. Stattdessen probieren sie, ob alle Stifte noch schreiben, obwohl das nicht ihre Aufgabe war. Doch je älter die Kinder sind, umso besser werden ihre exekutiven Funktionen (Hampel, Petermann, Desman 2009, S. 144 ff.).

Die beeinträchtigten exekutiven Funktionen schränken das Kind im Alltag erheblich ein. Es weiß oft nicht, wie es eine Aufgabe lösen soll, fängt nicht an oder verzettelt sich. Manchmal beginnt es aufgrund seiner Impulsivität auch überstürzt, ohne die Aufgabenstellung richtig angehört zu haben und macht dann Flüchtigkeitsfehler (Lauth, Naumann 2009, S. 53).

Da einige Kinder über mangelnde Automatisierungsfähigkeiten bei motorischen Handlungen verfügen (Eitle 2006, S. 23), brauchen sie hier ganz gezielte Unterstützung (vgl. den Abschnitt *Handlungen automatisieren*).

Kinder mit AD(H)S haben ein schlechtes Zeitgefühl, auch bei kurzen Zeitspannen. Es fällt ihnen schwer, sich die Zeit einzuteilen und Zeitlimits einzuhalten.

Für andere Menschen sind die Probleme schwer zu verstehen, denn das Kind hat ja keine sichtbare Behinderung. Schnell werden seine Schwierigkeiten als ungenügende Anstrengungsbereitschaft fehlinterpretiert.

Was bei vielen Kindern hingegen auffällt, ist ihre motorische Ungeschicklichkeit. Sie sind ungelenk beim Malen, Basteln und Ausschneiden, können ihren Krafteinsatz nicht richtig dosieren und vermeiden diese Tätigkeiten deshalb. Sie fallen oft hin und ihre Bewegungen sind unharmonisch (Ruf, Arthen 2006, S. 20).

Warum werden sie schnell wütend?

> »Ich bin sehr leicht reizbar und flippe auch schnell aus, was meine kleinen Geschwister früher häufig zu spüren bekamen.« (Dietz 1999, S. 17)

Es sind die gleichen Hirnareale, die sowohl für die Kontrolle von Aufmerksamkeit und Emotionen zuständig sind (o. A. 2011, S. 11). Kinder mit AD(H)S haben deshalb auch Schwierigkeiten im Umgang mit ihren Gefühlen (Trott 2004, S. 85). Wenn sie sich aufregen, können sie sich nur schwer selbst beruhigen oder die Situation angemessen verändern.

Bis zum dritten Lebensjahr sind alle Kinder in der Regulation ihrer Emotionen auf Bezugspersonen angewiesen. Mutter und Vater oder auch die Erzieherin befriedigen Bedürfnisse, wie Hunger, benennen die Emotionen und geben Modelle, sie zu artikulieren. Von ihnen übernehmen die Kinder dann die Strategien im Umgang mit positiven und negativen Emotionen und die Formen des Gefühlsausdrucks, die in der jeweiligen Kultur üblich sind, z. B. was man tun darf, wenn man wütend, traurig oder fröhlich ist. Nicht überall auf der Welt zeigt man nämlich alle Emotionen in der gleichen Weise. In vielen asiatischen Ländern gilt es beispielsweise als unangemessen, Ärger oder Wut zu zeigen.

Zwischen dem dritten und sechsten Lebensjahr lernen Kinder, ihre Emotionen zunehmend selbst zu regulieren. Je nach Situation benötigen sie nur noch gelegentlich die Hilfe ihrer Bezugsperson oder schon gar nicht mehr. Sie sind immer besser in der Lage, ihre Bedürfnisse selbstständig und in Abstimmung mit ihrem sozialen Umfeld zu befriedigen (Holodynski 2006, S. 144). Kinder mit AD(H)S haben diese Fähigkeiten nicht altersgerecht erworben.

Wie häufig tritt AD(H)S auf?

Derzeit gehört AD(H)S zu den häufigsten kinder- und jugendpsychiatrischen Erkrankungen (Trott 2004, S. 85). 5,3 % der Kinder sind betroffen, d. h. in einer Gruppe von 20 Mädchen und Jungen durchschnittlich eines. AD(H)S tritt intelligenzunabhängig auf (Lingg, Theunissen 2008, S. 117).

Jungen haben öfter AD(H)S als Mädchen. ADS (ohne Hyperaktivität) findet man im Verhältnis 2:1 bei Jungen und Mädchen. ADHS haben sogar fünfmal mehr Jungen als Mädchen.

Wie und warum wird eine Diagnose gestellt?

Diagnose bedeutet Einordnung in eine bekannte medizinische Kategorie. Die Diagnostik von AD(H)S wird notwendig,
- um geeignete Fördermaßnahmen einzuleiten,
- den Eltern Gewissheit über die Probleme, Möglichkeiten und Zukunftsaussichten ihres Kindes zu geben und
- um Rechtsansprüche gegenüber Sozialleistungsträgern durchzusetzen.

Die Aufmerksamkeitsdefizitstörung wird von einem Kinder- und Jugendpsychiater, einem Pädiater oder einem klinischen Psychologen auf der Grundlage einer Verhaltensbeobachtung und -bewertung diagnostiziert. Das Kind wird dazu beobachtet und man spricht mit dessen Eltern. Meist müssen die Eltern Fragebögen ausfüllen. Man geht davon aus, dass eine AD(H)S frühestens im Alter von drei Jahren diagnostiziert werden kann (Ruf, Arthen 2006, S. 18).

Obwohl man annimmt, dass eine im Gehirn verortete Störung vorliegt, kann man sie derzeit noch nicht mithilfe von neurologischen Untersuchungen diagnostizieren. Es gibt keine eindeutigen biologischen Kriterien, die eine AD(H)S-Diagnose erlauben. Lediglich zur Abgrenzung gegenüber anderen Störungen werden meist im Rahmen der Diagnosestellung Blut- und/oder Schilddrüsenuntersuchungen vorgenommen oder auch ein Magnetresonanztomogramm (MRT) erstellt.

Eine Diagnose kann aber für das Kind auch Nachteile haben. Sie kann bei Eltern und Erzieherinnen zu einer Einschränkung der Sichtweise auf das Kind führen. Sein gesamtes Verhalten wird nur noch auf dem Hintergrund der durch die Diagnose definierten Symptomatik gesehen. Möglicherweise resignieren die Eltern und Erzieherinnen und schränken ihre erzieherischen Bemühungen ein. Wenn das Kind eine medizinische Diagnose hat, so denkt man vielleicht, kann man wohl nichts mehr am Verhalten des Kindes ändern. Doch das ist falsch. Immerhin die Hälfte der Vorschulkinder, deren Verhalten als problematisch eingestuft wurde, zeigt im Alter von sechs Jahren keine Symptome mehr, die eine Diagnose rechtfertigen würden (Brandau, Pretis, Kaschnitz 2006, S. 17).

Gibt es verschiedene Formen?

Kinder mit AD(H)S unterscheiden sich. Nicht nur, weil Kinder sich eben unterscheiden, sondern weil auch die AD(H)S verschiedene Formen annehmen kann. Zur Diagnosestellung nutzt der Kinder- und Jugendpsychiater ein Klassifikationssystem, das von der Weltgesundheitsorganisation erstellt wurde. Es ist die *Internationale Klassifikation psychischer Störungen (ICD)*. Bei der ICD-10 handelt es sich um die zehnte Überarbeitung aus dem Jahre 1993. In ihr gibt es diese Differenzierung nicht. Dort werden aber Kinder erfasst, bei denen sich die AD(H)S mit einer Störung des Sozialverhaltens verbindet.

Die überarbeitete ICD-11 liegt seit 2019 in einer englischen Version vor. Sie ist aber noch nicht gültig. Eine deutsche Fassung gibt es bisher auch noch nicht.

Ab wann spricht man von AD(H)S und kann sie unterschiedlich schwer ausgeprägt sein?

Insbesondere bei jüngeren Kindern ist es nicht einfach abzugrenzen, was normaler Bewegungsdrang und Ausprobieren von Regeln ist und was den Rahmen des Normalen übersteigt. *Normalität* ist in diesem Zusammenhang von verschiedenen Faktoren (z. B. von kulturellen Werten, von den eigenen Normen und Vorstellungen, von der Situation) abhängig und kann nicht exakt bestimmt werden (siehe zu dem Thema auch Frances, Allan: NORMAL: Gegen die Inflation psychiatrischer Diagnosen. 2. Aufl. Köln, 2013).

Wichtig ist, dass sich Kinder mit ungestörter Entwicklung in Situationen, in denen das wichtig ist, meist erwartungsgemäß verhalten können. Also z. B. im Restaurant oder bei Besuchen. Kinder mit AD(H)S können das nicht.

Man grenzt auch zeitlich begrenzte, große motorische Unruhe, z. B. nach emotional belastenden Situationen, wie der Trennung der Eltern oder langem Stillsitzen, z. B. im Auto, von einer AD(H)S ab. Treten die Auffälligkeiten als Nebenwirkung einer Medikation auf, werden sie ebenfalls nicht als AD(H)S diagnostiziert. Im Übrigen verschwinden hier auch die Anzeichen, sobald das Kind das Medikament nicht mehr einnimmt.

Derzeit unterscheidet man drei Schweregrade:
- Das leicht betroffene Kind besitzt eine höhere Kreativität, ist etwas weniger impulsgehemmt als andere Kinder und kann sich nicht so gut konzentrieren wie sie. Dafür bekommt es aber weniger wichtige Details sehr viel besser mit als die Gleichaltrigen.
- Das mittelschwer betroffene Kind hat oft Folgeprobleme, die aus der AD(H)S resultieren. Es steigt bei ihm die Wahrscheinlichkeit, dass es in der Schule Schwierigkeiten bekommen wird.
- Bei Kindern mit schwerer AD(H)S resultiert aus der Symptomatik auch ein gestörtes Sozialverhalten.

Welche Ursachen hat eine AD(H)S?

Heute weiß man, dass eine AD(H)S ein multifaktoriell bedingtes, neurologisches Störungsbild mit erblicher Disposition ist, d. h., viele Faktoren führen schließlich dazu, dass sie sich ausbildet. Dazu gehören:
- genetische Ursachen, z. B.
  - eine Fehlregulation im Neurotransmittersystem,
  - eine verminderte Durchblutung des präfrontalen Cortex (Facaoaru 2001, S. 29),

- ein gestörtes Zusammenwirken verschiedener funktioneller Systeme des Gehirns (ebd.) und
- ungünstige Entwicklungsbedingungen.

Der Hinweis auf eine genetische Disposition macht es manchmal leichter, sich von der Vorstellung des unerzogenen, böswilligen und provozierenden Kindes zu verabschieden. Es besteht allerdings die Gefahr, dass das Verhalten damit als unveränderbar und entschuldbar angesehen wird. Doch auch Kinder mit AD(H)S können lernen! Sie brauchen aber andere Umweltbedingungen und spezielle Hilfen, um sich gut entwickeln zu können als andere Kinder. Die Diagnose sollte Sie nicht resignieren lassen, sondern Ihnen Mut machen, nach neuen Wegen zu suchen.

Höchstens 10 % der Kinder mit AD(H)S haben eine nachweisbare Hirnschädigung (Barkley 2005, S. 112). Für genetische Ursachen sprechen die Tatsachen, dass bei eineiigen Zwillingen zu 60–90 % beide Kinder AD(H)S-Symptome zeigen (Brandau, Pretis, Kaschnitz 2006, S. 25). Außerdem ist das Risiko, eine AD(H)S zu haben, viermal höher als in der Allgemeinbevölkerung, wenn in der Familie die Störung bereits aufgetreten ist (Barkley 2005, S. 7).

Als Risikofaktoren für die Entwicklung gelten:
- familiäre Instabilität,
- schlechte Eltern-Kind-Beziehungen,
- mütterlicher Alkoholmissbrauch und
- niedriges Geburtsgewicht.

AD(H)S: Nur eine Modediagnose?

Kaum eine Störung wird so kontrovers diskutiert wie AD(H)S. Die Einstellungen zum Verhalten der Kinder gehen weit auseinander. Mitunter wird infrage gestellt, ob es AD(H)S überhaupt gibt oder unbequeme Kinder nur mithilfe von Medikamenten angepasster gemacht werden sollen. Es wird die Frage aufgeworfen, ob AD(H)S nur ein gesellschaftliches Konstrukt ist, das nötig wurde, um die Verantwortung für die Folgen einer veränderten Kindheit, geprägt von Bewegungsarmut, Reizüberflutung und Leistungsdruck nicht übernehmen zu müssen.

Natürlich besteht die Gefahr, dass Kinder etikettiert werden, statt nach Möglichkeiten zu suchen, ihren Alltag bedürfnisgerechter zu gestalten. Es kann eine einfachere Erklärung sein, zu erklären, warum ein Kind sich unangemessen verhält und so nicht überlegen zu müssen, was man pädagogisch verändern kann.

Dennoch dürfte es einen Konsens geben: Es gibt seit mehr als 100 Jahren Kinder, die unter den existierenden gesellschaftlichen Bedingungen erhebliche Probleme in ihrer Verhaltenssteuerung zeigen, die soziale und kognitive Schwierigkeiten nach sich ziehen können. Diese Kinder brauchen spezielle Hilfen.

Welche Stärken haben Kinder mit AD(H)S?

Kinder mit AD(H)S lassen sich nicht nur über ihre Schwierigkeiten definieren. Sie haben auch Stärken, die manchmal zu Unrecht übersehen oder nicht ausreichend gewürdigt werden.

Oft begeistern sie sich für Sport. Viele sind reich an Ideen und sehr kreativ. Sie haben ein großes Gerechtigkeitsempfinden und helfen anderen gern.

Im 1:1-Kontakt, allein mit einer Erzieherin, die ihnen Aufmerksamkeit gibt und klare Strukturen und Grenzen setzt, ist ihr Verhalten oft nicht auffällig. Es ist wichtig, diese Stärken und Potenziale wertzuschätzen und auch den anderen Kindern gegenüber herauszustellen. Zum einen hilft es den Kindern mit AD(H)S bei der Entwicklung ihres Selbstwertgefühls, zum anderen kann es die anderen Kinder davor bewahren, ein einseitig negatives Bild von dem Kind mit AD(H)S zu entwickeln.

Behandlungsmöglichkeiten außerhalb der Kindergärten und Schulen

Natürlich bieten Kindergärten und Schulen nicht die einzigen Interventionsmöglichkeiten. Die Palette weiterer Unterstützungsmöglichkeiten ist zu groß, als dass man sie an dieser Stelle vollständig darstellen könnte. Für die meisten diagnostizierten Kinder wird ein Therapiekonzept erstellt werden, das aus verschiedenen Einzelkomponenten besteht. Interdisziplinäre Zusammenarbeit ist im Interesse des Kindes dann sehr wichtig.

Von großer Bedeutung sind in jedem Fall die Aufklärung und Beratung der Familien. Im Kapitel über Elternarbeit wird auf diesen Aspekt noch ausführlicher eingegangen. Doch welche Hilfen können Kinder mit AD(H)S noch bekommen?

Psychotherapien

Der Begriff *Psychotherapie* geht auf das griechische psychè (Seele) und therapeia (Pflege, Heilung) zurück und bedeutet also Seelenheilkunde. Unter Psychotherapie wird

> »[...] die Behandlung emotionaler Probleme mit psychologischen Mitteln [verstanden; d. A.], wobei ein dafür ausgebildeter Therapeut mit Bedacht

eine berufliche Beziehung herstellt mit dem Ziel, bestehende Störungen zu beseitigen, zu modifizieren oder zu mildern, gestörte Verhaltensweisen zu wandeln und die günstigste Reifung und Entwicklung der Person zu fördern.« (Zapotoczyk 1996, S. 321)

Viele Kinder mit AD(H)S profitieren von einer Verhaltenstherapie (Eitle 2006, S. 28 f.). Das sind Verfahren, die lerntheoretisch fundiert sind. Als allgemeine Grundsätze der Verhaltenstherapie gelten:
- eine empirische Orientierung,
- die Annahme, gestörtes wie ungestörtes Verhalten sei gelernt,
- die Faktoren, die das gestörte Verhalten aufrechterhalten, müssen verringert werden, um die Störung zu mindern,
- eine Orientierung am Einzelfall (Gastpar, Kasper, Linden 1996, S. 327).

Im Zentrum des verhaltenstherapeutischen Vorgehens steht die Verhaltensanalyse. Die Therapie konzentriert sich auf klar umschriebene und operationalisierte Verhaltensweisen, die quantifiziert und deren Auftreten unter der Intervention kontrolliert werden.

Einige Kinder machen auch in einer direktiven Spieltherapie gute Fortschritte. Sie ist direktiv, weil der Therapeut die Führung und Leitung der Therapie komplett übernimmt. Die Sitzungen werden klar strukturiert. Rituale spielen eine wichtige Rolle, weil dadurch eine ständig wiederkehrende Situation eingeprägt wird, die folglich keine Ablenkung mehr durch neue Elemente bietet. Das Kind erhält Beziehungs- und Spielangebote.

Primäres Ziel der Therapeutin ist es zunächst, eine verlässliche Beziehung zu dem Kind herzustellen. Es gibt keine Ablehnung oder Strafen. Das Kind soll ein positives Selbstbild entwickeln und lernen, Regeln zu beachten. Die beständige Wiederholung solcher Verhaltensweisen führt zur Herausbildung neuronaler Verbindungen, wodurch das erwartete, sozial verträgliche Verhalten als das dominierende Verhalten in den entsprechenden Situationen erlernt wird.

Im Gegensatz dazu ist die nicht direktive Spieltherapie wenig geeignet. Hier überlässt der Therapeut die Verantwortung und Führung dem Kind. Es zeigt dann sein gewohntes, stark fluktuierendes Spielverhalten. Allerdings wird das nicht kritisiert und abgewertet. Das kann eine neue Erfahrung für das Kind sein. Es lernt aber nicht, sich einer Spielhandlung längere Zeit hinzugeben.

Heilpädagogisches Reiten

Gerade wenn Kinder schon sehr gefangen sind in negativen Interaktionen mit ihren Bezugspersonen, kann der Kontakt zu einem Pferd zu ganz neuen

Erfahrungen führen. Ein Pferd trägt nichts nach und es hat auch keine vorgefasste Meinung über das Kind. Es reagiert sofort und ohne Verzögerung auf das Verhalten des Kindes.

Das Pferd ermöglicht also einen positiven Kontakt zu einem Lebewesen. Daneben ist die durch das Reiten erreichte Verbesserung der Körperkoordination für viele Kinder entwicklungsfördernd. Es ist denkbar, dass ähnliche Effekte auch mit anderen Tieren erreicht werden können.

Sensorische Integration

Viele Kinder mit AD(H)S bekommen Ergotherapie in Form der Sensorischen Integration. Sie wurde von der amerikanischen Psychologin und Beschäftigungstherapeutin Anna Jean Ayres (1920–1989) in den 1970er-Jahren ursprünglich für Kinder mit Lernschwierigkeiten entwickelt. Sie ging davon aus, dass das Gehirn bei einer sensorischen Integrationsstörung nicht in der Lage ist, die Wahrnehmungsreize so zu verarbeiten und zu ordnen, dass das Kind genaue Informationen über sich und seine Umwelt erhält (Ayres 1979). Dabei nahm für Ayres das Konzept der Entwicklungssequenzen eine wichtige Rolle ein. Jede Entwicklungsstufe des Gehirns ist von der vorherigen abhängig, d. h., ein höheres System kann seine Funktion nur dann störungsfrei erfüllen, wenn dies auch bei dem in der Hierarchie davor liegenden Teil der Fall ist. Die Behandlungsmethode besteht darin,
- dem Kind die Wahrnehmungsreize, die es überfordern, nach Möglichkeit zu ersparen oder sie zumindest zu reduzieren sowie
- die Bereiche, die unterempfindlich sind, zu stimulieren.

Besondere Bedeutung kommen dem Gleichgewichtssinn und dem taktilen System zu. Im Laufe der Therapie soll es dem Kind möglich werden, die Sinnesinformationen zu ordnen, zu interpretieren und so für seine Handlung nutzbar zu machen. Genutzt werden kann eine Vielzahl von Geräten, wie Schaukeln, Bälle, Bürsten und Tücher und Rollbretter.

Psychostimulanzien

Im Rahmen eines multimodalen Behandlungskonzeptes können Psychostimulanzien eine sinnvolle Unterstützung darstellen. Allerdings reagieren nicht alle Kinder positiv auf sie. Besonders wirkungsvoll scheinen sie bei Kindern unter fünf Jahren zu sein (Freisleder 1999, S. 16).

International derzeit am häufigsten eingesetzt wird Ritalin (Methylphenidat) (ebd., S. 17). Es hat den Vorteil, dass man in aller Regel sehr schnell erkennen kann, ob es eine positive Wirkung hat oder nicht. Anhand von Beobachtungsbögen wird die Wirkung von Eltern, ggf. auch Erzieherinnen beurteilt und danach die Dosierung individuell angepasst.

Aufgrund der kurzen Wirkzeit kann an deren Ende ein Rückschlag (rebound) in der Wirksamkeit auftreten. Hierbei nimmt man dann wieder Symptome der Unruhe bzw. Hyperaktivität wahr.

Eine zu hohe Dosis von Methylphenidat führt ebenfalls zu Unruhegefühl oder innerer Anspannung, selten auch zu einem deutlichen Rückgang der Aktivität mit Mattigkeit und einem verminderten Antrieb. Diese Erscheinungen halten nur für die Wirkdauer an und sind reversibel.

Ritalin wird eingesetzt, weil man bei AD(H)S von einer Störung der Neurotransmitter ausgeht. Es verstärkt die Empfänglichkeit von zwei verschiedenen Dopaminrezeptoren. Dies führt dazu, dass die Kinder bestimmte Reize schneller mit Belohnungen verknüpfen können. Außerdem wird anderes Verhalten unterdrückt, das sie von ihrem Ziel ablenkt (o. A. 2010, S. 10). Insgesamt werden Verbesserungen von:
- Konzentration,
- Daueraufmerksamkeit,
- Motivation und
- feinmotorischer Koordination erwartet.

Nebenwirkungen bestehen in einer Appetitminderung oder in Magenbeschwerden, Kopfschmerzen und seltener Tic-Störungen. Bei einigen Kindern können Schlafprobleme auftreten. Ritalin steht u. a. deshalb in der Kritik, da in den letzten Jahren erstaunliche Steigerungsquoten bei der Produktion und Verabreichung von Ritalin zu beobachten sind, die offensichtlich nicht mit der tatsächlichen Zahl der identifizierten Fälle von AD(H)S übereinstimmen.

Umweltgifte und Nahrungsmittelallergien

Seit den 1950er-Jahren geht man der Frage nach, ob die Hyperaktivität und die mangelnde Aufmerksamkeit im Zusammenhang mit einer Bleibelastung stehen könnten. Tatsächlich fand sich auch bei vielen Kindern mit AD(H)S ein zu hoher Spiegel des Schwermetalls Blei im Blut (Brandau, Pretis, Kaschnitz 2006, S. 27).

Bei einer kleinen Gruppe von Kindern mit AD(H)S besteht der begründete Verdacht auf eine Nahrungsmittelallergie, die die Symptomatik verursacht. Diesen Kindern kann mit einer oligoantigenen Diät geholfen werden (ebd.). Joseph Egger entwickelt sie seit 1995. Während der ersten drei bis vier Wochen erhalten die Kinder nur wenige und erfahrungsgemäß keine Allergien auslösende Nahrungsmittel. Wenn in diesem Zeitraum eine deutliche Verbesserung im Verhalten auftritt, werden nach und nach wieder andere Nahrungsmittel verwendet, bis die Verhaltensauffälligkeiten erneut auftreten. Die auf diese Weise als ursächlich für die Störung identifizierten Nahrungsmittel werden aus der Ernährung des Kindes eliminiert.

Nährstofftherapien

Studien an der Universität Oxford und der Universität von Südaustralien haben gezeigt, dass die tägliche Gabe von Omega-3-Fettsäure die Symptome der Hyperaktivität gegenüber einer Kontrollgruppe nach einigen Wochen stark reduziert hat, wobei einmal »mittlere bis starke Behandlungseffekte« aufgezeigt wurden. Fettsäuren verändern den Dopaminhaushalt im Gehirn. Es kann bis zu drei Monate dauern, bis sie ihre Wirkung entfalten. Der Effekt ist aber nur halb so stark wie bei Psychopharmaka (Döpfner 2012).

Neurofeedback

Beim Neurofeedback lernt das Kind, seine Hirnströme bewusst zu lenken. Seit 2012 wird diese Methode vom Bundesverband der Kinderärzte in den USA als ebenso wirksam bewertet wie die Gabe von Ritalin (Wagner 2018, S. 65)

3. Was kann ich tun?

Das Verhalten der Erzieherinnen

Frühzeitige Förderung kann bei Kindern mit AD(H)S Folgeprobleme verhindern oder zumindest mildern (Eitle 2006, S. 24). Kinder mit AD(H)S profitieren von einer möglichst kleinen und überschaubaren Gruppengröße und einem gut strukturierten und vorhersehbaren Tagesablauf. Der wichtigste Faktor für die erfolgreiche Bewältigung des Kita-Alltags ist jedoch das Verhalten der Erzieherinnen. Versuchen Sie, sich eine positive Einstellung dem Kind mit AD(H)S gegenüber zu bewahren und gelassen zu bleiben. Unterstützen Sie sozial angemessene Verhaltensweisen und geben Sie dem Kind geeignete Hilfen, damit es wichtige Erfahrungen machen kann. Ihr Verhalten sollte für das Kind vorhersehbar und klar sein. Damit tragen Sie wesentlich dazu bei, dass das Kind eine glückliche Zeit erlebt und seine Entwicklungsmöglichkeiten nutzen kann.

Erzieherinnen sind bei Kindern mit AD(H)S oft strenger, kritischer, disziplinierender als anderen Kindern gegenüber. Sie geben ihnen mehr Anweisungen, vor allem, sich zu beherrschen und aufmerksam zu sein. Einige ignorieren die Kinder auch, weil sie ihre erzieherischen Aufgaben bei diesen Kindern aufgegeben haben.

Es ist wichtig, sich immer wieder zu vergegenwärtigen, dass das Kind nicht absichtlich gegen Regeln verstößt und mit seiner Unruhe nicht willentlich andere Menschen belastet. Nehmen Sie das Verhalten des Kindes niemals persönlich. Das Verhalten des Kindes richtet sich nicht gegen Sie als Person!

Genau sagen, was Sie erwarten

Man kann einem Kind mit AD(H)S helfen, indem man ihm eindeutig sagt, was man möchte und nicht immer nur wiederholt, was man nicht möchte.

> Es ist also besser, zu sagen: »Räume das Spiel wieder in den Schrank, bevor du ein neues beginnst« als »Lass nicht immer alles liegen!«

So vermeidet man auch einen Kreislauf aus Ermahnungen – Regelübertritt – nächster Ermahnung – nächster Regelübertritt usw.

Geben Sie lieber eine Aufforderungen nach der anderen als mehrere auf einmal. Stellen Sie sicher, dass das Kind Ihnen zuhört, beispielsweise indem Sie bewusst Blickkontakt herstellen oder das Kind antippen, damit es Ihnen seine Aufmerksamkeit schenkt. Manchmal ist es auch gut, nicht zu reden, sondern das Kind freundlich an der Hand zu nehmen und z. B. ins Bad zu begleiten, wenn es seine Zähne putzen soll.

Besprechen Sie wichtige Situationen mit dem Kind, bevor das stattfindet, was Sie als Aktivität oder Ereignis geplant haben. Erklären Sie dem Kind, was passieren wird und erläutern Sie eindeutig, was Sie von ihm erwarten. Eindeutig bedeutet, ein konkretes Verhalten zu beschreiben.

Sagen Sie also nicht: »Du sollst lieb sein«. Ein fünfjähriges Kind hat auf die Frage, was »lieb« konkret bedeutet, einmal geantwortet »nicht popeln«. Ein anderes erklärte, was denn »böse« bedeute, mit: »In die Hose kackern.«

Stellen Sie also sicher, dass das Kind weiß, was es tun soll. Überlegen Sie mit dem Kind zusammen, welche Strategien ihm dabei helfen könnten, Ihre Erwartungen zu erfüllen. Vielleicht kann es in der Tasche einen Gummiball drücken und festhalten, um seine Hände zu fixieren und damit zu verhindern, dass es in einer fremden Umgebung alles anfasst.

Kinder haben oft selbst sehr gute Ideen, wie sie ihr Verhalten regulieren können. Nutzen Sie diese Ideen.

Vermeiden Sie indirekte Aufforderungen. Viele Kinder mit AD(H)S haben Mühe, diese zu verstehen.

> Indirekte Aufforderungen sind z. B.: »Wie sieht es denn hier in der Bauecke aus!? Ich komme in fünf Minuten wieder gucken!«

Das Kind erfüllt Ihre Verhaltenserwartung nicht, weil es sie nicht verstanden hat. Sie fühlen sich provoziert und reagieren mit Kritik.

Jede Form indirekten oder metaphorischen Redens kann dazu führen, dass das Kind Sie nicht versteht. Kinder haben grundsätzlich Schwierigkeiten, diese Sprache zu verstehen. Kinder mit AD(H)S haben noch größere Probleme damit. Organisieren Sie in Ihrer Einrichtung (ggf. mit professioneller Hilfe) Kurse zur Kommunikation mit Kindern. Lernen Sie dabei, welche Probleme aus der von Ihnen üblicherweise verwendeten Sprache in der Kommunikation mit Kindern mit AD(H)S, oder im Autismus-Spektrum resultieren können.

Mehr Lob als Tadel

Das Kind sollte grundsätzlich täglich mehr positives Feedback für sein Verhalten bekommen als negatives. Um sich selbst zu überprüfen, kann man für kürzere Zeit die eigenen an das Kind gerichteten Kommentare aufzeichnen und später einmal anhören.

Sprechen Sie echtes Lob aus: »Ich freue mich sehr, dass du die Spielecke so schnell aufgeräumt hast«, d. h., vermeiden Sie scheinbares Lob, das eine Kritik beinhaltet. Das wären Sätze, wie: »Na bitte, warum nicht immer so?«

Geben Sie positives Feedback auf die Erledigung von Aufgaben, z. B. das Aufräumen, oder das Einhalten von Regeln unmittelbar danach und vergessen Sie es nicht. Wenn Kritik unumgänglich ist, kritisieren Sie ein konkretes Verhalten und nicht das Kind. Sagen Sie also: »Wir hatten vereinbart, dass du Lisas Turm stehen lässt« und nicht: »Immer vergreifst du dich an den Sachen der anderen!«

Kritisieren Sie nicht, wie das Kind ist sondern nur, was es tut. Das Kind muss immer wissen, dass es von Ihnen akzeptiert wird. Sein Verhalten hingegen müssen Sie nicht grundsätzlich akzeptieren. Also nicht: »Immer bist du so grob!«, sondern: »Du hast Luna wehgetan.«

Das Kind mit AD(H)S braucht das negative Feedback unmittelbar, wenn

Aufgaben nicht erledigt werden (Barkley 2005, S. 221 f.). Bleiben Sie ganz in der Gegenwart mit den Verhaltensrückmeldungen. Vermeiden Sie Verallgemeinerungen (»Immer musst Du ...« oder Rückbezüge auf Verfehlungen »... und gestern hattest du ja auch nicht ...«).

Insgesamt braucht es also mehr, deutlichere und schnellere Rückmeldungen für sein Verhalten als andere Kinder. Das Arbeits- und Kurzzeitgedächtnis des Kindes mit AD(H)S ist nur sehr kurz aktiviert. So kann es Reaktionen auf das, was es getan hat, nur in einer sehr kurzen Zeitspanne so verarbeiten, dass es den ursächlichen Zusammenhang zwischen dem, was es getan hat, und Ihrer Reaktion herstellen und erkennen kann.

Achten Sie darauf, dass Sie negative Rückmeldungen nicht immer mit der Nennung des Vornamens beginnen. Es kann sonst sein, dass das Kind der Nennung seines Namens nicht mehr ausreichend Aufmerksamkeit schenkt, weil sie immer eine unangenehme Situation einleitet. Wenn es dann notwendig ist, das Kind bei seinem Namen herbeizurufen, reagiert es möglicherweise nicht oder es versteckt sich.

Das Kind nicht bloßstellen

»Dafür stellten mich meine Erzieherinnen immer vor allen anderen bloß. Ich wurde meistens vor der ganzen Gruppe ausgeschimpft und war sowieso immer an allem Schuld.« (Dietz 1999, S. 30)

Achten Sie darauf, dass Sie das Kind nicht vor anderen Kindern oder Erwachsenen bloßstellen. Wenn Kritik nötig ist, üben Sie sie, wenn sie mit dem Kind allein sind oder so, dass nicht alle anderen es bemerken. Vereinbaren Sie Zeichen, die Sie so geben, dass nur das Kind mit AD(H)S sie sieht, um ihm Rückmeldung über sein Verhalten zu geben, z.B. Daumen hoch, für »super gemacht« und Daumen nach unten für »nicht gut«. Das Kind versteht dann, dass es Ihnen darum geht, ihm zu helfen, nicht einfach nur zu kritisieren.

Dies schafft zusätzliches Vertrauen. Sie verhindern damit, dass sich das Kind gedemütigt fühlt und irgendwann glaubt, dass alle es für schlecht halten. Die Folge wäre, dass es davon ausgeht, es gäbe keinen Grund mehr, sich weiterhin anzustrengen.

Wichtig ist vielmehr, dass Sie dem Kind vermitteln, dass Sie daran glauben, dass es etwas schaffen kann, z. B. einer bestimmten Anforderung zu genügen. Es geht dann darum, gemeinsam Strategien zu entwickeln, wie das gelingen kann. Die Kinder sollten die Bewältigung bestimmter Situationen als gemeinsame Herausforderung erleben, die zu meistern ist.

Regelverstöße nicht belohnen

Überdenken Sie zunächst die Regeln, die das Kind einhalten soll. Es dürfen nicht zu viele sein. Formulieren Sie wenige, zentrale Regeln für den Alltag.

Vergessen Sie nicht, dass jede Regel nur so viel wert ist wie die Konsequenz, die aus ihrer Einhaltung oder Nichteinhaltung folgt. Eine Regel ohne Konsequenz ist wertlos und muss gar nicht erst aufgestellt werden, denn sie ist eigentlich nur überflüssige Information, die die Atmosphäre belastet.

> Die Konsequenzen sollten am besten logisch mit der Regel verbunden sein, z. B. »Wenn du alle Bausteine in die Kiste geräumt hast, bevor der Kurzzeitwecker klingelt, kannst du noch fünf Minuten auf dem Trampolin springen.«

Manchmal belohnen Erzieherinnen Regelverstöße unbeabsichtigt durch die Aufmerksamkeit, die sie dem Kind schenken, indem sie ausführlicher auf es eingehen. Wenn die Kinder diese Art von Aufmerksamkeit als positiv erleben, werden sie ihr Verhalten wiederholen, denn für einige Kinder ist es angenehmer, negative Beachtung zu bekommen als keine. Vielfach ist es die einzige Form von Aufmerksamkeit, die sie überhaupt bekommen. Sie haben sich daran gewöhnt, dass dies die Form ist, in der sich andere Menschen – einschließlich der Eltern – ihnen zuwenden. Es gilt auch schon hier die alte Regel für das öffentliche Auftreten von Menschen: Negative publicity ist besser als gar keine.

Diese Kinder müssen lernen, dass sie die Aufmerksamkeit der Erzieherin für sozial verträgliches Verhalten bekommen, beispielsweise wenn sie für eine vereinbarte Zeit ruhig spielen. Legen sie hier keine zu langen Zeiträume fest: Kinder mit AD(H)S können ihr Verhalten nur schlecht kontrollieren und schweifen schnell von der gestellten Aufgabe ab. Arbeiten Sie mit einem TimeTimer – das ist eine Art Kurzzeitwecker, bei der ein roter Streifen langsam verschwindet, wenn die Zeit abläuft. Man kann ihn auf maximal 60 Minuten einstellen. Er eignet sich gut als Hilfsmittel für Kinder, die die Uhr noch nicht lesen können. Stellen Sie eine Belohnung in Aussicht, wenn das Kind sich erwartungsgemäß verhält.

Im pädagogischen Alltag ist dies nicht einfach. Meist quittiert man Regelverstöße mit negativem Feedback. Man vergisst bei Kindern, die sich sehr anstrengen müssen, angemessenes Verhalten an den Tag zu legen, diese durch positive Aufmerksamkeit zu unterstützen. Für diese Kinder ist das angemessene Verhalten die außergewöhnliche Leistung, also muss diese auch als solche wertgeschätzt werden. Nur durch die beständige Wiederholung der Abfolge von *Verhalten einfordern – erwartetes Verhalten zeigen – Belohnung erhalten* kann das sozial angemessene Verhalten von dem Kind routiniert und automatisiert werden.

Da alle Menschen auf lange Sicht auf die Verhaltensweisen zurückgreifen, die sich für sie als die erfolgreichsten erwiesen haben, muss sozial verträgliches Verhalten mehr Aufmerksamkeit bekommen als unangemessenes. Wenn das Kind also die Erfahrung macht, dass es mehr Aufmerksamkeit erhält, wenn es sich an vereinbarte Regeln hält, als wenn es sie bricht, und wenn ihm diese Aufmerksamkeit wichtig ist, wird es sein Verhalten ändern.

Doch auch Langeweile kann durch Regelverstöße wirksam beendet werden (Lauth, Naumann 2009, S. 38). Die darauffolgenden Reaktionen der Erzieherinnen und der anderen Kinder und auch mögliche Aufregungen können vom Kind als unterhaltsame Abwechslung erlebt werden.

Die Emotionen in Krisensituationen besser regulieren

Besprechen Sie mit dem Kind in ruhigen Situationen, was man tun kann, um sich wieder zu beruhigen, wenn man sich ärgert. Hier muss man das Eisen schmieden, wenn es kalt ist (Arnold 2012, S. 72). Es gibt verschiedene sozial akzeptierte Strategien, die es einsetzen kann. Es kann:
- mit jemandem reden,
- an etwas Schönes denken,
- sich aus der emotionsauslösenden Situation zurückziehen,
- die Situation verändern, z. B. die Erzieherin um einen weiteren Ball bitten,
- die Situation herunterspielen (»Ich habe heute schon einmal beim Mensch-ärgere-dich-nicht-Spiel gewonnen. Da ist es doch gar nicht so wichtig, dass Nico jetzt Sieger ist.«) oder
- seine Wut körperlich ausagieren, z. B. drei Runden im Garten rennen (in Anlehnung an Petermann, Koglin, Natzke, v. Marées 2007, S. 17).

Nicht jede dieser Möglichkeiten ist für jedes Kind geeignet. Besprechen Sie Krisensituationen nach und entwerfen Sie mit dem Kind Handlungsalternativen.

Bereiten Sie möglicherweise schwierige Situationen vor. Suchen Sie mit dem Kind nach Lösungsmöglichkeiten. Manchmal ist es auch sinnvoll, die Situationen im Vorfeld mit Rollenspielen zu üben.

Wenn die Situation doch eskaliert

Sollte eine Situation dennoch eskalieren, ist es wichtig, dass Sie ruhig bleiben. Das Kind hat wahrscheinlich keine Handlungskontrolle mehr. Erklärungen und Lösungsversuche müssen verschoben werden, bis das Kind sich beruhigt hat.

Wenn Sie sich überlegen, wie Sie sinnvoll auf das Verhalten reagieren, denken Sie an ein einfaches Computerspiel. Dort folgen die Konsequenzen auf einen Spielzug
- unmittelbar,
- vorhersehbar,
- zeitlich begrenzt (man hat eine neue Chance) und
- im Zusammenhang mit dem, was man getan hat. Hat man etwas nicht richtig gemacht, hat das spürbar negative Folgen.

Dies sind wichtige Grundsätze auch für Ihre Reaktionen. Letztlich sollen sie ja dazu dienen, dass das Kind ein angemesseneres Verhalten lernt.

Strafen Sie also niemals im Affekt, dann ist Ihr Verhalten nicht vorhersehbar für das Kind. Stattdessen sollten Sie Sanktionen grundsätzlich sehr bewusst, kontrolliert, ohne Emotionen und überlegt verhängen, wobei das Kind niemals einen Zweifel daran haben sollte, dass Sie es gernhaben.

Es ist sinnvoll, wenn es einen Zusammenhang zwischen dem Verhalten des Kindes und der Konsequenz aus diesem Verhalten gibt. Diese kann z. B. in einer Wiedergutmachung bestehen oder im Entzug eines Privilegs.

> »Du hast heute das Spiel aller Kinder in der Bauecke gestört. Morgen suchst du dir ein anderes Spiel, damit sie ganz ungestört sind.«

Es darf nichts für immer verloren sein, Ihre Reaktion muss aber als negative Konsequenz erlebt werden.

Bei negativen Konsequenzen geht es nicht um Schlagen, Pudding- oder Liebesentzug oder In-der-Ecke-stehen-Müssen. Vielmehr werden damit negative Handlungskonsequenzen bzw. Rückmeldungen beschrieben, wie sie im sozialen Miteinander von Menschen nicht ausbleiben können. Wenn Erwachsene zu spät zur Arbeit erscheinen, erleben sie auch negative Konsequenzen und sei es das schlechte Gewissen.

Das Verhalten der Kinder

Impulskontrolle verbessern

Die Impulskontrolle nennt man auch *Selbstkontrolle*. Angestrebt wird eine altersgerechte Impulskontrolle, d. h. die Fähigkeit, definierte Ziele trotz anderweitiger Versuchungen oder Ablenkungen zu verfolgen. Wie stark diese Ablenkungen wirken, ist individuell unterschiedlich und abhängig von der Bedürfnislage.

> Ein sehr hungriges Kind wird eher vorzeitig am gedeckten Tisch zu essen beginnen und nicht auf die anderen warten können als ein sattes.

Sie müssen also berücksichtigen, wie die aktuelle Bedürfnislage des Kindes ist, um ermessen zu können, wie viel Anstrengung es die Kontrolle seiner Impulse in einer konkreten Situation kosten wird. In der Situation, in der es zum inneren Konflikt zwischen Versuchungen oder Ablenkungen auf der einen und einer Regel bzw. einem Ziel auf der anderen Seite kommt, arbeiten zwei neurologische Systeme zusammen: das impulsive und das reflexive.

Das impulsive System

Das impulsive System funktioniert bei allen Kindern gut. Es besteht aus Nervenverbindungen, die eine automatische, ressourcensparende Informationsverarbeitung ermöglichen. Die Reaktionen erfolgen deshalb schnell und sind nicht anstrengend (Kahneman 2012, S. 136). Das impulsive System sucht die Umgebung nach Lust versprechenden Informationen ab und aktiviert entsprechende Verhaltensmuster. Auf dieses System müssen wir keinen Einfluss nehmen.

Das reflexive System

Das reflexive System ist für das Planen und Schlussfolgern zuständig. Es benötigt mehr Zeit und Gedächtniskapazität, ermöglicht aber das Erreichen langfristiger Handlungsziele. Es macht flexibel. Augenblickliche Bedürfnisse können aufgeschoben oder unterdrückt werden.
    Das reflexive System zu nutzen ist anstrengend. Es prüft die spontanen Impulse aus dem impulsiven System und entscheidet dann, ob die Person ihnen nachgeben soll oder nicht.

> Stellen Sie sich vor, auf dem Tisch vor Ihnen liegt plötzlich Ihre Lieblingsfrucht. Ihr impulsives System entdeckt sie sofort. Ihr reflexives System verhindert, dass Sie augenblicklich zugreifen und lässt Sie erst die Folgen abwägen (Gehört sie mir? Kann ich sie jetzt essen (z. B. während eines Vorstellungsgesprächs)? Werde ich mich bekleckern?)

Die Wirksamkeit des reflexiven Systems ist abhängig von verschiedenen Faktoren, die zugleich zeigen, wie wir es bei Kindern unterstützen können:

1. Machen Sie das Ziel für das Kind bedeutsam

Das Kind wird sich nur anstrengen und das reflexive System nutzen, wenn es das tun möchte. Niemand strengt sich ohne Grund an. Kinder mit AD(H)S schaffen es nicht so gut wie Gleichaltrige, eine intrinsische (also eine eigene) Motivation für viele Alltagsanforderungen aufzubauen. Die Möglichkeit, sich selbst zu motivieren, fehlt ihnen vor allem dann, wenn eine längere Aufmerksamkeitsleistung erforderlich ist. Das hat u. a. damit zu tun, dass sie einen Aufschub ihrer momentanen Bedürfnisse nur schwer akzeptieren können. Sie benötigen deshalb mehr extrinsische Motivation, also Belohnung von außen (Barkley 2005, S. 101).

Sehr sinnvoll ist es, Handlungen mit ihren möglichen Folgen zu verknüpfen. Dies ist z. B. der Fall, wenn man Folgendes vereinbart:

> »Wenn du alle Bausteine in die Kiste geräumt hast, bevor die Sanduhr abgelaufen ist, können wir noch dein Lieblingslied singen.«

Machen Sie sich – am besten gemeinsam mit den Eltern – eine Liste all der Dinge, die das Kind mag und von denen es sich belohnt fühlt. Das können Aktivitäten sein oder Spielzeuge, vielleicht auch bestimmte Formen der Zuwendung.

Weil es aber nicht möglich ist, dem Kind zu jeder Zeit des Tages eine Belohnung zu gewähren, kann man auch Tokensysteme einsetzen. Was Tokensysteme sind und wie man dabei vorgeht, wird im Kapitel *Kinder wie vom anderen Stern: Mädchen und Jungen im Autismus-Spektrum: Das Kind motivieren* ausführlich beschrieben.

Es ist darüber hinaus wichtig, dem Kind das angestrebte Ziel verständlich zu erklären. Nutzen Sie für Aufgaben mit hohen Anforderungen an das

Kind insbesondere die Vormittagsstunden. Kinder mit AD(H)S haben starke Schwankungen der Tagesleistungsbereitschaft und objektiven Leistungsfähigkeit. Diese ist am Vormittag zumeist am größten (ebd., S. 158).

2. Unterteilen Sie ein Oberziel in Teilschritte
Wenn die Aufgabe so groß erscheint, dass das Kind den Mut verliert, wird es sich nicht anstrengen, sondern resignieren. Unterteilen Sie die Aufgabe lieber in kleinere Teile.

> So kann es sinnvoller sein, das Kind nicht zum Anziehen aufzufordern, wenn es in den Garten gehen möchte, sondern zunächst zum Wechseln der Schuhe und dann zum Anziehen der Jacke.
>
> Nach der Erledigung jedes einzelnen Schrittes muss es ein Feedback geben. Bei älteren Kindern kann man eventuell auch schon Checklisten einführen, mit deren Hilfe ein Kind eigene Kontrollen durchführen kann, z. B. indem es erledigte Teilaufgaben abhakt oder durchstreicht.

3. Geben Sie Gedächtnisstützen!
Das Arbeitsgedächtnis sorgt dafür, dass ein Kind seine Aufmerksamkeit auf das Ziel hin und von der Versuchung weg zu lenken vermag.

»Wenn ich an etwas denken muss, dann bekomme ich das jetzt auch nicht einfach nur gesagt, denn das vergesse ich ja gleich wieder. [...] Heute schreiben meine Eltern mir Zettel oder sie erinnern mich daran, dass ich es mir aufschreibe.« (Dietz 1999, S. 127 f.)

Es ist deshalb hilfreich, im Sinne von To-do-Listen für wiederkehrende Abläufe Fotos oder Zeichnungen anzufertigen, die die einzelnen Schritte darstellen. Auf Fotos oder Zeichnungen kann das Kind auch nach längerer Zeit zurückgreifen, wenn es die Anweisungen vergessen hat, auf die Erklärung der Erzieherin nicht.

Die Fotos werden laminiert, mit Klettband versehen und auf einem Klettstreifen angebracht. Wenn das Kind einen Teilschritt bewältigt hat, z. B. wenn es die Schuhe gewechselt hat, nimmt es ein Bild ab und legt es in ein bereitstehendes Kästchen. So ist der jeweils als nächstes zu bewältigende Aufgabenschritt oben.

4. Machen Sie einen Kontrollverlust so schwer wie möglich
Minimieren Sie Verlockungen, d. h., räumen Sie das Lieblingsspielzeug in der Essenssituation z. B. außer Sichtweite. Weitere Möglichkeiten finden Sie in den nachfolgenden Textabschnitten *(Die Raumgestaltung).*

5. Setzen Sie Schwerpunkte
Jede Tätigkeit, die eine Aktivität des reflexiven Systems erfordert, mindert deren Funktionsfähigkeit bei der nächsten Aufgabe. Man nennt dies auch »kurzfristige Selbstkontrollerschöpfung« (Hofmann, Friese 2010, S. 26 ff.).

> Das bedeutet beispielsweise, wenn das Kind sich schon sehr angestrengt hat, die anderen nicht im Spiel zu stören, dann ist seine Selbstkontrolle beim anschließenden Essen erschöpft.

Es ist also Ihre Aufgabe, die Situationen auszuwählen, in denen Selbstkontrolle besonders wichtig ist und zugleich zu berücksichtigen, dass das Kind in den sich anschließenden Situationen in viel geringerem Umfang darüber verfügt.

6. Reduzieren Sie Stress!
Kinder, die im Kindergarten oder in der Schule dauerhaft großen Stress erleben sind nicht glücklich und können nicht gut lernen. Es ist sinnvoll, nach Möglichkeiten zu suchen, den Stress zu reduzieren. Dies gelingt z. B. durch die

Die Raumgestaltung

Einige Kinder mit AD(H)S haben aufgrund ihrer beeinträchtigten exekutiven Funktionen (vgl. Abschnitt *Warum bringen die Kinder keine Aufgabe zu Ende?*) auch räumliche Orientierungsschwierigkeiten. Zugleich sind sie durch ihre Filterschwäche hoch ablenkbar. Daraus entstehen spezielle Bedürfnisse hinsichtlich der Raumgestaltung. Dabei müssen im Wesentlichen zwei Grundsätze beachtet werden:
– Unnötige Informationen sollten entfernt und
– wichtige Hinweise hervorgehoben werden.

Die Frage ist, ob der Raum so gestaltet ist, dass das Kind das gut machen kann, was es an diesem Ort tun soll.
Dabei sollten drei Ebenen bedacht werden:

- Gelingt dem Kind die Orientierung im gesamten Gebäude?
- Gelingt dem Kind die Orientierung im Gruppen- oder Klassenraum? Kann es in jedem Bereich das ungestört tun, was es dort machen soll?
- Gelingt dem Kind die Orientierung an einem Platz? Ist der Platz optimal für die Aufgabe (Bauen, Essen, Zähne putzen)?

Solange Sie alle Fragen mit einem »Ja« beantworten, gibt es keinen Grund, an der Raumgestaltung etwas zu verändern. Wenn dem Kind aber die Orientierung in einem oder mehreren Ebenen nicht altersentsprechend gelingt, sollten Sie ihm durch Strukturierungsmaßnahmen Hilfestellungen geben.

Die Orientierung im Gebäude verbessern

Ein Gebäude kann für ein Kind mit AD(H)S ein Gewirr von verschiedenen Räumen sein. Auf dem Weg zum Bad wird es von vielen Informationen so abgelenkt, dass es zum Schluss vielleicht in einem anderen Raum ankommt.

Sehr individuell muss entschieden werden, welche Hilfen dem Kind gegeben werden müssen, damit es die Räume findet, die es altersentsprechend selbstständig aufsuchen muss, z. B. die Garderobe, die Sanitärräume oder den Garten. Auch hier gilt der Grundsatz: unnötige Reize entfernen, wichtige hervorheben. Vielleicht können zusätzliche Markierungen an den Räumen angebracht oder einzelne Bereiche farblich markiert werden.

Hilfen müssen auf dem Abstraktionsgrad gegeben werden, den das Kind verstehen kann. Sie können gegenständlich, mit Bildern oder möglicherweise auch schon für einige Kinder durch Schrift angeboten werden.

Die Orientierung im Raum verbessern

Für ein Kind mit AD(H)S bietet ein normaler Raum häufig eine Überfülle an Informationen. Davon ist es überfordert und abgelenkt.

Bei der Gestaltung jedes Raumes muss man sich zuerst vergegenwärtigen, welche Funktion er hat. Was soll das Kind in welchem Bereich tun? Soll es dort lernen, malen, toben, essen oder dient der Raum der Erholung? Jeder Bereich des Raumes sollte so gestaltet werden, dass es für das Kind möglichst leicht wird, darin das zu tun, was es darin tun soll.

Den Platz gestalten

Da das Kind aufgrund seiner Wahrnehmungsfilterschwäche leicht abgelenkt wird, sollte sein Platz zum Spielen und Essen so gestaltet werden, dass unnötige Reize minimiert werden. Achten Sie darauf, dass sich nur auf dem Platz befindet, was das Kind für die jeweilige Aktivität benötigt.

Die wichtigen Informationen müssen wiederum deutlich hervorgehoben werden, denn eine zu niedrige Stimulation macht es dem Kind schwierig, seine Aufmerksamkeit aufrechtzuerhalten. Dies gilt beim Ausmalen, Puzzeln, beim Bauen mit Bausteinen genauso wie beim Ansehen von Büchern. Kinder mit AD(H)S machen mit bunten Materialien z. B. weniger Fehler als mit schwarz-weißen (Barkley 2005, S. 71).

Dennoch müssen die Anforderungen für das Kind klar strukturiert sein. Man kann z. B. bei Bildbetrachtungen Abdeckblätter nutzen. Sie verdecken für den Moment nicht relevante Bilder, die das Kind ablenken könnten. Spiel- und Lernmaterialien sollten für das Kind leicht zugänglich sein, aber nicht offen herumstehen. Sie können sich in markierten Schubfächern befinden, sodass ihr Inhalt auch von außen erkennbar ist.

Zeitliche Bedingungen

»Praktisch ist auch, dass wir jetzt immer einen Wecker stellen, wenn ich an etwas denken muss. Ich vergesse so viel weniger Sachen.« (Dietz 1999, S. 129)

Kinder mit AD(H)S haben oft keine oder nur schlecht entwickelte Zeitvorstellungen. Zukünftiges können sie nur schlecht in ihren Handlungen berücksichtigen. Um zeitliche Abläufe für ein Kind mit AD(H)S vorherseh- und durchschaubar zu machen, muss man Möglichkeiten suchen, ihm die Abfolge und die Dauer der Ereignisse verständlich zu machen. Auch hier muss man überlegen, welche Unterstützung das Kind in drei zeitlichen Dimensionen benötigt:
- um regelmäßig wiederkehrende Ereignisse vorhersehen zu können,
- um sich an der Abfolge der Ereignisse am Tag orientieren zu können,
- um eine Zeitdauer überblicken zu können.

Regelmäßig wiederkehrende Ereignisse vorhersehen

Um regelmäßig wiederkehrende Ereignisse vorhersehen zu können, kann man nach dem Adventskalenderprinzip vorgehen. Adventskalender dienen dazu, Kindern zu verdeutlichen, wie lange es noch dauert, bis endlich Heiliger Abend ist.

Man übernimmt das Prinzip der strukturierten Visualisierung, damit das Kind verstehen kann, wann es wieder schwimmen geht oder wie lange die Kita- oder Klassenfahrt dauert. Es kann Tage durchstreichen, abhaken, von einem Streifen abschneiden oder umblättern.

Den Tagesablauf vorhersehen

»Bei uns gibt es zum Beispiel Tagespläne. Da steht drauf, wann ich was erledigen muss, aber auch wann ich Freizeit habe. Die Pläne helfen mir dabei, meine Zeit einzuteilen, denn das kann ich ja nicht so gut.« (Dietze 1999, S. 127)

Kinder mit AD(H)S benötigen mitunter mehr Informationen zum Tagesablauf als andere Kinder. Auch Ereignisse, die sich regelmäßig wiederholen, wie das tägliche Frühstück, kommen für sie überraschend und unerwartet. Sie können ihr Verhalten nicht daraufhin ausrichten und manchmal werden sie deshalb auch wütend. Die Gewissheit, dass beispielsweise nach dem Frühstück ein Spiel im Freien folgt, bei dem sie toben können, kann ihnen helfen, ihr Verhalten noch einmal stärker zu kontrollieren.

Auch diese Informationen können auf ganz unterschiedlichen Abstraktionsgraden gegeben werden. In Abhängigkeit vom Verständnis des Kindes kann ein Tagesplan gestaltet werden:
- mit realen Objekten (z. B. Kleidung als Zeichen für das Anziehen),
- mit stellvertretenden Objekten (z. B. nur die Hose für das Anziehen),
- mit Miniaturen (Puppenkleidung als Hinweis auf das Anziehen),
- mit konkreten Fotos (von der Kleidung, die das Kind anziehen soll),
- mit Fotos der Kategorie (Kleidung),
- mit Zeichnungen (eines Kleidungsstückes),
- mit Symbolen (fürs Anziehen),
- und nur in Ausnahmefällen auch mit Schrift (»Anziehen«).

Kurze Zeitabschnitte besser einschätzen

Wenn die Kinder kein Gefühl für eine Zeitdauer haben, z. B. für die Zeit, die zum Aufräumen zur Verfügung steht, kann auch das Verstreichen der Zeit optisch dargestellt werden, beispielsweise mit einer Eieruhr, einer Ampel oder einem TimeTimer.

Das grüne Licht einer Ampel sagt z. B. »du darfst essen«, das gelbe Licht bedeutet »nichts Neues mehr nehmen«. Rot heißt »die Mahlzeit ist beendet«.

Zeitliche Angaben wie »bald«, »warte ein bisschen«, »demnächst«, »gleich« usw. sind für Kinder mit AD(H)S oft nicht verständlich. Dies gilt auch für ungenaue Häufigkeitsangaben, wie »nicht so oft«.

Unterstützung der Aufmerksamkeitsfokussierung

Im Abschnitt über die Raumgestaltung wurde bereits dargestellt, dass man dem Kind helfen kann, Wesentliches zu erkennen, indem man die in der Situation unwichtigen Reize reduziert und die Wichtigen hervorhebt.

Doch auch wenn Sie mit dem Kind sprechen oder ihm Aufträge geben, können Sie einiges dafür tun, dass es seine Aufmerksamkeit auf wichtige Informationen lenken kann. Nehmen Sie in Aufforderungssituationen regelmäßig Blickkontakt mit dem Kind auf, um sicherzustellen, dass das Kind Ihnen Aufmerksamkeit schenkt. Heben Sie wichtige Mitteilungen besonders hervor, indem Sie zu Beginn etwa »Achtung!« oder »Aufgepasst!« sagen. Etablieren Sie Routinen und Rituale.

Soziale Kontakte zu Gleichaltrigen verbessern

Da Kinder mit AD(H)S oft Schwierigkeiten mit Gleichaltrigen haben, benötigen sie Hilfe von den Erzieherinnen. Spiele mit anderen Kindern müssen gut geplant sein, damit alle daran Spaß haben können. Sie sollten nur kurze Zeit in Anspruch nehmen, damit das Kind mit AD(H)S seine Aufmerksamkeit lange genug darauf richten kann. Im Spiel sollte es keine langen Wartezeiten geben.

Erklären Sie dem Kind genau, was von ihm erwartet wird. Nicht vergessen werden darf, dass das Kind mit AD(H)S positive Rückmeldungen braucht, wenn es sich sozial angemessen verhalten hat. Helfen Sie dem Kind, wenn es nötig ist, seine Aufmerksamkeit wieder auf das Spielgeschehen zu richten, beispielsweise indem sie es unauffällig anstoßen. Vereinbaren Sie aber diese Zeichen vorher, damit es sich nicht provoziert fühlt.

Bieten Sie dem Kind AD(H)S Spiele an, die es sehr interessieren, um seine Konzentration möglichst lange aufrechtzuerhalten. Diese sollten wenige Regeln haben und keinen Verlierer produzieren, »Topfschlagen« wäre ein Beispiel. Hierbei ist das Kind nicht so schnell frustriert.

Den Schulbesuch vorbereiten

Einige Kinder mit AD(H)S zeigen in der Schule umschriebene Entwicklungsstörungen, z. B. Lese-Rechtschreib- oder Rechenstörungen. Diese Störungen sind nicht in einer mangelnden intellektuellen Fähigkeit begründet, sondern haben ihre Ursache in den Wahrnehmungsverarbeitungsproblemen des Kindes und in seinen Schwierigkeiten, lange genug aufmerksam zu sein.

Um diesen Störungen präventiv zu begegnen, ist es sinnvoll, frühzeitig Wahrnehmungsverarbeitungsstörungen festzustellen und daraus Fördermaßnahmen abzuleiten. Birgit Ruf und Karin Arthen haben 2006 ein gut handhabbares Verfahren zur Entwicklungsüberprüfung vorgestellt. Ihr Buch »ADHS und Wahrnehmungsauffälligkeiten« beinhaltet alle nötigen Materialien, Kopiervorlagen für Arbeitsblätter, Bildvorlagen und Auswertungsbögen.

Wichtig ist allerdings auch, aus den Ergebnissen der Überprüfung konkrete Übungsinhalte abzuleiten. Besondere Aufmerksamkeit verdienen die Bereiche, in denen das Kind bereits erste Ansätze zur Beherrschung einer bestimmten Fähigkeit hat oder mit denen es sich in der letzten Zeit ausdauernder beschäftigt. Sie zeigen jeweils die Zone der nächsten Entwicklung an (Wygotski 1987, S. 83). Hier setzen Fördermaßnahmen an, die es weder unter- noch überfordern.

Wenn das Kind also z. B. beginnt, den Reißverschluss einzufädeln, es ihn aber noch nicht richtig schließen kann, hätte man hier einen guten Übungsansatz. Wenn es erste geometrische Formen zeichnet, kann man an dieser Stelle mit Unterstützung weiter üben.

Kinder wie vom anderen Stern:
Mädchen und Jungen im Autismus-Spektrum

1. Was kann ich beobachten?

> »Manchmal gingen sie zum Spielplatz. Doch auch dort blieb es allein. Suchte sich eine ruhige Ecke. Drehte den anderen Kindern den Rücken zu. Gab seine Schippe und die Sandförmchen nicht her. Wurde ihm ein Ball zugeworfen, reagierte es nicht. Es war ein seltsames Kind. Als es drei Jahre alt wurde, kam es in den Kindergarten. Dort versteckte es sich tagelang unter dem Tisch. Hielt sich die Ohren zu. Die vielen Kinder waren zu laut! Und wie sie so dicht herankamen. Mit ihren Augen. Es zog seine Kleider noch dichter um sich und hielt sich selber mit den Armen fest. Bald begannen die Kinder mit Bauklötzen zu werfen. Die Tanten griffen nach ihm und zerrten es aus seinem Versteck. Da begann es zu schreien.« (Sinijedali 2010, S. 196 f.)

Manche Kinder verhalten sich für den Beobachter auf eine unerklärliche Weise seltsam. Sie spielen nicht mit anderen Kindern, scheinen glücklich und zufrieden zu sein, wenn sie allein sind und sind oft lange damit beschäftigt, Muster zu beobachten oder Dinge zu sortieren. Den Erzieherinnen fallen merkwürdige Angewohnheiten und manchmal auch heftige Wutanfälle bei kleinen Änderungen der Alltagsroutinen auf. Sie scheinen wie von einem anderen Stern zu kommen. Viele haben schon oder bekommen später die Diagnose *Autismus-Spektrum-Störung*.

Im Folgenden sollen einige Verhaltensweisen geschildert werden, die man bei Kindern im Autismus-Spektrum beobachten kann. Sie können Anlass sein, in einem vertrauensvollen Gespräch mit den Eltern eine kinder- und jugendpsychiatrische Untersuchung anzuraten und können den Facharzt bei der Diagnosestellung unterstützen. Erzieherinnen können eine Autismus-Spektrum-Störung nicht diagnostizieren.

Das Kind spielt überwiegend allein

> »Freundschaften – einfach war das nicht. Simon zeigte zwar hin und wieder Interesse an anderen Kindern, er umarmte sie, oft so heftig, dass es ihnen unangenehm war, er roch an ihnen und versuchte sie auszuziehen. Aber er hatte keine Ahnung, wie man mit jemandem etwas gemeinsam tat, noch dazu etwas so Komplexes wie spielen.« (Korber 2012, S. 79).

Kinder im Autismus-Spektrum spielen oft allein. Manchmal scheinen sie sich, wie in dem Eingangszitat dargestellt, regelrecht vor den anderen zu verstecken.

Wenn andere Kinder sich ihrem Spiel beteiligen wollen, werden sie nicht selten ungehalten oder sogar aggressiv. Alles muss nach ihren, oft schwer nachzuvollziehenden Regeln ablaufen. Zu einem Miteinander mit anderen Mädchen und Jungen sind sie dabei nicht in der Lage. Die sozialen Regeln auf dem Spielplatz oder im Gruppenraum verstehen sie nicht und können sie deshalb auch nicht einhalten.

Das Kind interessiert sich nicht für das Spielzeug oder spielt in ungewöhnlicher Weise damit

»Er fing an seine Autos immer in derselben Anordnung aufzustellen. Dies machte er auch mit Steinen oder mit Zweigen und Ästen, die er beim Spazierengehen sammelte. Das war seine Art zu spielen.« (Preißmann 2015, S. 68)

Viele Kinder im Autismus-Spektrum sind nicht an dem Spielzeug interessiert, das Gleichaltrige fasziniert. Einige beschäftigen sich immer mit denselben Dingen, gruppieren die Puppen im Puppenhaus auf eine bestimmte Weise, reihen Autos in einer festgelegten Folge hintereinander oder spielen unentwegt eine einzige Szene an der Tankstelle nach. Das symbolische Spiel, in dem ein Stöckchen ein Flugzeug sein kann oder die Puppe Hunger hat, kann bei ihnen nur selten beobachtet werden.

Das Kind spricht immer über dieselben Themen

»Dialoge mit meinem Freund waren zu etwa 60 Prozent Monologe meinerseits, häufig noch weit ausschweifend über all die tollen […] Lego-Piratenschiffe und Playmobil-Eisenbahnen die ICH! doch hatte.« (Remschmidt, Kamp-Becker 2006, S. 204)

Einige Kinder haben Lieblingsthemen, über die sie gern und lange sprechen. Manchmal beinhalten sie ungewöhnliche Gegenstände, wie Toilettensysteme, Weichspüler, Türklinken, manchmal aber auch Dinge, die auch Gleichaltrige interessieren könnten, wie Dinosaurier, die sieben Weltwunder, das regionale Nahverkehrssystem, Vulkane usw. Oftmals führen sie lange Monologe über ihre Spezialthemen, auch wenn die anderen Kinder oder die Erzieherinnen schon nicht mehr daran interessiert sind.

Für andere Dinge, oft auch für die, die den anderen Kindern gleichen Alters gerade sehr wichtig sind, wie Lego oder Hot Wheel-Cars und gemeinsame Spiele mit anderen, begeistern sie sich hingegen nicht oder nur wenig. Es fällt ihnen auch schwer, ein Gespräch mit einem anderen zu führen.

Es scheint schwierig, mit ihm in Kontakt zu treten

»Ich werde auch künftig keine Kompromisse eingehen und meine Zeit mit Gesprächen aus reiner Höflichkeit über Dinge verschwenden, die mich nicht interessieren oder mit denen ich bereits abgeschlossen habe. Mein Anspruch an die Gesprächspartner ist recht hoch. Zeit mit Smalltalk zu vertrödeln, sehe ich nicht ein.« (von Dingens 2010, S. 163)

Kinder im Autismus-Spektrum haben manchmal Schwierigkeiten, sich auf eine unbekannte Erzieherin einzustellen und lehnen sie ab. Die Beziehung zwischen der Erzieherin und dem Kind kann durch ihre autismusspezifischen Besonderheiten im Kommunikations- und Sozialverhalten gefährdet werden.

Kinder im Autismus-Spektrum beherrschen soziale Konventionen nicht oder nicht in ausreichendem Maße. Sie haben sie nicht so mühelos und nebenbei erlernt wie Gleichaltrige. Es kann passieren, dass die Erzieherin fehlende soziale Konventionen, wie Smalltalk, Begrüßungen oder Gratulationen, als persönliche Missachtung, Desinteresse oder sogar Feindseligkeit fehlinterpretiert. Einige Kinder im Autismus-Spektrum verstehen deren Sinn nicht bzw. kommen ihnen nicht so nach, wie man es von ihnen erwartet.

> So schauen sie bei einer Gratulation vielleicht am Geburtstagskind vorbei oder fragen statt einer Begrüßung nach dem Geburtsdatum.

Mädchen und Jungen im Autismus-Spektrum fällt es oft schwer, Blickkontakt aufzunehmen und zu halten. Dies führt zu Unsicherheiten bei den anderen Kindern, aber auch bei den Erzieherinnen. Sie denken mitunter, das Kind sei nicht an ihnen interessiert oder provoziere. Stattdessen werden diese Kinder oft von zu vielen Informationen überflutet, wenn sie anderen in die Augen sehen und vermeiden es deshalb.

Abgelehnt zu werden ist eine schwere Kränkung, auch wenn sie durch ein Kind erfolgt. Durch die Auffälligkeiten beim Blickkontakt oder durch dessen Abwesenheit erwecken jüngere Kinder im Autismus-Spektrum den Eindruck, dass es schwer ist, zu ihnen eine persönliche Beziehung herzustellen (Klicpera, Innerhöfer 1999, S. 104).

Die Probleme sind jedoch nicht auf die Störungen bei der Verarbeitung visueller Wahrnehmungen beschränkt. Besonderheiten in der Wahrnehmungsverarbeitung, z. B. Über- oder Unterempfindlichkeiten können alle Sinne betreffen. Diese Kinder nehmen dann zu viel oder zu wenig wahr.

So ist beispielsweise aufgrund von Störungen bei der Verarbeitung taktiler Wahrnehmungen Kindern im Autismus-Spektrum der Körperkontakt oft unangenehm.

> So mögen es viele nicht, wenn man ihnen über den Kopf streicheln oder sie tröstend in den Arm nehmen will.

Das Kind hat Schwierigkeiten mit Veränderungen

Kinder im Autismus-Spektrum geraten häufig in große Aufregung, wenn sich etwas verändert. Sie wünschen sich einen Alltag ohne Überraschungen.

> Einige können es kaum ertragen, wenn beispielsweise der Ausflug wegen schlechten Wetters verschoben werden muss. Andere weinen, wenn der Gruppenraum gewechselt wird oder die Eltern einen anderen Weg wählen. Auch Veränderungen im Gruppenraum können sie in große Verzweiflung stürzen. Einige Kinder schreien oder weinen dann untröstlich, andere scheinen völlig in ihre Welt versunken oder zeigen stereotypes Verhalten. Sie wiederholen scheinbar sinnlose Bewegungen endlos, schaukeln z. B. mit dem Oberkörper oder wedeln mit den Händen.

2. Was muss ich wissen?

Bisher wurden einige Handlungs- und Reaktionsweisen dargestellt, die Kinder im Autismus-Spektrum in der Kita zeigen können. Dabei muss man wissen, dass das, was wir beobachten in vielen Fällen eine Schutzreaktion gegenüber einer zu großen und nicht zu verarbeitenden Informationsflut ist, die auf das Kind einströmt. Die Gründe, weshalb das so ist, werden unter *Alles auf einmal hören* erläutert. Doch was ist eine Autismus-Spektrum-Störung eigentlich?

Seit einigen Jahren gibt es ein Umdenken in der Beschreibung dessen, was Autismus ist. Dies zeigt sich bereits in der Begrifflichkeit. Der aktuelle Diagnosename ist *Autismus-Spektrum-Störung* (Falkai, Wittchen 2015, S. 64).

Man geht nicht mehr davon aus, dass es verschiedene Autismus-Formen gibt. Die Bezeichnungen »Frühkindlicher Autismus«, »Autismus in der Kindheit«, »Kanner-Autismus«, »High-Functioning-Autismus«, »Atypischer Autismus«, »nicht näher bezeichnete tiefgreifende Entwicklungsstörung im Kindesalter« und »Asperger-Syndrom« finden keine Verwendung mehr. Diese Diagnosen werden kaum noch gestellt.

Eine Autismus-Spektrum-Störung ist immer eine Summationsdiagnose. Das bedeutet, dass verschiedene Symptome gemeinsam auftreten müssen. Sie kommen aus dem Bereich der »sozialen Kommunikation und sozialen Interaktion über verschiedene Kontexte« und beinhalten »eingeschränkte, repetitive Verhaltensmuster, Interessen und Aktivitäten« (ebd.).

Zusätzlich treten oft intellektuelle, sprachliche und motorische Besonderheiten auf. Die Kinder können oft in einzelnen Bereichen sehr viel, in anderen Bereichen, oft in der Selbstbedienung oder der Fähigkeit sich in andere hineinzuversetzen erstaunlich wenig.

Die Diagnose erfolgt auf der Grundlage von Verhaltensbeobachtung und -einschätzung sowie einer Befragung der Bezugspersonen. Die Autismus-Spektrum-Störung zählt zur Gruppe der »Störungen der neuronalen und mentalen Entwicklung« (Falkai & Wittchen, 2015, S. 39). Damit wird auf die biologischen Ursachen hingewiesen und gleichzeitig werden Erziehungsfehler als Ursache ausgeschlossen. Eltern können nicht so schlecht erziehen, dass ein Kind deshalb eine Autismus-Diagnose bekommt!

Besondere Lernvoraussetzungen

Doch um einen entwicklungsförderlichen Kindergartenalltag zu gestalten, reichen diese medizinischen Erklärungen nicht aus. Kinder im Autismus-Spektrum werden fälschlicherweise oft als bockig, desinteressiert oder sich verweigernd beschrieben. Dabei liegen die Gründe für ihr Verhalten nicht in einer mangelnden Anstrengungsbereitschaft. Ihr Gehirn ist in einer spezifischen Weise strukturiert und lässt sie die Welt auf eine besondere Art erleben.

Wenn Erzieherinnen dies berücksichtigen, wird das ansonsten ungewöhnlich erscheinende Verhalten dann meist logisch. Es ist nur keine Logik, die den bekannten sozialen Regeln folgt.

Biologische Voraussetzungen für Sozialverhalten: Der Bau und die Funktion unseres Gehirns unterstützen den Erwerb sozialer Fähigkeiten. Schließlich sind sie für das Überleben von großer Bedeutung. Die meisten Neugeborenen kommen bereits mit zwei wichtigen sozialen Lernvoraussetzungen zur Welt.

Die erste besteht darin, dass sie bestimmte soziale Reize, wie z. B. die Augen einer Person attraktiv finden (Bischof-Köhler 2011). Neugeborene haben bereits direkt nach der Geburt Interesse an anderen Menschen und daran, mit ihnen in Kontakt zu treten (Tomasello 2010).

Doch das allein reicht nicht, es gibt eine zweite, ebenfalls angeborene Voraussetzung. Sobald das Kind Kontakt aufnimmt, werden Glücksbotenstoffe ausgeschüttet. Dies führt zu einem angenehmen Gefühl (Grandin 2010). Mit anderen Menschen zusammen zu sein und zu kommunizieren, belohnt sich damit also sozusagen selbst (Vogeley 2012).

Der soziale Entwicklungsturbo: Beide Lernvoraussetzungen bringen zusammen einen »Entwicklungsturbo« in Gang. Das Neugeborene schaut in die Augen oder schmiegt sich an und empfindet dies als angenehm. Es wiederholt den Blickkontakt deshalb. So übt es schon.

Auf diese Weise verbessert das Kind seine sozialen Fähigkeiten, wodurch auch die Gelegenheiten für Glücksgefühle zunehmen. Da das Üben so viel Spaß macht, übt das Kind häufig. Das sorgt für eine rasant schnelle Entwicklung sozialer Kompetenzen.

Jeder Entwicklungsturbo – egal in welchem Bereich – hat folgende Eigenschaften:
- die Beschäftigung mit dem Thema macht Spaß,
- das Kind sucht sich seinen Input allein (ist »Selbstlerner«),
- die Beschäftigung mit dem Thema strengt es nicht an.

Allerdings hat sich das Spezialinteresse am Sozialverhalten bei neurotypischen[2] Kindern nicht zufällig entwickelt. Die Fähigkeit zum Miteinander hilft und half uns beim Überleben. Zu einer Gruppe zu gehören, von ihr angenommen zu werden, bleibt lebenslang von großem Wert. Die Fähigkeiten hierfür verbessern sich unter günstigen Lebensbedingungen in der Kindheit permanent.

Soziale Hinweise wie Lob, ein aufmunterndes Lächeln, Blickkontakt, Mimik, aber auch Tadel und Kritik werden aufgrund ihrer sozialen Bedeutsamkeit für

---

2 Als »neurotypisch« bezeichnen Menschen im Autismus-Spektrum diejenigen, die nicht im Spektrum sind.

neurotypische Kinder Hinweise für das Verhalten. Für das Bestehen in einer Gruppe ist das äußerst wichtig.

Soziale Interaktion als Spezialinteresse neurotypischer Kinder: Das neurotypische Kind hat also ein »Spezialinteresse«, auch wenn das im Allgemeinen nicht so genannt wird. Dieses »Spezialinteresse« gilt der sozialen Interaktion.

Diese Fähigkeiten im Kontakt mit anderen Menschen zu erweitern, ist eine der wichtigsten Entwicklungsaufgaben in der frühen Kindheit. Entsprechend viel Zeit verbringen Kinder damit. Weil die überwältigende Mehrheit der Kinder dies so tut, bezeichnet man es als »normal«.

Spezialistentum schärft den Blick für das eigene Interessensgebiet. Das Spezialinteresse am Sozialverhalten führt dazu, dass ein Mensch jede Situation, an der andere Menschen beteiligt sind, als erstes auf ihre sozialen Aspekte hin beurteilt. Wer ist anwesend? Wer verhält sich wem gegenüber auf welche Art und Weise? Wie sind die sozialen Beziehungen gestaltet, wo bestehen Konflikte, wo Allianzen?

Autismus als »soziale Sehbehinderung«

Stellen Sie sich vor, ein Kind hat keine oder geringere angeborene/n soziale/n Lernvoraussetzungen. Es sieht Augen nicht lieber an als die Türklinke. Wenn sein Blick zufällig doch in die Augen anderer Menschen fällt, werden keine oder nur wenige Glücksbotenstoffe ausgeschüttet. Es fühlt sich nicht oder nur wenig gut an. Für das Baby besteht kein Grund, den Blickkontakt zu wiederholen oder zumindest kein besonders starker Grund.

Schnell entsteht nun auch ein Übungsrückstand im Vergleich zu anderen Kindern. Kinder im Autismus-Spektrum erleben soziale Interaktionen als weniger angenehm und üben diese auch erheblich seltener. Das Üben ist für sie zudem anstrengend.

Das macht die sozialen Begegnungen zunehmend schwieriger und frustrierender, denn die Gleichaltrigen haben rasch ein höheres Entwicklungsniveau. Eine große Gruppe von Kindern und Jugendlichen im Autismus-Spektrum würde ab einem bestimmten Zeitpunkt gern Kontakt aufnehmen, versucht dies aber auf unangebrachte Art und Weise oder weiß nicht, wie sie es tun könnte (Dodd, 2007, S. 98).

Die andere Motivationslage: Die Gründe, um soziale Regeln einzuhalten werden bei neurotypischen Kindern vor allem durch soziale Reaktionen ausgelöst und unterstützt. Von den Gleichaltrigen akzeptiert zu werden, Erwachsenen eine Freude zu bereiten, stolz auf die eigene Leistung zu sein, gelobt zu werden, sind wichtige Motivationen für Lernen und angemessenes Sozialverhalten. Ein Kind aus dem Autismus-Spektrum hat diese Gründe in viel geringerem Ausmaß oder sogar gar nicht.

Es braucht also eine andere Motivation, um weniger interessante Dinge zu lernen und sich an wichtige soziale Regeln zu halten. Mit anderen Kindern zusammen zu sein ist für ein Kind im Autismus-Spektrum nicht unbedingt erstrebenswert. Dies kann es aber durchaus werden!

Ein anderer Entwicklungsturbo: Auch die besonderen Fähigkeiten von Kindern im Autismus-Spektrum entstehen dadurch, dass ein Entwicklungsturbo in Gang gesetzt wird.

> Wenn Glücksbotenstoffe ausgeschüttet werden, weil das Kind eine Waschmaschine schleudern sieht, wird das Kind alles daransetzen, dies wieder beobachten zu können. Weil es sich darin stundenlang übt, erlangt es vielleicht bald eine erstaunliche Geschicklichkeit im Unterscheiden von Schleuderdrehzahlen.

Die Ausschüttung von Glücksbotenstoffen führt dazu, dass Kinder im Autismus-Spektrum sich mit ihrem Spezialinteresse beschäftigen oder auch Bewegungen immer und immer wieder wiederholen. Es wird als angenehm erlebt und es hilft ihnen, überfordernde Aspekte des Lebens auszublenden.

Autismus als Modell ohne scharfe Abgrenzung: Es gibt keine scharfe Abgrenzung des Autismus-Spektrums, die man sich wie einen Licht-Kippschalter vorstellen kann: an oder aus. Stellen Sie sich stattdessen einen Dimmschalter vor: Die einzelnen Verhaltensbesonderheiten werden zunehmend stärker spürbar bis zu einem Punkt, an dem ein Kind in seinem Lebensumfeld deutliche Schwierigkeiten hat und meist auch darunter leidet. Die Grenze zwischen Autismus und dem, was man umgangssprachlich als »normal« bezeichnet, ist allerdings in vielen Fällen weich.

Wie häufig tritt eine Autismus-Spektrum-Störung auf?

Ungefähr 1 % der Menschen ist im Autismus-Spektrum (Falkai, Wittchen 2015, S. 64). Da durch eine große Medienpräsenz des Themas die Allgemeinheit über das Syndrom zunehmend besser informiert ist, wird die Diagnose in den letzten Jahren häufiger gestellt. Eltern, Erzieherinnen, aber auch Kinderärzte und Kinder- und Jugendpsychiaterinnen wissen mehr über das Erscheinungsbild einer Autismus-Spektrum-Störung und ziehen es als Diagnose bei auffälligem Verhalten eher in Erwägung.

Wie wird eine Autismus-Spektrum-Störung diagnostiziert?

Eine Autismus-Spektrum-Störung wird von einem Kinder- und Jugendpsychiater, einem Pädiater oder einem klinischen Psychologen diagnostiziert. Er beobachtet dazu das Kind und spricht mit dessen Eltern.

Voraussetzung für eine Diagnose ist, dass zwei Bereiche der Persönlichkeitsentwicklung des Kindes beeinträchtigt sind: seine soziale Interaktion und sein Spektrum an Aktivitäten und Interessen, das sich wiederholende und stereotype Verhaltensmuster beinhaltet und zugleich eng begrenzt ist. Die beiden Bereiche sollen im Folgenden ausführlicher betrachtet werden.

Auffälligkeiten in der sozialen Interaktion

Unabhängig von ihrer Intelligenz haben alle Kinder im Autismus-Spektrum Auffälligkeiten in der sozialen Interaktion. Sie können ganz unterschiedlich sein. Auffälligkeiten in der Kommunikation reichen vom Ausbleiben der verbalen Sprachentwicklung über die sogenannte Echolalie bis hin zu Schwierigkeiten, Körpersprache zu verstehen. Oftmals werden Ironie und Sprachbilder im Vergleich zu Gleichaltrigen schlechter verstanden.

Ein Teil der Kinder entwickelt ohne Hilfe keine verbale Sprache. Dies fällt sofort auf und es ist naheliegend, dass die Kinder Unterstützung brauchen. Aber auch die anderen Einschränkungen sind Entwicklungshemmnisse.

Körpersprache verstehen

> »Mir fehlt die Fähigkeit, feine Mimik und Gestik des anderen zu deuten. Ich kann kaum ›zwischen den Zeilen‹ lesen. Nur extreme Gefühle, wie z. B. hörbares Weinen, freudiges Jubeln, Wut und Ärger erkenne ich gut. Und auch da kommt es zu Verunsicherungen: Warum wird jetzt gelacht? Wut und Geschrei anderer machen mir Angst. Und wenn jemand Trost braucht, bin ich unsicher. Kommunikationsschwierigkeiten, Unverständnis und Missverständnisse sind so vorprogrammiert.« (Brache 2008, S. 17)

Einige Mädchen und Jungen im Autismus-Spektrum haben einen guten Wortschatz und sprechen grammatikalisch fehlerfrei. Doch wie die Kinder mit eingeschränkten verbalen Kompetenzen scheinen sie einen manchmal nicht zu verstehen. Sie haben u. a. Probleme, Mimik und Gestik anderer Menschen zu interpretieren. Was bedeutet das?

Jede Aussage einer Erzieherin (also z. B. der Ruf »Bitte anziehen, wir wollen in den Garten gehen!«) besteht nur zu einem geringen Teil aus dem verbalen Inhalt, zu einem wesentlich größeren aus der Intonation (z. B. ob sie energisch, wütend oder flehend ruft) und fast zur Hälfte aus ihrer Mimik und Gestik. Meist unterstützt sie ihren Appell mit einer weit ausladenden Geste oder zeigt schon mit dem Finger in die Richtung der Garderobe. Ihr Gesicht kann eine freundliche Einladung, aber auch Unmut zeigen.

Das Kind mit ungestörter Entwicklung versteht eine verbale Botschaft, indem es die nonverbalen Anteile, also die Intonation, Körpersprache usw. zur Interpretation der Aussage heranzieht. Damit haben Kinder im Autismus-Spektrum Schwierigkeiten. Sie können nonverbale Zeichen nicht lesen.

Körpersprache verwenden

»Andersherum kommt es auch zu Komplikationen, denn Menschen sehen mir meine Stimmungen ebenfalls kaum an. Die Mimik ist bei mir schwach ausgeprägt. So kann es dazu kommen, dass man mich leicht mit etwas überfordern kann, da man meine Angst, Unsicherheit oder Erschöpfung kaum erkennt. Oder mir wird kein Glaube geschenkt, wenn ich z. B. sage, ich schaffe/kann das nicht. Auch wahre Freude oder Dankbarkeit sieht man schlecht.« (ebd., S. 17 f.)

Für die Erzieherinnen wiederum ist oftmals die Körpersprache der Kinder unverständlich. Die Folgen sind Verunsicherungen und Missverständnisse auf beiden Seiten.

Kinder im Autismus-Spektrum haben darüber hinaus oft einen auffälligen Blickkontakt. In der Beschreibung der Symptomatik ist dies ein besonders häufig erwähntes Phänomen. Einige Eltern beobachten von Geburt an, dass ihr Kind keinen Blickkontakt aufnehmen kann.

»Obwohl uns der Arzt versicherte, dass Walker nichts fehle [...] beunruhigte mich etwas. [...] Er hatte im ersten Augenblick, als ich ihn sah, an mir vorbeigeschaut. [...] Er blickte weg, wenn er in dem kleinen Babykorb aus Plastik lag. Auch wenn ich ihn stillte, sah er mich nicht an. Es war, als beachte er weder Cliff noch mich oder Elizabeth.« (Stacey 2004, S. 13 f.)

Verbale Sprache wird wörtlich verstanden

Doch die Schwierigkeiten im Gebrauch und im Verständnis von Körpersprache sind nicht die einzige spezifische Besonderheit im Bereich der Kommunikation. Ein weiteres typisches Problem besteht darin, dass diese Kinder Sprache im Wesentlichen nur wörtlich verstehen. Mit den sprachlichen Feinheiten, durch die Nuancen der Bedeutung und der Meinung ausgedrückt werden können, können sie in der Regel nicht umgehen. Wer Sprache grundsätzlich wortwörtlich versteht und verwendet, hat im Alltag erhebliche Schwierigkeiten. Andere Menschen nutzen die Nuancierung der Sprache, um mehr zu sagen, als mit den Worten eigentlich ausgedrückt werden könnte. Axel Brauns, ein Hamburger im Autismus-Spektrum, schildert ein Beispiel:

»Ich käme also auf die Schule des Heimers. Die Haha sagte: ›Das wird kein Zuckerschlecken. Wir werden dich noch im Sommer in der Bücherhalle anmelden. Du wirst dich gehörig auf den Hosenboden setzen müssen.‹ Wenn das alles war, konnte ich dem Geräusch gelassen entgegensehen. Zuckerschlecken: das hatte es in der Windmühlenschule nicht gegeben. Und auf den Hosenboden setzen: ich verbrachte die Stunden nie im Stehen, außer beim Turnen, aber da wollten es die Lehrer so.« (Brauns 2002, S. 160)

Phrasen, wie »Du wirst dich auf den Hosenboden setzen müssen«, nennt man Metaphern oder Sprachbilder. Man kann sie nicht wortwörtlich interpretieren, sie haben eine übertragene Bedeutung. Kinder lernen ab dem Alter von vier Jahren, dass nicht alles wörtlich zu verstehen ist. In den Folgejahren verstehen sie Metaphern, Ironie und auch indirekte Aufforderungen immer besser.

Ein wörtliches Sprachverständnis führt zu Schwierigkeiten im Verständnis von Ironie.

Ein ironisches »Super! Nur weiter so!«, wenn es den Kakao über den ganzen Tisch vergossen hat, kann von einem Kind im Autismus-Spektrum tatsächlich als Lob und Ansporn verstanden werden, auch in Zukunft den Kakao über dem Tisch auszuschütten.

Wie man sich leicht vorstellen kann, sind damit Konflikte vorprogrammiert. Auch indirekte Aufforderungen, die man in der Alltagssprache häufig verwendet, bleiben diesen Kindern unverständlich.

> Hinweise, wie: »Es ist langsam Zeit aufzuräumen« oder »Könntest du die Tassen holen?«, werden deshalb oft nicht verstanden.

Die letzte Aufforderung würde eventuell tatsächlich als Frage nach der Möglichkeit verstanden werden, die Tassen holen zu können. Das Kind würde dann mit »ja« oder »nein« antworten und sitzen bleiben. Während also Kinder mit ungestörter Entwicklung ihre Fähigkeiten, Sprache auch nicht-wörtlich zu verstehen, immer weiter perfektionieren, entwickeln Kinder im Autismus-Spektrum diese Fähigkeiten nur dann, wenn man die Wendungen mit ihnen wie die Vokabeln einer Fremdsprache übt.

Unklare räumliche und zeitliche Bezeichnungen verstehen

> Immer, wenn die Erzieherin die Kinder bat, sich an der Tür anzustellen, stieß und boxte sich Paul, ein fünfjähriger Junge im Autismus-Spektrum, den Weg durch die anderen Kinder frei, bis er ganz vorn an der Tür stand. Jedes Mal gab es Geschrei und Streit, denn die anderen Kinder fanden ihn grob und rücksichtslos.
>
> Erst nach einigen Gesprächen verstand die Erzieherin, dass Paul nur an der Tür stehen wollte. Das hieß für ihn, mit möglichst viel Körperkontakt zur Tür. Er hatte der Aufforderung der Erzieherin möglichst korrekt nachkommen wollen und verstand ihre Empörung nicht.
>
> Paul bekam eine kleine Fußmatte und künftig den Auftrag, sich auf seine Matte zu stellen, wenn die anderen sich an der Tür anstellen sollten. Das Missverständnis war gelöst, die Situation in der Folgezeit ganz unkompliziert.

Auch räumliche Bezeichnungen, die vom Standpunkt des Betrachters abhängig sind, wie »hier« oder »da«, werden oft nicht verstanden. Probleme bestehen ebenfalls mit Ortsbezeichnungen wie »in der Ecke«, denn die Frage besteht darin, wie weit reicht denn eine Ecke genau? Oder eine andere Frage: Ist die Mitte eines

Raumes der Schnittpunkt der Diagonalen, die von seinen Ecken her gezogen werden können oder ist unter der Mitte des Raumes mehr zu verstehen? Eine mathematisch-geometrische oder vielleicht sogar fast philosophische Frage, die sich die Wenigsten bisher gestellt haben werden, weil die meisten Kinder ein intuitives Verständnis von solchen Ortsangaben haben. Für Kinder im Autismus-Spektrum, die zudem ein hoch entwickeltes mathematisch-geometrisches Verständnis haben, stellen solche Ortsangaben Quellen unendlicher Konflikte dar: Stehen sie nicht genau in der geometrischen Mitte des Raumes, wenn die Kinder aufgefordert wurden, in die Raummitte zu gehen, ist ihnen klar, dass sie die Anweisung nicht korrekt befolgt haben. Die Einhaltung von Regeln und Anweisungen jedoch gibt ihnen Sicherheit in dieser für sie so chaotischen Welt.

Ebenso schwierig ist es für Kinder im Autismus-Spektrum, zeitliche Angaben, wie »gleich«, »später«, »noch einen Moment« oder »bald«, zu verstehen. Wie lange dauert es, wenn die Erzieherin sagt, sie käme gleich? In wie vielen Sekunden ist »gleich«? Wie viele Minuten dauert »ein Moment«? Und wann ist »bald« oder »später«?

Das soziale Miteinander

> »Im Kindergarten war ich immer grob zu anderen Kindern. Ich nahm ihre Raufspiele viel zu ernst und konnte meine Kraft auch nicht einschätzen. […] Mir fiel zwar auf, dass die anderen Kinder öfters in Gruppen zusammen spielten und über Witze lachten, die ich nicht verstand, aber mir kam nie die Idee, dass es unter ihnen so etwas wie ein Gemeinschaftsgefühl geben könnte.« (Sepia 2010, S. 44)

Kinder mit ungestörter Entwicklung sind von Geburt an Meister in der sozialen Kommunikation mit anderen und sie verfeinern ihre angeborenen Fähigkeiten in der Interaktion mit ihren Bezugspersonen immer weiter. Sie sind ohne weitere Anleitung ständig bestrebt, mit anderen zu interagieren. Bereits Neugeborene können die Zeichen aussenden, die ihre Bezugspersonen veranlassen, sich um sie zu kümmern. Auf dieser Grundlage entwickeln sie im Laufe der Kindheit komplexe soziale Fähigkeiten (Blaffer Hrdy 2010, S. 23).

Bei Kindern im Autismus-Spektrum gibt es in diesem Bereich Beeinträchtigungen. Das bedeutet aber nicht, dass sie an anderen Kindern grundsätzlich nicht interessiert sind. Viele Kinder im Autismus-Spektrum haben durchaus Interesse an Beziehungen zu Gleichaltrigen. Oft wissen sie nur nicht, wie man Kontakte knüpft und Freundschaften schließt. Das kann erhebliche psychische Belastungen bis hin zur Entwicklung von Depressionen oder alternativen

Handlungen nach sich ziehen. Sie beschäftigen sich umso intensiver mit ihren speziellen Interessen. Um zu entscheiden, wie man sie dabei unterstützen kann, diese Fähigkeiten zu entwickeln, muss man wissen, wie Kinder mit ungestörter Entwicklung diese Fähigkeiten erwerben (vgl. den Abschnitt *Die Sozialisation bei Kindern mit neurotypischer Entwicklung*).

Soziale Regeln verstehen: Das soziale Miteinander ist durch eine Vielzahl von Regeln bestimmt, die zu großen Teilen zwar nicht ausdrücklich vermittelt, dennoch von den Mitgliedern einer Kultur beherrscht werden. Zu diesen Regeln gehört z. B., wie man in einer größeren Gesprächsrunde anzeigt, dass man etwas sagen möchte oder welchen körperlichen Abstand man im Gespräch mit anderen einnimmt.

Kinder ohne Entwicklungsstörung lernen diese Regeln und entwickeln dieses Gefühl wie nebenbei. Eine Rolle beim Erwerb dieser Regeln spielt die Nachahmung (siehe Abschnitt *Vormachen – Nachmachen*) und die sogenannte *Theory of Mind,* welche die Fähigkeit beschreibt, die Welt aus der Perspektive einer anderen Person zu sehen (vgl. folgender Abschnitt). Mit beidem haben Kinder im Autismus-Spektrum Schwierigkeiten. Sie lernen viele dieser Regeln nicht so nebenbei, wie es andere Kinder tun. Ein geringes Verständnis sozialer Regeln führt unweigerlich zu unbeabsichtigten Regelübertretungen. Wird eine Regel gebrochen, wird dies jedoch als frech oder sogar aggressiv interpretiert, wobei Kinder im Autismus-Spektrum dies eigentlich nicht beabsichtigen.

Die Regeln müssen Kindern im Autismus-Spektrum also ausdrücklich vermittelt werden. Man muss Regeln und Normen verständlich machen. Dazu eignen sich oft Bilder oder Piktogramme gut.

Zugleich muss man ihre Einhaltung kontrollieren. Zwei Techniken, die man dabei nutzen kann, sind die sogenannten *Social Stories* und *Comic-Strip-Conversationen* (vgl. *Soziale Regeln vermitteln: Social Stories und Soziale Situationen erklären: Comic-Strip-Conversation*).

Doch Achtung: Kinder im Autismus-Spektrum haben zumeist einen sehr rigiden, unflexiblen Regelgebrauch. Eine Regel gilt für sie unabhängig von der Situation entsprechend ihres konkreten Wortlautes (Grandin, Barron 2005, S. 120 ff.).

Beim Vermitteln sozialer Regeln muss man demzufolge sehr verantwortungsbewusst vorgehen und sie so formulieren, dass nicht in anderen Situationen soziale Schwierigkeiten aus ihrer Einhaltung resultieren können.

Wenn man also beispielsweise einem sechsjährigen Kind im Autismus-Spektrum erklärt, es dürfe nur die Mama küssen, weil man es davon abhalten wollte, alle

> Erzieherinnen zur Begrüßung zu küssen, könnten dies zu Konflikten mit anderen nahen Angehörigen kommen. Diese bekämen nun nämlich auch keinen Kuss mehr.

Die *Theory of Mind (ToM):* Ein Problem im Zusammenhang mit dem Sozialverhalten besteht darin, dass es diesen Kindern schwerfällt, altersentsprechend die Perspektive eines anderen einzunehmen und einzuschätzen, was er denkt, weiß, annimmt, plant oder fühlt. Eine Mutter beschreibt es so:

»Ob der Autist hochintelligent oder geistig behindert ist, er kann in keinem Fall seine Phantasie nutzen, um zu verstehen, dass andere Menschen Dinge anders erleben. Er kann nicht vernünftig kommunizieren, weil er nicht weiß, was kommuniziert werden muss. Er kann nicht sozial interagieren, weil er sich selbst nicht als soziales Wesen wahrnimmt. Im praktischen Leben bringt dieses Fehlen einer Theorie des Mentalen viele Frustrationen für den Autisten wie für seine Angehörigen mit sich. ›Will haben, will haben‹, ruft das Kind. Es weiß nicht, dass es der Mutter sagen muss, was es haben will. Ein Kind schneidet sich auf dem Pausenhof tief in die Hand. Es sagt nichts zur Pausenaufsicht. Es kann nicht ahnen, dass diese nicht weiß, was passiert ist, bis das Kind es ihr sagt.« (Moore 2004, S. 111)

Die Fähigkeit zu mutmaßen, was der andere denken oder wissen könnte, nennt man *Theory of Mind (ToM)*. Sie umfasst alle Denkprozesse, die es ermöglichen, fremdes und eigenes Verhalten zu erkennen, zu verstehen, zu erklären und vorherzusagen. Die entwickelte ToM ist das Ergebnis einer Unzahl von Beobachtungen am Verhalten und den körpersprachlichen Reaktionen, die die Menschen im sozialen Umfeld des Kindes zeigen. Zugleich gibt es im Gehirn Zentren, die aktiv werden, wenn man das Verhalten eines Menschen beobachtet. Sie sind verbunden mit den eigenen emotionalen Zentren. Das hilft uns, das Verhalten anderer Menschen zu verstehen.

Neurotypisch entwickelte Kinder lernen sukzessive, dass andere Menschen ihre eigenen Gedanken, Ansichten, Empfindungen und Kenntnisse um bestimmte Sachverhalte haben, die nicht immer mit den eigenen übereinstimmen müssen. Es wird oft behauptet – ist allerdings nicht unumstritten –, dass Kinder im Autismus-Spektrum die ToM nicht altersgerecht entwickeln (z. B. Freitag 2008, S. 55 f.).

Das Konzept einer mangelhaft entwickelten ToM hilft aber, einen Teil der sozialen Schwierigkeiten von Kindern im Autismus-Spektrum besser zu verstehen und Maßnahmen zur Entwicklungsförderung zu ergreifen. Wie stark die Auffälligkeiten individuell ausgeprägt sind, ist verschieden und hängt u. a. davon ab, wie gut andere kognitive Fähigkeiten entwickelt sind, die das Kind kompensatorisch einsetzen kann (Tomasello 2002, S. 96).

Eine mangelhaft entwickelte ToM hat Auswirkungen auf die Fähigkeit, die Gründe hinter dem Verhalten anderer Menschen zu verstehen, damit ihre Absicht zu erkennen und so aus deren Handlungskonsequenzen lernen zu können. Auch das Spiel mit anderen ist beeinträchtigt, denn ohne ToM ist es einem Kind nicht möglich, in der eigenen Handlung zu berücksichtigen, was das andere Kind weiß, kann und beabsichtigt.

Eine eingeschränkte ToM zeigt sich ebenso im Bereich des Lernens sozialer Regeln. Wenn ein Kind nicht erkennt, warum sich andere in einer bestimmten Art und Weise verhalten, wie das eigene Verhalten von ihnen interpretiert und bewertet wird und welche Folgen es deshalb für es selbst hat, können andere Kinder kein Verhaltensregulativ sein.

Fast alle neurotypisch entwickelten Mädchen und Jungen verhalten sich so, dass sie von der Gruppe akzeptiert und angenommen werden. Kindern im Autismus-Spektrum gelingt das oft nicht. Manchmal haben sie nicht einmal die Idee, dass dies erstrebenswert sein könnte und dass die anderen Kinder sich darum bemühen.

Das eingeschränkte Spektrum an Aktivitäten und Interessen

»Irgendwann nahm ich die anderen nicht mehr wahr und begann, im Liegen rhythmisch hin und her zu schaukeln. Es war ein sehr starkes Bedürfnis nach diesem beruhigenden, leicht schwindeligen Gefühl.« (Brache 2008, S. 14)

Kinder im Autismus-Spektrum sind eingeschränkt in dem, was sie interessiert und was sie gern tun. Einige zeigen sogenannte Stereotypien. Das sind sich wiederholende, funktionslos erscheinende Bewegungen, wie das Schaukeln mit dem Oberkörper, das Flattern mit den Armen oder das Drehen der Hände.

Auch die immer gleiche Beschäftigung mit einem Objekt ist eine motorische Stereotypie. Sie kann der Reduktion des Erregungszustandes und der Erzeugung einer bekannten, Sicherheit gebenden Situation dienen.

Der Umgang mit ihnen ist eine Gratwanderung. Auf der einen Seite bedeutet eine Unterbindung, dem Kind das Einzige zu nehmen, was ihm noch Sicherheit verschafft. Auf der anderen Seite verselbstständigen sich stereotype Handlungen oftmals. Weil sie als angenehm erlebt werden, führt das Kind sie auch aus, wenn eine Reduktion des Erregungsniveaus gar nicht notwendig wäre. Es blockiert sich aber so in seinen Möglichkeiten, neue Erfahrungen zu machen, denn die Verarbeitung von Hör- und Sehreizen ist eingeschränkt, wenn Stereotypen gezeigt werden. Stereotypien ermöglichen keine neuen Erfahrungen.

Viele Kinder im Autismus-Spektrum haben Spezialinteressen, mit denen sie sich ungewöhnlich intensiv beschäftigen. Am häufigsten findet man bei ihnen Interesse an Tieren und der Natur, angefangen bei Larven und Insekten bis hin zu Dinosauriern. Das zweithäufigste Interesse besteht an Technik und Wissenschaft, gefolgt vom Interesse an öffentlichen Verkehrsmitteln. An vierter Stelle rangieren Zeichnungen zu bestimmten Themen (Attwood 2008, S. 228).

Für andere Dinge hingegen sind sie wenig zu interessieren. Vieles, was die anderen Kinder neugierig macht, weckt kaum Aufmerksamkeit. Für die Beschäftigung mit seinen oft sehr ausgefallenen Interessengebieten hat das Kind jedoch eine hohe Motivation. Sie lässt sich für die Förderung nutzen. Entweder verknüpft man neue Lerninhalte mit dem Spezialinteresse oder man nutzt es als Belohnung.

> Ein Kind, das sich für ICE-Züge interessiert, könnte z. B. ein einfaches Puzzle legen, auf dem ein ICE abgebildet ist. Es wäre aber auch möglich, dass es erst einen Turm bauen soll und anschließend mit seinem Zug spielen darf.

Motorische Beeinträchtigungen

Viele Kinder im Autismus-Spektrum sind motorisch ungeschickt. Sie brauchen viel Hilfe beim An- und Ausziehen und bei der Körperhygiene. Auch beim Spielen und beim Sport scheinen sie oft ungelenk. Ihre Bewegungen wirken hölzern und unharmonisch. Dies dürfte damit zu tun haben, dass sie aufgrund ihrer Einschränkungen in der Wahrnehmung und der Verarbeitung von Wahrnehmungsinhalten auch Körperschemata und motorische Schemata nicht richtig wahrnehmen.

Welche Ursachen hat eine Autismus-Spektrum-Störung?

Familienuntersuchungen haben gezeigt, dass genetische Faktoren beim Entstehen einer Autismus-Spektrum-Störung eine Rolle spielen (Remschmidt, Kamp-Becker 2006, S. 34). Man geht davon aus, dass etwa 30–60 % der Menschen im Autismus-Spektrum einen nahen Verwandten haben, der ebenfalls im Autismus-Spektrum ist oder ähnliche Beeinträchtigungen seiner sozialen Interaktion zeigt.

Da es aber wenige eineiige Zwillingspaare gibt, bei denen nur ein Zwilling im Autismus-Spektrum ist, muss es noch andere Faktoren geben, die diese Störung auslösen oder eine entsprechende Disposition fördern können.

Autismus und AD(H)S

Kinder im Autismus-Spektrum haben oft auch AD(H)S. Von 900 untersuchten Menschen im Autismus-Spektrum hatten 62 Prozent zugleich auch AD(H)S (Kennedy 2002, S. 44). Es gibt hier also eine große Gruppe von Kindern, die zwei Diagnosen haben. Aber Achtung, es gilt zu differenzieren: Einige Kinder im Autismus-Spektrum wirken auch durch ihr hohes Stresslevel und ihre Angst wie hyperaktiv (Attwood 2008, S. 21).

3. Was kann ich tun?

Unterstützung im Alltag

Erst seit relativ kurzer Zeit rücken die spezifischen Besonderheiten und die Bedürfnisse von Kindern im Autismus-Spektrum ins Bewusstsein der Erzieherinnen. Viele Erwachsene im Autismus-Spektrum beschreiben rückblickend ihre Kindergarten- und Schulzeit als einen für sie sehr schwierigen Lebensabschnitt. Sie fühlten sich unverstanden, waren oft überfordert und hatten einen großen Leidensdruck.

Die Spielfähigkeit verbessern

>»Ich spielte nur selten mit Spielsachen, ob im Kindergarten oder zu Hause. Wenn ich doch einmal ein Spielzeug anfasste, wie meinen Stoffhasen, hielt ich es steif an den Enden und bewegte es hin und her. Ich machte keine Versuche, den Hasen zu umarmen, zu knuddeln oder hopsen zu lassen. Zu meinen Lieblingsbeschäftigungen gehörte es, eine Münze zu nehmen, sie auf dem Fußboden zu drehen und zu beobachten, wie sie sich immer wieder um sich selbst drehte.« (Tammet 2007, S. 37)

Einige Besonderheiten von Kindern im Autismus-Spektrum beim Spielen mit anderen wurde im Abschnitt *Was kann man in der Kita beobachten?* bereits geschildert. Doch auch, wenn sie allein spielen, gibt es oft Besonderheiten.

Die ersten Phasen der kindlichen Spielentwicklung durchlaufen Kinder im Autismus-Spektrum meist wie alle anderen Kinder auch. Alle Babys zeigen zunächst eine sehr einfache Form des Spielverhaltens, das sogenannte sensomotorische Spiel. Sie explorieren Objekte ihrer Umgebung, indem sie sie in den Mund nehmen, mit ihnen klopfen, sie schütteln und sie hinunterwerfen.

Schon im Alter von einem Jahr verwendet ein Kind Spielzeug funktional: Es schiebt z. B. ein Auto hin und her oder es nimmt einen Löffel und führt ihn zum Mund. Ungefähr zur gleichen Zeit setzt es mehrere Objekte zueinander in Beziehung, stapelt Bausteine aufeinander, Becher ineinander oder füllt Nüsse in eine Schale.

Im Alter von 18 bis 24 Monaten gibt es im Spielverhalten oft die ersten Hinweise auf eine verzögerte Entwicklung bei Kindern im Autismus-Spektrum. Bei neurotypischen Kindern entwickelt sich in dieser Zeit das Symbolspiel (Oerter, Montada 1998, S. 246). Objekte werden dabei zunehmend ersetzt. Das Kind benutzt einen Gegenstand, der einen anderen darstellt. Es telefoniert beispielsweise mit einer Haarbürste oder schreibt einem Spielzeug vorgestellte Eigenschaften zu, z. B. wird die schmutzige Puppe gewaschen oder der frierende Teddy angezogen.

Gegenstände oder Szenarien kann sich das Kind nun auch vorstellen, es trinkt z. B. aus einer leeren Tasse. Dieses ist das Entwicklungsstadium, in dem die Grundlagen auch für ein metaphorisches Sprachverständnis entwickelt werden. Jetzt kann eine Sache durch eine andere ersetzt werden.

Dieses symbolische Spiel gelingt Kindern im Autismus-Spektrum nicht oder nur erheblich zeitverzögert (Freitag 2008, S. 40). Sie bleiben in der konkreten Handlung mit den Gegenständen, die Abstraktionsleistung eines symbolischen Spiels wird nicht, nur eingeschränkt oder erst verspätet geleistet. Vor allem in spontanen Spielsituationen geben die Kinder Gegenständen oft keine neuen Eigenschaften. So ist die Puppentasse in der Vorstellung von Kindern im Autismus-Spektrum nicht heiß. Sie stellen sich keine nicht vorhandenen Objekte im Spiel vor und binden weder Puppen noch Stofftiere als Akteure ins Spiel ein (ebd., S. 41). Eine erwachsene Frau im Autismus-Spektrum begründet das rückblickend so:

»So wusste ich beispielsweise nicht, was ich mit einer Puppe hätte anfangen sollen, sie war nur ein lebloses Spielzeug, und ich konnte nicht verstehen, dass andere Kinder sie so behandelten, als wäre sie ein Lebewesen. Das wäre mir nicht möglich gewesen, und ich hätte auch nicht gewußt, wie ich mich im Kontakt mit einer Puppe hätte verhalten sollen.« (Preißmann 2009, S. 51)

Das Beispiel zeigt auch einen Effekt mangelhafter Theory of Mind, denn es werden menschenähnlichen Objekten wie einer Puppe keine Bedürfnisse oder Eigenschaften zugeordnet. Kinder im Autismus-Spektrum benötigen vielfältige Unterstützung und Anregung, um die Abstraktionsleistung, die für das symbolische Spiel erbracht werden müssen, zu bewältigen. In Anlehnung an Howling, Baron-Cohen und Hadwin (1999) könnte eine Unterstützung der Fähigkeit zur Objektersetzung so aussehen:

Erzieherin: »Lass uns zusammen spielen! Da ist in Wirklichkeit ein Stück Holz. Wir tun so, als sei es ein Boot. Hör mal, es kommt gerade angefahren, ›tut, tut‹!«

»Ist das wirklich ein Boot?«

»Stelle ich mir vor, dass das ein Boot ist oder stelle ich mir vor, dass das ein Stück Holz ist?«

Wenn die Erzieherin dem Kind helfen möchte, sich eine Handlung vorzustellen, könnte sie so vorgehen:

»Nun wollen wir etwas anderes spielen. Ich tue so, als ob ich mir die Haare kämme. Das ist nicht wirklich eine Bürste. Ich tue nur so.« Die Erzieherin tut so, als ob sie sich die Haare mit einer vorgestellten Bürste kämmt. »Tue du auch mal so, als wenn du dir die Haare kämmst!«

»Ist das wirklich Haare kämmen? Tue ich nur so oder kämme ich mir wirklich die Haare?«

Damit sich das Kind ein Szenario vorstellen kann, könnte die Erzieherin Folgendes tun:

»Guck mal, wie ich so tue als ob ich dem Teddy die Hände wasche. Ich tue so, als seien sie schmutzig.« Die Erzieherin tut so als wüsche sie die Hände des Teddybären mit einem vorgestellten Lappen. »Tue du einmal so, als ob du sie waschen würdest!«

»Sind die Hände des Teddys wirklich schmutzig?«

»Tue ich so, als ob sie sauber oder schmutzig seien?«

Diese Übungen und Anregungen sollten erst begonnen werden, wenn das Kind die vorherige Entwicklungsphase beherrscht. Es sollte also bereits funktionales Spiel beherrschen, d. h., Spielzeug und Objekte funktionsgemäß benutzen.

Sie müssen regelmäßig wiederholt werden, bis das Kind sie allein übernehmen kann. Das symbolische Spiel ist eine Voraussetzung für Rollenspiele, die wiederum eine wichtige Basis für eine soziale Integration der Kinder darstellen. Ebenso ist das Rollenspiel eine wichtige Voraussetzung für das Verständnis metaphorischer Sprache. Wie nach den bisherigen Darstellungen nicht anders zu erwarten, stellt auch das Rollenspiel für viele Kinder im Autismus-Spektrum eine Überforderung dar. Ein Mann im Autismus-Spektrum beschreibt das so: »Eine fiktive Rolle einzunehmen behagt mir nicht und überfordert mich schlichtweg schon in kleinen Bereichen.« (von Dingens 2010, S. 164)

Die Integration in die Kindergruppe unterstützen

Schutz vor zu vielen Reizen

Kinder im Autismus-Spektrum verarbeiten Informationen aus der Umwelt und ihrem Körper anders als Kinder mit neurotypischer Entwicklung. Ausführlicher wird dies im Abschnitt *Alles auf einmal hören: die Filterschwäche* erläutert. Sie filtern u. a. die bedeutsamen Informationen in einer Situation schlechter heraus.

In besonders reizintensiven Situationen führt dies zu einer datenmäßigen Überladung des Gehirns mit einer anschließenden Erschöpfung der Energiereserven und einem nachfolgenden Zusammenbruch seiner Energiezufuhr. Menschen im Autismus-Spektrum bezeichnen diesen Zustand selbst als *Overload* (Scheiter 2017). Diesen kann man sich vorstellen wie einen Systemabsturz beim Computer – nichts geht mehr. Das Kind wird handlungsunfähig. Die Situation erlebt es als extrem belastend und als äußerst bedrohlich.

»Ich erlebe meinen ›Overload‹-Zustand, wenn zu viele Reize auf mich einprasseln. Die Grenze, was zu viel ist, ist nicht immer gleich. […] Ein zuviel an Reizen ist eine quälende Belastung. […] Jeder, der mit ›Overload‹-Zuständen Erfahrung gemacht hat, weiß, wie furchtbar sie erlebt werden können.« (Schuster 2007, S. 57)

Beobachten kann man einen Overload an folgenden möglichen Verhaltensweisen:
- das Kind schreit und lässt sich nicht beruhigen,
- es scheint zu tagträumen und blendet alle Reize aus,
- es ist autoaggressiv. Die Konzentration auf den selbst zugefügten Schmerz lässt die Reizüberflutung in den Hintergrund treten. Sie ist noch unangenehmer als der Schmerz.

Für Kinder im Autismus-Spektrum ist das gesunde Chaos einer Kindergruppe oftmals eine sensorische Überforderung. Die Geräusche, die viele Kinder machen, ihre schnellen und wenig berechenbaren Bewegungen, mögliche Berührungen und die Unvorhersagbarkeit der entstehenden Situationen sind für sie eine große Belastung. Dies behindert jede Form des Lernens und jeden Lernerfolg. Kinder im Autismus-Spektrum müssen deshalb häufig zunächst einmal entlastet werden von den vielen auf sie einströmenden Informationen. Sie brauchen einen Platz für sich, der reizreduziert ist (vgl. das Kapitel über Kinder mit AD(H)S, Abschnitt *Die Raumgestaltung*).

Klare Anleitungen in unstrukturierten Situationen

Oft hat das Kind im Autismus-Spektrum keine Vorstellung davon, was es in einer unstrukturierten Situation, also z. B. in einer Pause oder beim freien Spiel, tun könnte. Es braucht klare Anleitungen. Manchmal sträuben sich Erzieherinnen dagegen, weil ihnen dies zu reglementierend erscheint und weil sie glauben, sie nähmen dem Kind damit den Raum für seine eigene Entfaltung. Doch viele Kinder im Autismus-Spektrum mögen unstrukturierte Situationen überhaupt nicht, weil sie sich in ihnen wenig orientieren können. Ihnen sollte man deshalb klare Spielangebote unterbreiten, die sich an ihren Interessen orientieren. Spiele mit klaren Regeln sind oft am einfachsten.

Das Kind zeitlich orientieren

»Ich kehrte am nächsten Tag in den Kindergarten zurück und am nächsten und übernächsten auch wieder. Anfangs verstand ich nicht, daß ich, nur weil ich am einen Tag abgeholt worden war, auch am folgenden Tag abgeholt würde. Aber schließlich begriff ich, daß meine Mutter mich tatsächlich abholen würde und daß ich nicht für immer im Kindergarten bleiben musste. Nur war mir keinesfalls klar, wann meine Mutter kommen würde. Ich hatte kein inneres Gefühl dafür, daß ich jeden Tag ungefähr gleich lang im Kindergarten blieb, alles schien sich irgendwie zufällig abzuspielen. Meine Mutter tauchte einfach irgendwann auf, und dann gingen wir nach Hause.« (Gerland 1998, S. 79)

Aus dem bisher Beschriebenen resultieren Konsequenzen für die räumliche Gestaltung und für die Notwendigkeiten, zeitliche Abläufe vorhersehbar zu machen. Diese Rahmenbedingungen orientieren sich am TEACCH-Ansatz (Häußler 2016) (vgl. das Kapitel über Kinder mit AD(H)S).

Dabei zu sein reicht nicht aus

Das Kind im Autismus-Spektrum muss auch dabei unterstützt werden, soziale Kontakte zu anderen Kindern aufzubauen. Allein deshalb, weil sie unter Gleichaltrigen sind, entwickeln sie nämlich noch lange nicht die soziale Kompetenz im Umgang mit den Altersgenossen.

Manche Kinder im Autismus-Spektrum ziehen den Kontakt zu den Erzieherinnen deshalb vor, weil die Gespräche mit ihnen strukturierter sind als die mit den anderen Kindern und sie geduldiger gegenüber den Monologen und Spezialthemen sind (Attwood 2008, S. 74). Einige Kinder im Autismus-Spektrum finden aufgrund ihrer intellektuellen Leistungsfähigkeit in Erwachsenen bessere Gesprächspartner als in Gleichaltrigen. Zudem sind ihre Bemühungen um sozialen Kontakt zu Gleichaltrigen oft gescheitert (Albers, Jungmann, Lindmeier 2009, S. 205).

Doch Kontakte zu Altersgenossen sind wichtig, weil sich hier ein großes soziales Übungsfeld eröffnet. Gleichaltrige stellen in der neurotypischen Entwicklung die wichtigsten sozialen Beziehungen außerhalb der Familie dar. Sie haben ein vergleichbares Alter, ein gleiches Umfeld in der Kindereinrichtung und bieten sowohl ein soziales und kognitives Übungsfeld als auch eine Quelle von Lebensfreude. Aber Kinder im Autismus-Spektrum haben keine oder weniger Freunde als andere und spielen kürzer und seltener mit anderen Kindern

(Attwood 2008, S. 74). So kommt es zu einer doppelten Benachteiligung: Aufgrund ihrer angeborenen Schwierigkeiten in der sozialen Interaktion haben sie es schwer, soziale Kontakte aufzubauen. Weniger soziale Kontakte bedeuten aber auch weniger Übungsmöglichkeiten im sozialen Feld und führen zu weiteren Entwicklungsverzögerungen. Es gibt Hinweise darauf, dass Interaktionen mit Gleichaltrigen dazu beitragen, autismustypische Verhaltensweisen zu reduzieren (Weinmann et al. 2009, S. 8).

Wie kann man diesen Kreislauf durchbrechen und die Einbindung des Kindes in seine Peergroup unterstützen? Um zu verstehen, wo die Schwierigkeiten des Kindes liegen, muss man sich vergegenwärtigen, wie die ungestörte soziale Entwicklung verläuft.

Die Sozialisation bei Kindern mit neurotypischer Entwicklung

Die soziale Entwicklung verläuft in verschiedenen Stufen (vgl. Gutstein 2003, S. 98 ff.). Die ersten Entwicklungsstufen, die in der Zeit bis zum Schuleintritt durchlaufen werden, sollen hier ausführlicher erläutert werden.

1. Entwicklungsstufe: Erwachsene als Partner: Diese Stufe entspricht einem Entwicklungsniveau eines neurotypischen Kindes innerhalb der ersten zwei Lebensjahre. Man bezeichnet diese Entwicklungsstufe auch als »Vor-Freundschafts-Level«, denn das Kind übt hier seine sozialen Fähigkeiten als Partner eines Erwachsenen. Die erwachsene Bezugsperson muss auch innerhalb der ersten zwei Lebensjahre nicht unbedingt nur die Mutter sein. Kinder profitieren in gleichen Maßen von professionellen Betreuern (Blaffer Hrdy 2010). In dieser Zeit beginnt das Kind zu lernen, seine Emotionen mit einem anderen Menschen abzustimmen (Holodynski 2006, S. 40 ff.).

Es handelt sich in dieser Entwicklungsphase noch nicht um eine partnerschaftliche Beziehung. Es besteht eine klare Abhängigkeit. Der Erwachsene regt die Kommunikation an, geht intuitiv auf die kindlichen Kommunikationsbemühungen ein und unterstützt sie.

Die Beziehungserfahrungen mit den Erwachsenen beeinflussen die späteren Beziehungen zu Gleichaltrigen und schließlich auch zum Partner (Kernberg, Hartmann 2009, S. 61).

Kinder, die von Bezugspersonen betreut und angeleitet werden, die auf die Bedürfnisse des Kindes sensibel reagieren, zeigen eine hohe Kooperationsbereitschaft (Blaffer Hrdy 2010, S. 402). Aufgrund der angeborenen Schwierigkeiten eines Kindes im Autismus-Spektrum in der sozialen Interaktion (vgl. Abschnitt *Auffälligkeiten in der sozialen Interaktion*) ist dies aber für Eltern und

Erzieherinnen von Kindern im Autismus-Spektrum eine ungleich schwierigere Aufgabe als für Eltern und Erzieherinnen von Kindern mit neurotypischer Entwicklung.

Wenn sie sich sicher an eine erwachsene Bezugsperson binden können, gelingt es Kindern im Grundschulalter leichter, Freunde zu finden (ebd.). Vorausgesetzt ist jedoch, sie durchlaufen alle Entwicklungsstufen in annähernd gleichem Tempo wie die anderen. Doch dazu später ausführlicher.

In den ersten beiden Jahren beginnt das Kind schon, mit dem Erwachsenen sozial zu spielen, z. B. »Kuckuck«. Das Spiel macht Spaß, das ist die Motivation des Kindes. Soziale Spiele beginnen spontan, sind freiwillig und ungezwungen (Schmidt-Denter 2005, S. 72). Man unterscheidet:
- imitative soziale Spiele (wechselseitiges Berühren, Lachen, Lautäußerungen),
- solche mit Rollenverteilung (Lautäußerung – Lachen) und
- reziproke Rollen (gibt Objekt – nimmt es; fangen) (ebd., S. 73).

Das Kind spielt auch innerhalb der ersten zwei Lebensjahre schon parallel zu anderen Kindern, nimmt mit ihnen Blickkontakt auf und imitiert sie auch manchmal (Dodd 2007, S. 277). Dennoch ist das Spiel meist unabhängig von den Spielideen des oder der anderen.

2. Entwicklungsstufe: Freunde sind anwesende Spielkameraden: Ab dem dritten Lebensjahr werden Gleichaltrige zunehmend wichtiger. Sie sind gleichberechtigte Partner, mit dem das Kind seine Aktivitäten teilen und eine symmetrische Kommunikation entwickeln kann (Seiffge-Krenke 2009, S. 24 ff.).

Dabei dominiert eine augenblicksbezogene Interaktion (Schmidt-Denter 2005, S. 102). Die Kinder kommunizieren miteinander im Hier und Jetzt. Die Beziehung hat deshalb auch keine Zeitdimension. Ob man sich bereits kennt oder jemals wiedersieht, spielt noch keine Rolle. Häufig sind Objekte in die Interaktion eingebunden (ebd., S. 75).

In dieser Entwicklungsphase teilen sich Kinder ihr Spielzeug und wechseln sich ab. Sie haben von sich aus das Bedürfnis, dies zu tun. Bei Kindern im Autismus-Spektrum muss dies nicht so sein, wie der hochbegabte Daniel Tammet in seiner Autobiografie beschreibt:

»Ich hatte keine starken Gefühle für meinen Bruder [...]. Er spielte häufig im Garten, während ich in meinem Zimmer blieb, und wir spielten kaum jemals zusammen. Wenn wir es doch taten, war es kein gemeinsames Spiel – ich hatte nie den Wunsch, meine Spielsachen oder Erlebnisse mit ihm zu teilen.« (2007, S. 39)

Kinder im Alter zwischen drei und fünf Jahren verfolgen noch immer überwiegend ihre eigenen Spielideen, ohne ihre Interessen denen der Gruppe unterzuordnen (Dodd 2007, S. 277). Sie spielen mit anderen viel parallel, d. h. ohne gegenseitige Beeinflussung, gemeinsame Regeln und Koordination.

Doch der Anteil assoziativen und kooperativen Spiels nimmt bei den Drei- und Vierjährigen immer größeren Raum ein (Mussen, Conger, Kagan, Huslon 1996, S. 53). Im assoziativen Spiel gibt es einen thematischen Bezug und gegenseitige Anregungen der Kinder, aber das Zusammenspiel erfolgt ohne Koordination.

Beim kooperativen Spiel helfen die Kinder sich gegenseitig, um ein gemeinsames Ziel zu erreichen. Die Rollen sind bereits aufgeteilt. Kooperatives Spielen verlangt kommunikative Kompetenzen, denn es muss eine Einigung über den Gegenstand, das Thema des Spiels und über den Umgang mit dem Gegenstand, v. a. durch die Verteilung von Rollen erfolgen. Darüber hinaus muss über den Spielrhythmus kommuniziert werden. Dies findet nicht unbedingt auf der verbalsprachlichen Ebene statt, sondern kann auch nonverbal erfolgen (Schmidt-Denter 2005, S. 73).

Innerhalb des kooperativen Spiels übt das Kind auch die Etablierung und Einhaltung sozialer Regeln, z. B. wie man andere in das Spiel einbezieht, wie man sie beeinflusst und eigene Interessen durchsetzt (ebd.). Mit vier Jahren können Kinder dann intuitiv erfassen, was andere wollen und dieses Wissen nutzen, um anderen zu gefallen (Blaffer Hrdy 2010, S. 390).

Bereits mit der Bewältigung dieser Entwicklungsstufe können Kinder im Autismus-Spektrum Schwierigkeiten haben – unabhängig von ihren intellektuellen Möglichkeiten. So schreibt Daniel Tammet:

»Mit Spiel im Sinne einer wechselseitigen Aktivität konnte ich überhaupt nichts anfangen. Die Kindergärtnerinnen haben mein ungewöhnliches Verhalten offenbar akzeptiert, denn sie haben nie versucht, mich zum Spielen mit anderen Kindern zu zwingen. Vielleicht hofften sie, dass ich mich allmählich an die anderen Kinder gewöhnen und dann Kontakt mit ihnen aufnehmen würde, doch dazu kam es nie.« (2007, S. 35 ff.)

Das Kind zu *zwingen* wäre in der Tat der falsche Weg, um dem Kind dabei zu helfen, mit anderen zu spielen. Vielmehr muss man es zum Spiel mit den anderen *verführen*. Wie das gelingen kann, wird später noch erläutert.

3. Entwicklungsstufe: Freunde sind Spielgefährten, mit denen man am häufigsten zusammen ist: Fünf- bis siebenjährige Kinder mit neurotypischer Entwicklung befinden sich in der nächsten Entwicklungsstufe (Mussen, Conger, Kagan, Huslon 1996, S. 53). Bei ihnen entstehen Freundschaften durch körperliche Nähe und gemeinsame Spielaktivität (Oerter, Montada 1998, S. 299). Räumliche Nähe und damit die Möglichkeit häufiger Begegnungen ergeben sich meist im Wohnumfeld, aber eben auch in institutionellen Kindereinrichtungen wie dem Kindergarten oder der Schule.

Zusammenarbeit und gegenseitige Hilfe beginnen zunehmend immer stärker eine Rolle zu spielen. Die Kinder lösen gemeinsam Probleme und helfen einander in einfacher Weise. Spielideen werden kombiniert und eigene Spiele entwickelt. Das gemeinsame Spielen macht es erforderlich, die eigenen Motive zu hierarchisieren, ihre Befriedigung durchzusetzen, aufzuschieben oder sogar zu unterlassen (Holodynski 2006, S. 85). Erst ab dem Alter von vier Jahren beginnt ein Kind einen emotionalen Handlungsimpuls einige Zeit aufschieben zu können (ebd., S. 135). Die Gemeinsamkeiten mit den Freunden und die Unterschiede zu ihnen werden als Teil der eigenen Identität entdeckt.

Es gibt nun bereits prosoziale Erwartungen an das Verhalten eines Freundes. Dazu gehört z. B., dass ein Freund nicht zankt und Geheimnisse für sich behält (Schmidt-Denter 2005, S. 104).

Erste Vorstellungen von Intimität entwickeln sich: Ein Freund ist eine Person, deren Vorlieben und Abneigungen man kennt.

Auch Freundlichkeit und Unfreundlichkeit werden als symmetrische Reziprozität konzipiert: Man gibt etwas und bekommt etwas zurück, z. B. Freundlichkeit, gegenseitige Besuche oder Feindseligkeit (Oerter, Montada 1998, S. 299). Christine Preißmann, eine Allgemeinmedizinerin im Autismus-Spektrum, beschreibt ihre Probleme auf dieser Entwicklungsstufe rückblickend so:

> »Es war mir in der Kindheit auch noch kaum möglich gewesen, mich auf ein gemeinsames Spiel einzulassen, zumindest dann nicht, wenn die Gefahr bestand, dass es möglicherweise anders hätte verlaufen können, als ich es vorher für mich geplant hatte.« (2009, S. 65)

Kinder im Autismus-Spektrum durchlaufen diese Entwicklungsstufen der sozialen Entwicklung nicht in dem gleichen Tempo wie andere Kinder. Sie befinden sich ungeachtet ihres Lebensalters oft auf einer niedrigeren Entwicklungsstufe als die anderen Kinder. Manche Kinder im Autismus-Spektrum spielen deshalb eher mit Jüngeren (Attwood 2008, S. 74).

Spielen mit anderen muss Spaß machen

Was muss man tun, um Kinder im Autismus-Spektrum dabei zu unterstützen, zufriedenstellende Beziehungen aufzubauen und aufrechtzuerhalten? Zunächst einmal muss man sich von der Idee verabschieden, Kinder im Autismus-Spektrum würden sich schon von allein nach einiger Zeit soziale Kontakte aufbauen.

Es ist auch nicht sinnvoll, die anderen Kinder dazu aufzufordern, das Kind im Autismus-Spektrum in ein bereits begonnenes Spielgeschehen zu integrieren (»Nun lasst ihn doch auch einmal mitspielen!«). Das führt meist zum Zusammenbruch des Spielgeschehens und zum Abbruch der Peer-Interaktion (Albers, Jungmann, Lindmeier 2009, 206 ff.).

Vielmehr muss man Bedingungen schaffen, damit das Spiel mit anderen von Beginn an eine angenehme Erfahrung darstellt, sodass das Kind im Autismus-Spektrum motiviert ist, sie wieder zu suchen. Man muss dem Kind soziale Kontakte auf der Stufe anbieten, auf der es sich befindet, und zwar unabhängig von seinem Lebensalter. Dies ist eine wichtige Voraussetzung dafür, dass das Kind nicht überfordert wird.

Das Kind im Autismus-Spektrum ist kein »Selbstlerner« im sozialen Bereich. Es braucht eine vorbereitete Umgebung, um sein Sozialverhalten entwickeln zu können. Es ist sinnvoll, sich zu überlegen, was das Kind gern tut und diese Aktionen dann gezielt mit sozialen Erfahrungen zu koppeln. Diese können u. U. darin bestehen, dass das Kind neben einem anderen Kind spielt, wenn dies seinem Entwicklungsstand und damit seinen Möglichkeiten entspricht. Knüpfen Sie an die Spezialinteressen an und machen Sie sie zur Basis von Erfahrungen mit anderen.

> In München gibt es z. B. den sogenannten U-Bahn-Club. Fünf Menschen im Autismus-Spektrum, deren Hobby der Nah- und Fernverkehr ist, treffen sich seit 1998 einmal im Monat, um gemeinsam Bahn zu fahren (Miksch 2004, S. 53 f.).

Nun wird man im Rahmen eines Kindergartens oder einer Schule zwar keinen U-Bahn-Club gründen können. Es kann aber gelingen, Möglichkeiten für Begegnungen zu schaffen, die auf den Interessen der Kinder im Autismus-Spektrum beruhen. Dabei sollten diese Situationen so gestaltet werden, dass sie für das Kind im Autismus-Spektrum überschaubar, vorhersehbar und verständlich sind. Soziale Situationen mit klaren Regeln sind für das Kind einfacher zu bewältigen. Je öfter es die Erfahrung machen kann, dass Kontakte gelingen und angenehm sind, desto eher wird es bereit sein, sie zu wiederholen.

Finden Sie andere Kinder, die auch ein Interesse an dem Spezialinteresse des Kindes im Autismus-Spektrum haben. Die gemeinsame Situation muss gut vorbereitet und allen Kindern erklärt werden, z. B. was genau gemacht oder gespielt werden soll. Wie lange soll dies getan werden? Mit wem soll dies geschehen? Und für wann ist der Schluss vorgesehen?

Feststehende und für das Kind bekannte Abläufe sind dabei hilfreich. Dem Kind sollten sie vorher erklärt werden. Dazu können Bilder, Piktogramme oder Ablaufpläne genutzt werden.

Für einige Kinder kann es schon entwicklungsfördernd sein, wenn ein anderes Kind neben ihnen spielt und sie das zulassen und genießen können. Dabei muss es gar nicht zu Interaktionen kommen. Dies wäre dann ein Spiel auf der 2. Entwicklungsstufe.

Weiterhin kann es sinnvoll sein, mit dem Kind in einer 1:1-Situation die gerade aktuellen Spiele und Beschäftigungen seiner Altersgenossen zu üben. So kann es an ihnen vielleicht teilhaben und positive soziale Erfahrungen sammeln.

Es gibt zahlreiche Spieltherapien, die die Interaktion des Kindes im Autismus-Spektrum mit Gleichaltrigen verbessern sollen. Einen guten Überblick gibt Dodd (2007).

Der Umgang mit den Spezialinteressen

Die Interessen der Kinder sind ein kostbarer pädagogischer Schatz und oft auch der beste Zugang zu ihnen. An ihnen anzuknüpfen bedeutet, mit einem hoch motivierten Kind arbeiten zu können. Die Beschäftigung mit diesen Themen macht ihm Spaß.

Dennoch benötigen die Mädchen und Jungen im Autismus-Spektrum Hilfe im Umgang mit diesen Interessen. Manchmal reden sie so viel und so lange über bestimmte Themen, dass die anderen schon nicht mehr zuhören möchten. Das gefährdet ihre soziale Integration. Sie benötigen klare Regeln: Wann darf ich mit wem, wie lange über mein Thema reden? Oder welches Zeichen können mir die anderen geben, damit ich weiß, nun wird es ihnen zu viel?

Darüber hinaus bleibt einigen Kindern im Autismus-Spektrum nicht genug Zeit, andere Dinge zu lernen und andere Erfahrungen zu machen, weil sie sich ununterbrochen mit Dinosauriern oder Vulkanen beschäftigen wollen. Unterbinden Sie diese Aktivitäten keinesfalls gänzlich, aber geben Sie klare Regeln vor, wann, unter welchen Bedingungen und wie lange das Kind ihnen nachkommen darf. Zudem kann die regulierte und in kleineren Stücken zugelassene Verfolgung dieser Interessen eine Unterstützung der Motivation zu anderen erwünschten Handlungen und Verhaltensweisen sein.

Nutzen Sie die besonderen Fähigkeiten und Kenntnisse für die Gruppe und die Integration des Kindes. Hier darf es zeigen, wie viel es von bestimmten Dingen weiß, was gut ist für die Entwicklung seines Selbstwertgefühls.

Die anderen Kinder begleiten

Nicht nur die Kinder im Autismus-Spektrum, auch die neurotypischen Gleichaltrigen müssen von Ihnen angeleitet und begleitet werden. Nachgewiesenermaßen profitieren die Kinder im Autismus-Spektrum sonst nicht oder nur wenig von deren Anwesenheit (Freitag 2008, S. 91).

In der Unterstützung, die sie brauchen, geht es zum einen darum, ihnen dabei zu helfen, Kontakt zu dem Kind im Autismus-Spektrum aufzunehmen und zu halten. Meist reichen hier Erklärungen allein nicht aus. Vielmehr sind eine intensive Begleitung und kontinuierliche Erklärungen über einen längeren Zeitraum sinnvoll, in der die Kinder mit neurotypischer Entwicklung immer wieder Möglichkeiten gemeinsamen Spiels mit dem Kind im Autismus-Spektrum gezeigt werden. Sie brauchen auch Interpretationshilfen für sein oft unerklärbar erscheinendes Verhalten.

Zu einer Begleitung der Kinder mit neurotypischer Entwicklung gehört zum anderen, soziale Regeln für den Umgang miteinander aufzustellen und ihre Einhaltung zu kontrollieren. Solche Regeln können, in Abhängigkeit von der konkreten Situation in der Kindergruppe, z. B. heißen: »Wir lachen nicht, wenn jemandem etwas nicht gut gelingt« oder »Wir fassen andere Kinder nicht an, wenn sie es nicht mögen.«

Es gibt Kinderbücher zum Thema Autismus, die man für die pädagogische Arbeit nutzen kann, um den Gleichaltrigen das Verhalten eines Kindes im Autismus-Spektrum erklären zu können. Empfehlenswert sind z. B.
- Eiken-Lüchau, Dagmar: Mia – meine ganz besondere Freundin. 2. Aufl. Schwarzenfeld 2019 (ab drei Jahre);
- Schönberg, Matthias, Keller, Mirijam: Paulchen und die Quadrate. Eine Asperger-Schafsgeschichte. Gelterkinden 2014 (ab drei Jahre);
- Tschirren, Barbara, Hächler, Pascale, Mambourg, Martine: Ich bin Loris. Köln 2014 (ab fünf Jahre);
- Seger, Britta: Was ist mit Tom? Viersen 2011 (ab fünf Jahre);
- Janz, Melanie: Warum macht Sammy Das? Leipzig 2015 (keine Altersempfehlung);

– Grätsch, Swantje: Lina, Matti und Herr Asperger. Köln 2013 (keine Altersempfehlung).

Auch der folgende vielfach ausgezeichnete und frei verfügbare Aufklärungsfilm kann älteren Kindergarten- oder Schulkindern helfen, das Kind im Autismus-Spektrum besser zu verstehen: http://amazingthingshappen.tv/?projects=erstaunliche-dinge-geschehen (29.07.2019).

Es ist aber auch wichtig, den Gleichaltrigen die Möglichkeit zu geben, einem Erwachsenen ihre Fragen über das ungewöhnliche Verhalten des Kindes stellen zu können. Auf diese Weise kann man Mobbing vorbeugen. Kinder können untereinander grausam sein. Es ist aber weniger wahrscheinlich, wenn sie die Gründe für das ungewöhnliche Verhalten eines anderen Kindes verstehen und mit dem Kind mitfühlen können.

Viele Kinder im Autismus-Spektrum machen Mobbingerfahrung. Sie sind viermal häufiger Mobbing ausgesetzt als neurotypische Gleichaltrige (Attwood 2008, S. 125). Die neurotypischen Kinder nutzen es aus, dass sie echte von falscher Freundlichkeit nicht unterscheiden können. Manchmal werden Kinder im Autismus-Spektrum von neurotypischen Kindern zu sozial unangemessenem Verhalten angestiftet, weil sie die Konsequenzen nicht vorhersehen können (ebd., S. 124). Die anderen Kinder überreden sie vielleicht mit dem Hinweis darauf, dass es üblich sei, sich im Gruppenraum zu entkleiden oder die Erzieherin zu fragen, ob sie »bescheuert« sei.

Wie Integration gelingen kann

Das Poznaner Modell

Wenn die Integration oder die Inklusion funktionieren soll, müssen Kinder im Autismus-Spektrum das Zusammensein mit anderen Kindern als angenehme Erfahrung erleben. Untersuchungen zeigen nämlich, dass Menschen immer wieder Situationen suchen, die sie als angenehm empfanden. Dies ist neurologisch begründet. In diesen Situationen werden im Gehirn Stoffe ausgeschüttet, die dafür sorgen, dass man sich gut fühlt. Das Verhalten jedes Menschen, und nicht nur das von Kindern im Autismus-Spektrum, ist stark bestimmt vom Verlangen nach diesem Sich-gut-Fühlen. Das Belohnungssystem lenkt das Verhalten, indem es hilft zu entscheiden, was getan werden soll.

Gefühle sind wie Wegweiser: Sie helfen zu entscheiden, was man zukünftig tun wird. Das angenehme Gefühl zeigt, was man bei der nächsten Gelegenheit wiederholen soll. Es ist also notwendig, soziale Situationen auch für Kinder im Autismus-Spektrum so vorzubereiten, dass sie als angenehm erlebt werden.

In Poznań, Polen, werden Kinder im Autismus-Spektrum in einem Therapiezentrum sorgfältig auf Gruppenerlebnisse vorbereitet. Zunächst üben sie im 1:1-Setting mit einem Erwachsenen, was sie in der Kindergruppe können müssen, z. B. ein bestimmtes Rollenspiel oder Alltagsroutinen aus der Kita, wie den Morgenkreis. Anfänglich lernen sie das im Therapiezentrum, später dann in einem eigenen Raum im Kindergarten.

Beherrscht ein Kind bestimmte Spiele oder Aktionen in der Situation mit dem Erwachsenen, werden einzelne Kinder aus seiner Kindergarten-Gruppe dazu geholt. Nun hat das Kind weitere Übungs- und Lernmöglichkeiten, wobei der Erwachsene dafür sorgt, dass sich diese für alle beteiligten Kinder angenehm gestalten. Erst wenn das Kind die Situation in der kleinen Gruppe beherrscht, geht es nun unter Begleitung des vertrauten Erwachsenen in seine Kindergartengruppe, um dort die vielfach geübte Situation zu erleben.

Die Therapeuten sind ein Garant dafür, dass es wieder für alle Kinder eine angenehme Situation wird. Die als positiv empfundene Gruppensituation wird vom Kind immer wieder aufgesucht werden wollen, sodass sich im Anschluss daran zahlreiche Lernmöglichkeiten bieten werden. Die Zeiten, in denen das Kind mit dem Erwachsenen in der 1:1-Situation ist, werden zugunsten der Gruppensituationen immer weiter eingeschränkt, bis das Kind ausschließlich Teil der großen Kindergruppe ist (Urbaniak 2006).

Wie sieht aber das herkömmliche Integrationsmodell aus? Ohne Rücksicht darauf, welche sozialen Lernvoraussetzungen Kinder im Autismus-Spektrum haben, werden sie in eine große Kindergruppe aufgenommen. Immer dann, wenn das Kind von sensorischen Reizen überflutet und von der sozialen Situation überfordert ist, darf es sich in eine Einzelsituation zurückziehen. Dieses Vorgehen garantiert dann angenehme Gefühle für alle Beteiligten, wenn das Kind aus der angestrebten Gruppen- in die Einzelsituation wechselt. Dies ist dann auch die Situation, die es immer wieder suchen wird. Das herkömmliche Vorgehen bei der Integration eines Kindes in eine Gruppe ist also zu wenig an den spezifischen Besonderheiten von Kindern im Autismus-Spektrum orientiert.

Soziale Regeln vermitteln: Social Stories

Es wurde eingangs schon dargestellt, dass Kinder im Autismus-Spektrum Schwierigkeiten damit haben, soziale Regeln zu erlernen, die nicht ausdrücklich vermittelt werden. Eine gute Möglichkeit sie ihnen verständlich zu machen, sind die sogenannten *Social Stories*.

Die Technik der Social Stories wurde 1991 von Carol Gray entwickelt (Gray 2014). Eine Social Story beschreibt eine soziale Situation in Form einer kurzen Geschichte so, dass dem Kind im Autismus-Spektrum deren Regeln, der Ablauf und die Anforderung an das eigene Verhalten verständlich werden. Damit dies gelingen kann, muss das Geschehen sachlich und in unmissverständlicher Sprache geschildert werden. Emotionen anderer Menschen müssen erklärt und ihre Gedanken ausgesprochen werden. Es werden in einer Social Story Situationen, Verhaltenszusammenhänge sowie soziale Hinweise beschrieben und Möglichkeiten aufgezeigt, sich in sozial erwarteter Weise zu verhalten.

Social Stories können auch eingesetzt werden, um eine schwierige Situation nachzubesprechen, Kenntnisse zu festigen oder dem Kind im Autismus-Spektrum soziale Informationen zu geben, die es in der Situation selbst nicht gewinnen kann oder konnte. Eine Social Story kann aber auch geschrieben werden, um dem Kind zu vermitteln, dass es in einer bestimmten Situation etwas besonders gut gemacht hat und warum das gut war.

Aufbau

Der Aufbau einer Social Story folgt dem Prinzip der kleinen Schritte. Viele Kinder im Autismus-Spektrum lernen neue Konzepte am besten, wenn sie ihnen Schritt für Schritt vermittelt werden. Ihr Text muss einfach zu verstehen und konkret formuliert sein.

Die Geschichte wird aus der Perspektive des Kindes geschrieben. Man wählt bei jüngeren Kindern die Ich-Form.

Der Titel beschreibt bereits die übergeordnete Bedeutung der Geschichte. Er kann aus einer Frage bestehen, die dann in der Geschichte beantwortet wird, z. B. »Warum darf man nicht die Zahnbürste eines anderen Kindes benutzen?« Gegenwart und Zukunft sind die bevorzugten Zeitformen einer Social Story.

Der Text kann durch Fotos, Bilder oder Symbole ergänzt werden. Eine Social Story hat eine Einleitung, einen Haupt- und einen Schlussteil. Stil und Format müssen das Kind motivieren und, wenn möglich, an seine Interessen anknüpfen.

Eine Social Story besteht aus verschiedenen Satztypen. Vier davon sind besonders wichtig und werden im Folgenden genauer erklärt. Die Social Story hat in der Regel zwei bis fünf deskriptive, perspektivische und/oder affirmative Sätze für jeden direktiven Satz. Manchmal sind direktive Sätze gar nicht nötig.

Deskriptive Sätze sind beschreibend, perspektivische Sätze sind aus der subjektiven Sicht eines Sprechers gebildet, affirmative Sätze bestätigen Sachverhalte und direktive Sätze versuchen, jemanden zu veranlassen, eine bestimmte Sache zu tun.

Das Gerüst einer Social Story: Beschreibende Sätze: Am häufigsten werden deskriptive, d. h. beschreibende Sätze verwendet. Sie beinhalten wahre, nicht bewertende Aussagen über Fakten oder Personen. Sie identifizieren die relevantesten Faktoren einer Situation bzw. die wichtigsten Aspekte eines Themas. Damit bilden sie das Grundgerüst einer Social Story. Deskriptive Sätze sind z. B.

»Manchmal liest die Erzieherin mir etwas vor« oder »Viele Kinder spielen im Sandkasten«.

Das Herz einer Social Story: Perspektivische Sätze: Sie beziehen sich auf einen inneren Zustand einer Person bzw. beschreiben ihn. Das betrifft die Gedanken, das Wissen, die Gefühle oder Meinungen eines neurotypischen Menschen. Diese Sätze geben der Social Story ein Herz, da sie die kognitiven und emotionalen Aspekte beschreiben, die, meist unsichtbar, Bestandteil jeder sozialen Situation sind.

»Meine Erzieherin weiß schon am Morgen, was es mittags zu essen geben wird« (Wissen).

»Franz spielt gern Fußball« (Gefühl). »Manche Kinder glauben an den Weihnachtsmann« (Glauben).

»Manche Kinder geben sich viel Mühe, um sich die Jacke allein anzuziehen« (Motivation).

»Manchmal bekommen Kinder Kopfschmerzen, wenn sie zu wenig getrunken haben« (Befindlichkeit).

Das Verhalten lenken: Direktive Sätze: Sie sollen das Verhalten des Kindes lenken, indem sie eine Vorgabe für ein mögliches Verhalten in einer bestimmten sozialen Situation machen. Beispiele:

»Ich werde versuchen, in der Kita drei Becher Tee zu trinken« oder »Ich werde meine Erzieherin um Hilfe bitten.«

Meinungen und Werte bestätigen: Bejahende Sätze: Sie akzentuieren die bestehenden Meinungen oder Werte. Damit beziehen sie sich auf eine soziale Regel oder ein Gesetz und folgen meist den anderen Satztypen. Beispiele:

»Die meisten Kinder legen sich nach dem Mittagessen auf ihre Schlafmatte. Das ist eine gute Idee« (betont eine Ansicht).

»Ich werde versuchen, im Auto angeschnallt zu bleiben. Das ist sehr wichtig« (bezieht sich auf ein Gesetz).

»Ein Kind würfelt nach dem anderen. Das ist sicher« (bezieht sich auf eine Regel).
»Die Toilettenspülung macht laute Geräusche. Das ist in Ordnung« (Rückversicherung).

Ergänzende Satztypen: Carol Gray arbeitet auch mit halben Sätzen, d. h., die Kinder sollen einen unfertigen Satz selbst beenden. Beispiel:

»Meine Erzieherin wird sich wahrscheinlich ____, wenn ich meine Jacke allein anziehe.«

Es können zusätzlich noch kooperative und kontrollierende Sätze eingefügt werden. Kooperative Sätze, wie z. B. »Meine Erzieherin wird mir dabei helfen, die Schnürsenkel zu binden«, zeigen an, wer was wie tun wird, um dem Kind zu helfen.

Kontrollierende Sätze werden von dem Kind selbst verfasst, um persönliche Strategien zu entwickeln bzw. durch Informationen zu ergänzen, die dem Kind wichtig sind. Diese Sätze fügt das Kind selbst zu der Social Story hinzu, wenn sie mit ihm gelesen wurden.

Bevor man eine Social Story schreibt

Zunächst muss man das unangemessene Verhalten, das verändert werden soll, oder die Situation, die beschrieben werden soll, auswählen. Dann sollte man wichtige Informationen zusammentragen, wo und wann etwas geschieht, wer daran teilhat, wie die Reihenfolge der Ereignisse ist, was passiert und warum etwas geschieht. Weiterhin muss überlegt werden, was dem Kind davon erklärt werden muss und wie lange seine Aufmerksamkeitsspanne ist, also wie lange die Geschichte folglich sein darf.

Mit einer Social Story arbeiten

Wenn die Geschichte fertig ist, wird sie in einer ruhigen Situation besprochen. Die Aufmerksamkeit des Kindes muss auf die Geschichte gelenkt werden. Man kann die Geschichte mehrmals vorlesen, eventuell auch täglich, bis die Kinder mit ihr vertraut sind. Auch mit Personen, die darin vorkommen, kann das Kind sie lesen und besprechen.

Social Stories müssen verändert werden, wenn die Bedürfnisse des Kindes dies nötig machen. Wenn das Kind von der Geschichte gelangweilt wird, ist sie überflüssig geworden.

Social-Story-Set

Eine Zusammenstellung von Social Stories nennt man ein Social-Story-Set. Dabei handelt es sich um eine Sammlung sehr kurzer Geschichten zu einem Thema, z. B. der Toilettenbenutzung. Eine Geschichte des Sets könnte das Thema »Was muss ich tun, wenn ich eine Toilette benutzen möchte?« beinhalten, eine andere »Wie kann ich bei einem Ausflug Toiletten finden?«, »Warum muss man spülen?« und »Warum muss ich nach dem Toilettengang meine Hände waschen?«.

Das Social-Story-Set wurde speziell für kleine Kinder entwickelt, die nur eine geringe Aufmerksamkeitsspanne haben. Jede einzelne Geschichte beschreibt einen Teil der Fähigkeit oder des Konzepts.

Soziale Situationen erklären: Comic Strip Conversation

Eine andere Technik, die man nutzen kann, um dem Kind im Autismus-Spektrum soziale Regeln und Situationen zu erklären, heißt *Comic Strip Conversation* (Gray 2011). Sie greift auf, was heute nahezu jedes Kind kennt, nämlich Comics.

Eine Comic Strip Conversation wird wie jeder Comic gezeichnet. Mit dieser Methode kann man mit dem Kind eine Situation oder ein Gespräch nachvollziehen oder vorausplanen und dabei die Aspekte der inneren Vorgänge der interagierenden Personen sichtbar machen. Die Zeichnungen werden also genutzt, um die sich vollziehende wechselseitige Kommunikation zu verdeutlichen und zu üben. Sie enthalten die zusätzlichen Informationen, die Kinder im Autismus-Spektrum nur mühevoll oder gar nicht identifizieren können, z. B. was andere Menschen denken oder wie sie sich fühlen. Man kann z. B. eine schwierige Situation auf dem Spielplatz besprechen, von der das Kind bisher wenig oder nichts berichten konnte. Mithilfe der Comic Strips erklärt man dem Kind die Elemente des Geschehens, die es nicht verstanden hat und erläutert ihm zugleich soziale Regeln.

Die Comic Strips müssen nicht unbedingt auf Papier gezeichnet und geschrieben werden. Auch Alternativen, wie Tafeln oder Sand, sind denkbar.

Wie bei einem echten Comic stehen verschiedene Symbole zur Verfügung. Es gibt Gedanken- und Sprechblasen.

Während in einer direkten Konversation der Blickkontakt eine wichtige Bedeutung hat, spielt er bei einer Unterhaltung mithilfe eines Comic Strips keine große Rolle. Die Gesprächsteilnehmer konzentrieren sich auf ihre Zeichnungen.

Der Einsatz von Farben: Mithilfe von Farben können dabei emotionale Zustände, Gedanken und Fragen betont werden. Es gibt keinen natürlichen Zusammenhang zwischen den einzelnen Farben und den jeweiligen emotionalen Zuständen. Jede Farbe steht dennoch für einen bestimmten Gefühlszustand, die mit dem Kind gemeinsam nach und nach eingeführt wird:
- Grün für gute Ideen sowie die Emotionen glücklich und freundlich,
- Rot für ärgerlich oder schlechte Ideen, für jemanden ärgern, zu jemandem unfreundlich sein,
- Blau bedeutet traurig,
- Braun soll Angenehmes, Kuscheliges anzeigen,
- Lila steht für Stolz,
- Gelb steht für ängstlich,
- Schwarz steht für Fakten,
- Orange für Fragen
- und die Kombination aller Farben für Verwirrung.

Basisgefühle werden dabei zuerst vorgestellt und die anderen Farben je nach Fortschritt des Kindes hinzugefügt. Es kann auch ein Comic Strip Symbolwörterbuch für das Kind erarbeitet werden.

Eine Comic Strip Conversation führen

Eine Comic Strip Conversation folgt einem routinemäßigen Ablauf. Das gibt den Kindern Halt und Sicherheit und entspannt sie.

Zunächst versieht die Erzieherin die linke obere Hälfte des Blattes mit einem Symbol für den Ort, an dem das Ereignis stattfand, über das das Kind berichten möchte, z. B. Spielplatz, Gruppenraum, Bad usw. Dann zeichnet das Kind unter anleitenden Fragen der Erzieherin. Wenn es dies noch nicht selbst kann, übernimmt das die Erzieherin. Dies könnte sich z. B. so gestalten:

Erzieherin: »Wo bist du?« Das Kind (oder die Erzieherin) zeichnet sich selbst (das Kind).

Erzieherin: »Wer ist noch da?« Das Kind (oder die Erzieherin) zeichnet eine weitere Person.

Erzieherin: »Was machst du?« Das Kind (oder die Erzieherin) zeichnet Handlungen, wichtige Objekte.

Erzieherin: »Was ist passiert? Was haben die anderen, die dabei waren, gemacht?«

Erzieherin: »Was hast du gesagt?« Das Kind (oder die Erzieherin) zeichnet ein Symbol für »sprechen«.

Erzieherin: »Was haben die anderen gesagt?«

Erzieherin: »Was dachtest du, als du das gesagt hast?« Das Kind (oder die Erzieherin) zeichnet das vereinbarte Symbol für »denken«.

Erzieherin: »Was haben die anderen deiner Meinung nach gedacht, als sie das gesagt haben?«

Hat das Kind Probleme, eine bestimmte Frage zu beantworten, kann die Erzieherin eingreifen und Vorschläge machen. Sie sollte die Initiative aber immer schnell wieder an das Kind zurückgeben.

Das Ziel besteht darin, wichtige Informationen zum Geschehen aus der Sicht des Kindes zu bekommen und ihm zugleich sozial relevante Hinweise, die es in der

Situation nicht erkannt hat, aufzuzeigen. Die Fragen, die für das Kind am schwierigsten zu beantworten sind, betreffen meist die Gedanken und Gefühle anderer Menschen. Hier dürfen Interpretationsvorschläge gegeben und falsche Annahmen korrigiert werden. Dies sollte jedoch immer nur mit der Darbietung alternativer Vorschläge geschehen, um die Antworten des Kindes nicht zu entwerten.

Bevor man eine Comic Strip Conversation über eine zukünftig geschehende Situation schreibt, braucht man Informationen darüber, was geschehen könnte, wann sie möglicherweise beginnen und enden wird, wer darin involviert sein und was vom Kind erwartet wird.

Um unklare Zeichnungen und überfüllte Blätter zu verhindern, können einzelne Fenster – wie in einem echten Comic Strip – verwendet werden. Man kann auch Karten nutzen. Allerdings muss das Kind schon imstande sein, Handlungen in eine Reihenfolge zu bringen. Dann ist jeder Abschnitt des Geschehens einzeln in einem eigenen Fenster erkennbar.

Die Unterhaltung wird zusammengefasst, bevor dem Kind Lösungsvorschläge unterbreitet werden. Es gibt häufig verschiedene Lösungen für eine schwierige Situation, die aufgemalt werden können. Aus diesen Vorschlägen kann das Kind mithilfe der Erzieherin einen Plan für zukünftige ähnliche Situationen ableiten. Für und Wider einer jeden Handlungsweise können so leichter diskutiert und gegeneinander abgewogen werden.

Die Entwicklung der Theory of Mind unterstützen

Im Abschnitt *Die Theory of Mind (ToM)* wurde bereits erläutert, was die Theory of Mind ist und wozu Menschen sie benötigen. Alle Kinder entwickeln ihre Theory of Mind schrittweise (Baron-Cohen 1997, S. 31 ff.). Die unterschiedlichen Fähigkeiten entstehen zu verschiedenen Zeitpunkten der kindlichen Entwicklung. Es ist wichtig zu wissen, in welcher Reihenfolge sie sich entwickeln. So kann man feststellen, auf welcher Entwicklungsstufe sich ein Kind befindet, das Schwierigkeiten mit der Theory of Mind-Entwicklung hat und wie man ihm am besten helfen kann. Auf jeder der beschriebenen Entwicklungsstufen können Entwicklungsverzögerungen auftreten.

Der Erwerb der Theory of Mind in der neurotypischen Entwicklung:
- Die gemeinsame Aufmerksamkeit: Ein wichtiger Meilenstein im Erwerb der ToM ist die Fähigkeit zur gemeinsamen Aufmerksamkeit, die sich in der ungestörten Entwicklung zwischen dem 9. und 15. Lebensmonat entwickelt. Sie erfordert ein Verständnis davon, dass eine andere Person auf manche Dinge aufmerksam und auf andere nicht aufmerksam sein kann. Dabei gibt es drei Entwicklungsphasen:

1. Im Alter von neun bis zwölf Monaten schaut das Kind ein Objekt an und vergewissert sich dann, ob die Bezugsperson es auch sieht.
2. Wenn es 11 bis 14 Monate alt ist, folgt es der Aufmerksamkeit des anderen, d. h., es schaut auch dahin, wohin er schaut.
3. Mit 13 bis 15 Monaten ist es dann in der Lage, seinerseits die Aufmerksamkeit des Erwachsenen auf etwas zu lenken (Tomasello 2002, S. 80 f.).

Bereits in diesem Entwicklungsstadium kann es bei Kindern im Autismus-Spektrum Auffälligkeiten geben (Klicpera, Innerhofer 1999, S. 102).

– Das symbolische Spiel:

»Den Sinn dieser ›So-tun-als-ob-Spiele‹ verstand ich schlichtweg nicht.« (P. 2010, S. 108)

Das symbolische Spiel wird auch So-tun-als-ob-Spiel genannt. Neurotypisch entwickelte Kinder beginnen damit im Alter von 10 bis 18 Monaten (Howlin, Baron-Cohen, Hadwin 1999, S. 5). Kinder im Autismus-Spektrum benötigen hierfür oft besondere Unterstützung (vgl. Abschnitt *Die Spielfähigkeit verbessern*).
– Perspektiveinnahme: Die Fähigkeit einzuschätzen, was eine andere Person sehen kann und was nicht, wird mit ca. zwei Jahren erworben (ebd., S. 3). Ein Kind, das diese Entwicklungsstufe gemeistert hat, bringt der Erzieherin Dinge in Sichtweite, die es ihr zeigen möchte oder auf die es sich sprachlich bezieht. Wie man an der Verbesserung dieser Fähigkeit arbeiten kann, wird nachfolgend beschrieben. Mit drei bis vier Jahren hat ein neurotypisch entwickeltes Kind die Fähigkeit einzuschätzen, welche Perspektive eine andere Person von ihrem Standpunkt aus von einem Objekt hat (ebd.).
– Bestimmte Situationen rufen bestimmte Emotionen hervor: Im gleichen Alter, also mit ca. drei bis vier Jahren, weiß ein neurotypisch entwickeltes Kind, dass bestimmte Situationen spezifische Emotionen hervorrufen können. Z. B.: Ein anderes Kind ist traurig, wenn man ihm sein liebstes Spielzeug wegnimmt (ebd., S. 5).
– Andere Menschen täuschen:

»Ich lüge nicht. In der Vergangenheit hatte ich mit derlei Versuchen Schiffbruch erlitten. Anscheinend sehen andere mir das sofort an.« (von Dingens 2010, S. 165)

Die Fähigkeit, andere Menschen zu täuschen, entwickelt sich ungefähr im Alter von vier Jahren. In der Folgezeit verbessern Kinder ihre Fähigkeiten darin immer weiter, indem sie Hinweise von anderen Menschen berücksichtigen (wie »Dein Mund ist voller Schokolade. Ich weiß, dass du sie gegessen hast!«).

Auch hier finden wir mehrere Entwicklungsstufen.
1. Die erste hat ein Kind etwa im Alter von drei bis vier Jahren erreicht. Es täuscht hier, um negative Konsequenzen zu vermeiden, z. B. ausgeschimpft zu werden. Es weiß in dieser Phase noch nicht, was sein Gegenüber für Wissen und Überzeugungen hat. So kann es auch noch nicht einschätzen, wie wahrscheinlich es für den anderen ist, dass es die Wahrheit sagt.
2. In der zweiten Stufe ist sich das Kind schon bewusst, dass andere seine Täuschung durchschauen könnten. Nun ist das Kind etwa vier bis fünf Jahre alt. Es bemüht sich, sein Gegenüber von der falschen Behauptung zu überzeugen.
3. Im Alter von ca. sieben Jahren können Kinder ihr Verhalten so manipulieren, dass sie glaubwürdig erscheinen (Jager 2012, S. 282 f.). Zur gleichen Zeit haben Kinder auch ein Verständnis dafür, dass ihre eigenen Gedanken falsch sein können, dass sie also auch imstande sind, sich zu irren (Howlin, Baron-Cohen, Hadwin 1999, S. 7).

Kinder im Autismus-Spektrum können oft nicht einschätzen, was andere Menschen wissen und was nicht bzw. woran sie erkennen können, dass man nicht die Wahrheit sagt.
- Emotionale Zustände werden von Annahmen darüber bestimmt, was passieren wird: Ungefähr im Alter von fünf Jahren entwickeln neurotypische Kinder ein Verständnis davon, dass emotionale Zustände anderer Personen davon bestimmt werden, was diese annehmen, was passieren wird.

> Z. B. sind sie traurig, weil sie glauben, dass der Hamster sterben wird.

- Annahmen über Annahmen: Im Alter von sechs bis sieben Jahren schließlich können Kinder mit ungestörter Entwicklung Annahmen über Annahmen machen. Das sind Aussagen wie: »Anne denkt, dass Sally glaubt ...«.

Das Theory-of-Mind-Training

Da Kinder im Autismus-Spektrum im Bereich ihrer Theory-of-Mind-Entwicklung verzögert sind, wurde für sie ein spezielles Trainingsprogramm entwickelt (Howlin, Baron-Cohen, Hadwin 1999). Dieses Programm wurde für Kinder konzipiert, die mindestens die Sprachentwicklung eines fünf Jahre alten Kindes haben.

Es handelt sich um ein verhaltenstherapeutisches, kleinschrittiges und systematisches Vorgehen. Das Kind soll fehlerlos lernen, d. h., es bekommt so viel Unterstützung, dass es immer erfolgreich ist. Die Erfolge werden dann systematisch belohnt.

Es werden dem Kind zur Unterstützung Regeln vermittelt, damit es besser verstehen kann, was andere intuitiv wissen, z. B. »Wenn dir jemand etwas Schönes gibt, etwas, was du magst, bist du glücklich.«

Folgende Fähigkeiten werden innerhalb des Theory-of-Mind-Trainings systematisch geübt:
- Emotionen verstehen,
- verstehen, was andere Personen wissen und annehmen sowie
- »So-tun-als-Ob«-Handlungen verstehen und ausführen.

Jede dieser drei Komponenten gliedert sich in fünf, an der ungestörten Entwicklung orientierten Entwicklungsstufen, die vom Kind nacheinander absolviert werden müssen.

Das ToM-Training, das bisher jedoch nur auf Englisch vorliegt, beinhaltet viele verschiedene Übungen und arbeitet mit unterschiedlichen Techniken. Es ist leicht verständlich geschrieben, enthält viele Abbildungen und kann vergleichsweise leicht übersetzt werden.

Einige Übungen, die sich gut in den Alltag integrieren lassen, sollen im Folgenden vorgestellt werden.

Verschiedene Menschen sehen unterschiedliche Dinge

Wenn das Kind Schwierigkeiten damit hat, einzuschätzen, was eine andere Person sehen kann und was nicht, trainiert man zunächst die einfache Perspektiveinnahme (»Was kannst du sehen?«). Das Ziel besteht darin, dass das Kind entscheiden kann, was die Erzieherin sehen oder nicht sehen kann. Neurotypisch entwickelte Kinder wissen dies meist bereits im Alter von zwei Jahren.

> Man fertigt dazu verschiedene Karten mit unterschiedlichen Abbildungen auf jeder Seite an. Dann hält man die Karte zwischen sich und das Kind, sodass das Kind ein Bild sehen kann und man selbst das andere.
>
> Erzieherin: »Was kannst du sehen?«
>
> »Was kann ich sehen?«
>
> Oder: »Du kannst die … sehen, richtig?«
>
> »Aber schau, was ist auf meiner Seite, was kann ich sehen?«

Folgende allgemeine Regel kann man mit den Kindern besprechen: Menschen sehen nicht immer dieselben Dinge. Was sie sehen, ist u. a. von ihrer Position abhängig.

Verschiedene Menschen sehen die gleichen Dinge unterschiedlich

Wenn das Kind nicht nur weiß, was eine Person sieht, sondern außerdem, wie sie es sieht, beherrscht es die komplexe Perspektiveinnahme. Neurotypisch entwickelten Kindern gelingt das meist im Alter von drei bis vier Jahren.

> Um diese Fähigkeit zu üben, benötigt man Bilder von Gegenständen, die das Kind interessieren. Man legt ein Bild in die Mitte des Tisches, zwischen sich und das Kind. Erzieherin: »Wenn ich auf das Bild schaue, ist der Elefant dann richtig herum oder steht er auf dem Kopf?« (Achtung, das Kind darf nicht durch Wiederholen der letzten Worte die richtige Lösung finden.)
>
> »Du siehst den Elefanten richtig herum. Für mich steht er auf dem Kopf. Pass auf, was passiert, wenn ich ihn herumdrehe.«

Auch hier kann man dem Kind mit einer Regel helfen: Menschen können die gleichen Dinge in verschiedener Weise sehen.

Sehen führt zu Wissen

Im Ergebnis dieses Konzepts, das neurotypische Kinder mit drei bis vier Jahren meistern, verinnerlichen sie, dass Menschen nur Dinge wissen, die sie erfahren haben. Man kann diese Fähigkeit folgendermaßen trainieren:

> Man benötigt verschiedene Behälter, eine Puppe, Gegenstände, die sich nur in ihrer Größe unterscheiden (z. B. ein großer Schlüssel, ein kleiner Schlüssel) und Gegenstände, die sich nur in der Farbe unterscheiden (z. B. ein gelber Stift und ein grüner Stift). Nun lenkt man die Aufmerksamkeit des Kindes auf das eigene Tun und legt die Schlüssel jeweils unter einen Behälter.
>
> Erzieherin: »Wo ist der große Schlüssel?«
>
> »Woher weißt du so gut, wo der große Schlüssel ist?«
>
> Man bittet das Kind, sich kurz umzudrehen und versteckt die Schlüssel erneut.
>
> »Wo ist der große Schlüssel nun?«
>
> »Wusstest du, wo er war?«
>
> »Warum wusstest du es nicht?«

Die allgemeine Regel für das Konzept »Sehen führt zu Wissen« lautet: Menschen wissen nur etwas über Dinge, die sie gesehen, gehört, gefühlt, geschmeckt oder gerochen haben. Wenn sie etwas nicht gesehen, gehört, gefühlt, geschmeckt oder gerochen haben, wissen sie auch nichts darüber.

Annahmen

Hier wird das Verständnis von richtigen Vermutungen vermittelt. Die Kinder müssen sich vorstellen, was eine Person tut. Sie müssen vermuten, was eine Person glaubt, wo ein Objekt ist. Wenn möglich, übt man mit Materialien, die die Kinder interessieren, z. B. einem Puppenhaus, einer Puppe, zwei unterschiedlich großen Stücken Kreide und zwei Bällen.

Erzieherin: »Lass uns ein Versteckspiel mit dieser Box spielen. Ich habe hier zwei Kreidestücke. Diese Kreide ist groß und diese Kreide ist klein. Ich werde eine Kreide in der Box verstecken. Schließe die Augen, damit du nicht sehen kannst, welche ich verstecke.«

»Welche Kreide ist in der Box?«

»Warum weißt du es nicht?« (Antwort: »Weil ich es nicht gesehen habe.«)

»Wenn du nicht gesehen hast, welche Kreide ich in die Box getan habe, kannst du es nicht wissen.«

Das kann man weiter üben, indem man z. B. wie folgt fortfährt:

»Wir spielen nun ein anderes Versteckspiel. Das ist Claire (eine Puppe). Wir zeigen Claire die Bälle: ›Schau Claire, dieser Ball ist blau und dieser ist gelb. Nun verstecken wir einen Ball in der Box.‹«

Man setzt die Puppe Claire so hin, dass sie nicht sehen kann, welchen Ball man in die Box getan hat.

»Weiß Claire welcher Ball in der Box ist?«

»Wie kann sie es herausbekommen?« (Antwort: »Sie muss hineinsehen.«) Darüber hinaus ist folgende Übung sinnvoll:

»Das ist Bill (eine Puppe). Da ist ein Ball auf dem Bett und einer auf dem Tisch. Bill sieht den Ball auf dem Bett. Bill kann den Ball auf dem Tisch nicht sehen« (Er ist in einem anderen Raum des Puppenhauses).

»Was denkt Bill, wo der Ball ist?« (Mögliche Hilfe: »Denk daran, Bill hat den Ball auf dem Bett gesehen.«)

»Warum denkt er, dass er auf dem Bett ist?«

»Wo wird er ihn suchen?«

Wieder kann man dem Kind mit einer einfachen Regel helfen: Menschen denken, Dinge sind da, wo sie sie gesehen haben. Wenn sie sie nicht gesehen haben, wissen sie nicht, wo sie sind.

Lernprozesse

Bisher wurden bereits einige Entwicklungs- und Verhaltensbesonderheiten von Kindern im Autismus-Spektrum erläutert. Die Lernprozesse werden jedoch noch durch weitere, bisher noch nicht erwähnte, spezifische Lernvoraussetzungen beeinträchtigt.

Man muss wieder von der ungestörten Entwicklung ausgehen, um die wesentlichen Abweichungen verstehen zu können. Die meisten Kinder mit ungestörter Entwicklung lernen:
- durch verbale Erläuterungen/Instruktionen,
- durch Vor- und Nachmachen und
- unter Nutzung sozialer Verhaltensregulationsmechanismen.

Jedes dieser Elemente birgt für viele Kinder im Autismus-Spektrum besondere Schwierigkeiten. Betrachten wir sie deshalb einzeln.

Schwierigkeiten mit verbalen Erläuterungen und Instruktionen

»In einer Gruppe [...] zu lernen und zu arbeiten war für mich sehr schwer und wahnsinnig anstrengend. Die Fähigkeit des Gehirns, Eindrücke zu filtern, die Aufmerksamkeit auf eine Sache zu lenken und dabei andere, im Moment unwichtige Geräusche zu ignorieren und auszublenden, ist bei mir gestört.

Für meine Mutter war es anfangs sicherlich ein Kraftakt, mich in den Kindergarten zu bringen. Ich weinte und war bockig vor Angst.

Es war alles so fremd und unruhig.

Ich wusste nicht, was ich da sollte. In den ersten Tagen versteckte ich mich oft hinter dem Kasperletheater. Ich erinnere mich, wenn der Erzieherin mein Verhalten und Weinen zu viel wurde, dann setzte sie mich zum Beruhigen vor die Tür, auf eine Holzbank. Ich fand es schön dort. Es war schön ruhig dort, und ich war für mich allein.« (Brache 2008, S. 24)

Eine der Besonderheiten von Kindern im Autismus-Spektrum ist ihre veränderte Wahrnehmungsverarbeitung.

Alles auf einmal hören: Die Filterschwäche

Viele Kinder im Autismus-Spektrum haben eine sogenannte Filterschwäche. Es handelt sich dabei um eine zentrale Hörstörung. Das ist ein Problem der Verarbeitung der Hörreize im Gehirn. Kennzeichnend ist, dass wesentliche Geräusche nicht von unwesentlichen unterschieden werden können. Das erschwert ihre Wahrnehmung und Interpretation oder macht sie sogar unmöglich.

Von dem sensorischen Input, der ständig auf unser Gehirn einstürmt, ist nur ein Teil bedeutsam und gelangt deshalb in unser Bewusstsein. Es gibt Schätzungen, nach denen 90 oder sogar 99 % der einlaufenden Informationen ausgefiltert werden (Busse 1999, S. 26).

Wenn die Informationen nicht gefiltert werden, wird man überlastet. Es entsteht ein Informationsüberschuss, der zugleich zu einem Mangel an strukturierten Informationen führt, denen Bedeutung entnommen werden kann. Die Umwelt erscheint dem Kind wie ein Wimmelbild, der es keine Informationen entnehmen kann. Es vermag keine Regeln, Serien, Ordnungen zu erkennen und damit die bedeutsamen Informationen zu nutzen. Es ist deshalb überlastet und angestrengt. Zudem verbrauchen zu viele Informationen zu viel Energie im Gehirn und drohen zum Overload zu führen.

In jeder Kindergruppe herrscht jedoch ein gesundes Chaos mit unzähligen Geräuschen, Bewegungen, Farben und Gerüchen. Für Kinder im Autismus-Spektrum, die alle Informationen als gleichwertig wahrnehmen, ist das in der Regel zu voll, zu laut, zu durcheinander und führt dazu, dass sie abschalten und sich aus dem Geschehen zurückziehen.

Hilfen: Überblick im Wahrnehmungschaos

Doch wie kann man den Kindern helfen, dieses Problem zu bewältigen? Kindern, denen die subjektive Reduzierung an Informationen nicht oder nur schwer gelingt, kann mithilfe von zwei Grundsätzen geholfen werden:
- eine Reduzierung von überflüssigen Reizen und
- die Hervorhebung wichtiger Informationen.

Kinder im Autismus-Spektrum brauchen also eine besonders ruhige Umgebung, wenn sie spielen und lernen sollen. Je größer eine Kindergruppe, desto mehr Geräusche muss sie zwangsläufig produzieren. Kleine Gruppen sind deshalb für diese Kinder oft sinnvoll. Auch offene Gruppenarbeit, die dazu führt, dass das Kind im Autismus-Spektrum mehr Informationen verarbeiten muss, ist meist wenig geeignet.

Verarbeitung der Informationen

Einige Kinder im Autismus-Spektrum benötigen viel Zeit, um akustische Informationen verstehen zu können. Donna Williams, eine Australierin im Autismus-Spektrum, hat in einem Interview, das im bundesdeutschen Fernsehen ausgestrahlt wurde, darüber berichtet, dass sie sieben Sekunden braucht, um die verbale Aussage einer anderen Person zu interpretieren.

Nun begnügt sich eine Erzieherin oder auch ein anderes Kind im Alltag meist nicht nur mit einer Aussage, sondern reiht eine an die andere. Sieben Sekunden wartet man jedoch üblicherweise nicht auf die Reaktion auf eine Bitte. Man wiederholt sie oder formuliert sie anders, wird schärfer im Tonfall oder resigniert und geht. Bei Donna Williams entsteht auf diese Weise ein unverständliches Durcheinander von Informationen, die sie nicht mehr entschlüsseln kann.

Doch das Wort ist flüchtig. Man kann es nur sofort verstehen, später nicht darauf zurückgreifen. Benötigt man längere Zeit zur Verarbeitung einer Aufforderung der Erzieherin und gibt diese dann noch eine weitere, überhört man sie, weil sich die Informationen unentwirrbar überlagern. Wenn man schließlich mit der Verarbeitung der ersten Information fertig ist, kann man auf die zweite nicht mehr zurückgreifen. Im Ergebnis bleibt das Kind uninformiert zurück, obwohl ihm die Erzieherin alles gesagt hat, was es wissen müsste.

Diese Schilderungen werden gestützt von neurologischen Forschungsergebnissen. So wurden in Untersuchungen der Gehirne verstorbener Menschen im Autismus-Spektrum neurologische Veränderungen gefunden. Es fehlte beispielsweise der sogenannte Olivenkern, eine Schaltstelle für Hörinformationen (Rodier 2000, S. 60).

Hilfen: Zeit lassen und Visualisieren

Man kann dem Kind mit einfachen Tricks zu verstehen helfen, was es tun soll. Zum einen sollte man sparsam mit seinen Worten sein. Einfache, klare und freundliche Aufforderungen sind am besten geeignet. Die Erzieherin sollte Ironie, Metaphern und indirekte Aufforderungen vermeiden (vgl. Abschnitt *Verbale Sprache wird wörtlich verstanden*).

Zum anderen empfiehlt es sich, zu warten, damit das Kind ausreichend Zeit hat, die Informationen zu verarbeiten. Sehr gut sind auch Bilder und Piktogramme geeignet. Selbst wenn das Kind viel Zeit benötigt, um sie zu verstehen, kann es noch auf sie zurückgreifen. Das ist beim Wort nicht möglich. Visuelle Informationen sind unabhängiger von der Verarbeitungsgeschwindigkeit als akustische.

Es empfiehlt sich aus diesem Grund, dem Kind Informationen über den Tagesablauf oder auch über anstehende Aufgaben visuell zu vermitteln. Die mündliche Information am Morgen reicht oftmals nicht aus.

Vormachen – Nachmachen

Ein Kind lernt viele Dinge durch Imitation. Kinder im Autismus-Spektrum haben damit bei einigen Handlungsabläufen Schwierigkeiten. Sie können vielfach Abläufe nicht als solche wahrnehmen und die Einzelwahrnehmungen zu keiner Sequenz zusammenfügen. Sie verfügen nur über Bilder der einzelnen Stationen einer Handlung, nicht jedoch über die Vorstellung von einem zeitlich integrierten Ablauf der Handlung.

Eine Antwort auf die Frage, wie man sich dieses Phänomen erklären kann, findet man in der Aktivität der sogenannten Spiegelneuronen. Sie scheinen ein verbindendes Element von Wahrnehmung und Handlung zu sein.

Die Spiegelneuronen: Bei den sogenannten Spiegelneuronen handelt es sich um spezialisierte Nervenzellen, die an der Universität Parma entdeckt wurden, als im Jahre 1995 in einer Untersuchung mit Makaken-Affen herausgefunden werden sollte, welche Zellen im Gehirn für die Steuerung der Bewegungen des Greifens nach Erdnüssen zuständig sind. Zum Erstaunen der Untersucher kam es bereits zu neuronalen Aktivitäten, als die Affen beobachteten, dass andere ihre Hand nach den Nüssen ausstreckten. Allerdings feuerten die Neuronen nur dann, wenn die Bewegung in den Augen der Affen einen Sinn ergab. Noch erstaunter war man, als klar wurde, dass es dieselben Nervenzellverbindungen sind, die dann aktiv werden, wenn der Affe selbst die gleiche Bewegung ausführt. Diese Funktion von motorischen Nervenzellverbänden, Aktivität zu zeigen, wenn Handlungen beobachtet werden, nennt man *Spiegelneuronen*.

Die Untersuchungen wurden später bei Menschen wiederholt. Auch hier zeigte sich bereits eine Aktivität bestimmter Nervenzellen, wenn die Person eine für sie sinnvolle Handlung beobachtete. Spiegelneuronen verknüpfen damit ganz offensichtlich Beobachtungen (dies gilt gleichermaßen für optische wie akustische Eindrücke) mit der Durchführung von Handlungen. So wird es möglich, diese Handlungen zu imitieren. Spiegelneuronen helfen aber auch dabei, sich in andere Menschen einzufühlen.

> Man kann sich damit auch erklären, warum man an der roten Ampel losläuft, nur weil es eine Person neben einem tut. Oder das man beginnt zu gähnen, weil man jemanden beim Gähnen beobachtet. Allerdings kann man meist die Ausführung einer beobachteten Handlung hemmen. Bei einigen Aktionen, wie beim Gähnen oder beim Lachen oder auch, wenn man unaufmerksam ist, scheint das weniger gut zu funktionieren als bei anderen.

Bei Menschen im Autismus-Spektrum funktionieren die Spiegelneuronen nicht oder nur eingeschränkt (Rachmachandran, Obermann 2007). So kann man erklären, warum die Kinder Schwierigkeiten haben, Bewegungen anderer Menschen nachzuahmen. Wenn sie dies nicht vollführen können, dann ist das keine böse Absicht, sondern liegt objektiv in ihrer neuronalen Ausstattung begründet.

Bewegungsabläufe verdeutlichen: Auch die Sprache gehört zu den Fähigkeiten, die Kinder mithilfe von Imitation erwerben. Nicole Schuster, eine Frau im Autismus-Spektrum hätte sich eine andere Form von Hilfe gewünscht:

> »Ich musste jeden Laut einzeln, oft Wochen lang trainieren, bis ich meinen Mund dazu bringen konnte, ihn zu produzieren. […] In kooperativen Momenten habe ich mir gewünscht, dass man mir genau erklären würde, wie man einen bestimmten Laut bildet. Leider habe ich solche Erklärungen nur selten erhalten. Bei den meisten Leuten läuft Sprechen so selbstverständlich ab, dass sie gar nicht wissen, wie sie es eigentlich anstellen.« (Schuster 2007, S. 181 f.)

Natürlich können Kinder im Autismus-Spektrum Bewegungsabläufe lernen, nur benötigen sie andere Hilfen als Modelle, die ihnen etwas vormachen. Um ihnen Abläufe, wie das Bilden von Lauten oder auch das Brotschmieren zu vermitteln, kann man
- die Bewegung mit ihnen gemeinsam vollziehen, sie also dabei führen.
- sie mithilfe von Fotos oder Zeichnungen wie bei der Bauanleitung in einem Überraschungsei verdeutlichen.
- sie genau erklären, wie es sich beispielsweise Nicole Schuster gewünscht hätte.

Handlungen automatisieren

Kinder im Autismus-Spektrum haben, wie Kinder mit AD(H)S, eingeschränkte exekutive Funktionen (vgl. das Kapitel über Kinder mit AD(H)S, Abschnitt *Selbststeuerung verbessern*). Doch ihre Probleme sind noch weitreichender.

Alle Handlungen, die neurotypische Menschen regelmäßig ausführen, sei es das Schreiben, das Anziehen oder das Autofahren, automatisieren sie. Verfestigt vorliegende Handlungen laufen üblicherweise ohne Aufmerksamkeitszuwendung, schnell und ohne Anstrengung ab. Kinder im Autismus-Spektrum automatisieren einzelne, ja selbst ganz einfache Handlungen nicht. Angelika Empt, eine Frau im Autismus-Spektrum, beschreibt dies am Beispiel des Begrüßens:

> »Für mich ist es sehr schwer, mehrere Dinge auf einmal zu tun und Bewegungsteile miteinander in einem Fluß zu verbinden. Gleichzeitig jemandem die Hand geben, Blickkontakt suchen und dann noch ›Guten Tag‹ zu sagen, sind für mich zu viele verschiedene Dinge auf einmal, die ich nicht miteinander zu einer Einheit verbinden kann. Für Normale ist der Ablauf der Begrüßung eine einzige, automatische Bewegung. Sie müssen nicht bei jeder neuen Begrüßung überlegen, wie sie diese fließende Geste neu zusammensetzen müssen. Ich habe dies alles nie richtig automatisiert.
>
> Deshalb bin ich viel, viel langsamer als mein Gegenüber. So bin ich bei einer Begrüßung immer noch beim Auftakt, während mein Gegenüber schon beim Ende ist.« (Empt 1996, S. 27)

Die fehlende Automatisierung von Handlungsabläufen hat vielfältige Konsequenzen:
- Kinder im Autismus-Spektrum sind langsamer als andere, denn jede Teilhandlung und ihre Verknüpfung müssen sie gedanklich begleiten;
- sie benötigen volle Konzentration bei der Ausführung von Handlungen, die Gleichaltrige längst automatisiert haben, deshalb sind sie schneller erschöpft;
- sie können nicht zugleich etwas tun und auch noch zuhören, was die Erzieherin sagt (»Geh' dann schon mal in die Bauecke«);
- es unterlaufen ihnen häufiger Fehler und sie unterbrechen die Handlung, weil sie den Faden verloren haben.

Hilfen: Handlungspläne

»Ohne angemessene Unterstützung fühlt sich das Kind, als würde es von einer Million Unteraufgaben erdrückt. Viele von uns haben Schwierigkeiten damit, Prioritäten zu setzen und Aufgaben zu organisieren.« (Shore in Attwood 2008, S. 285 f.)

Wie kann man den Kindern bei der Kompensation dieser Schwierigkeit helfen?

1. Zuerst muss man beobachten, bei welcher Handlung das Kind Probleme hat. Man erkennt es daran, dass es sie vermeidet, dass es sehr langsam dabei ist, dass es sich dabei sehr anstrengen muss oder dass es oft Fehler macht.
2. Dann muss man überlegen, aus welchen Schritten die Handlung besteht und in welcher Reihenfolge sie ausgeführt werden soll. Die meisten, auch ganz einfachen Handlungen kann man auf sehr unterschiedliche Weise ausführen. Um das Kind nicht zu verwirren, muss der Ablauf der Teilhandlungen festgelegt werden. Es empfiehlt sich, alle Teilschritte einmal aufzuschreiben und zur Kontrolle eine Kollegin anzuweisen, das zu tun, was man notiert hat. So stellt man sicher, dass man keinen Schritt vergessen hat.
3. Dann sollte man das Kind genau beobachten, um festzustellen, an welcher Stelle es unsicher ist, welche Teilhandlungen es nicht automatisch miteinander verknüpft und wo es Hilfe braucht.
4. Man fertigt eine Karte an, die diese Teilhandlung darstellt. Empfehlenswert ist es, diese zu laminieren.
5. Auf der Rückseite beklebt man sie mit Klettband.
6. Die Bilder kann man nebeneinander oder untereinander an ein Klettband heften oder auch auf die Seiten eines Ringordners aufbringen.
7. Die Karte mit dem Handlungsschritt, der erledigt wurde, wird vom Kind abgenommen, das Bild an einen festgelegten Platz gelegt oder im Ordner umgeblättert.
8. Dieses Arbeitsverfahren muss man dem Kind erklären und mit ihm üben. Es lässt sich dann aber auf viele andere Situationen übertragen und kann auch in der Schule sinnvoll genutzt werden. So kann das Kind trotz seiner Schwierigkeiten seine Mappe allein auspacken oder die Hausaufgaben erledigen.

Wenn man lange an einem Handlungsablauf gearbeitet hat, muss man immer wieder überlegen, ob einige, vielleicht zu kleinschrittige Bilder weggelassen werden können. Grundsatz ist schließlich: Nicht so viel wie möglich, sondern so viel wie nötig.

Verhaltensregulation durch andere Kinder

Die Erzieherin will mit einer Gruppe von Kindern in den Tierpark fahren. Einige Kinder warten schon ungeduldig an der Tür, doch einige wenige trödeln und sind noch nicht fertig. »Kinder, wir können erst losgehen, wenn alles aufgeräumt ist«, mahnt die Erzieherin diese. Die wartenden Kinder unterstützen ihre Versuche durch ungeduldige und drängende Rufe. Nun beeilen sich alle – bis auf Johannes, der völlig unbeeindruckt weiter mit seinem Flugzeug spielt. Johannes ist im Autismus-Spektrum.

In dem vorangehenden Beispiel versucht die Erzieherin, mithilfe der Gruppe das Verhalten einiger Kinder zu beeinflussen. Kinder mit neurotypischer Entwicklung verstehen, welche Auswirkungen ihr Verhalten auf die Situation der anderen Kinder hat. Sie wollen anerkannt sein und dazugehören. Sie verhalten sich demnach so, dass sie von der Gruppe akzeptiert und angenommen werden. Auch die Kindergruppe etabliert ständig neue Verhaltensregeln, an die sich die Kinder halten. Dazu gehört, welches Spielzeug gerade in ist oder welche Spiele gespielt werden.

Für viele Kinder im Autismus-Spektrum sind die anderen Mädchen und Jungen kein ausreichendes Verhaltensregulativ. Sie bemerken oft nicht einmal, dass die Gleichaltrigen Dinge tun, um von den anderen Kindern anerkannt zu werden bzw. um dazuzugehören. Für sie ist dies keine ausreichende Handlungsmotivation, danach richten sie ihr Verhalten nicht aus.

Verhaltensregulation durch die Erzieherin

Wie versucht eine Erzieherin, das Verhalten der Kinder zu steuern, sie zu ermutigen und unangemessenes Verhalten zu unterbinden? Sie setzt soziale Belohnungen ein. Sie lächelt und lobt, streichelt – bei Kindern, die dies mögen – über das Haar, schimpft, ermuntert und tadelt. Bei Kindern mit neurotypischer Entwicklung führen Belohnungen zu dem schon erwähnten guten Gefühl, Tadel zu einem schlechten. Bei vielen Kindern im Autismus-Spektrum sind solche sozialen Handlungsregulatoren, die in der ungestörten Entwicklung hoch wirksam sind, ohne oder mit geringem Effekt.

Es bleibt also die Frage, ob die von der Erzieherin eingesetzten Belohnungssysteme wirksam sind. Wenn sie nicht greifen, dann können sie das Verhalten des Kindes auch nicht regulieren. Das bedeutet also, dass die Erzieherin nach wirkungsvollen Belohnungen suchen muss. Sie sind meist eng am Spezialinteresse des Kindes orientiert.

Das Kind motivieren

»Es fällt ihm schwer, sich aus eigenem Antrieb zu engagieren, und er braucht Hilfe, eine Aktion zu beginnen und bei der Sache zu bleiben, was eigentlich im Gegensatz zu den pädagogischen Grundsätzen der Vorschule steht.« (Lexhed 2010, S. 227)

Warum tun neurotypische Kinder die Dinge, die sie täglich tun? Vor allem, weil sie ihnen Spaß machen. Andere, weniger Spaß machende Dinge tun sie, weil sie positive Konsequenzen haben: weil sie gelobt werden, weil sie stolz auf sich sein können, damit sich die Erzieherin oder die Eltern freuen, weil das die Großen schon können oder weil es erst Essen gibt, wenn die Hände gewaschen sind. Manches tun sie, um negative Konsequenzen zu vermeiden: Sie ziehen sich feste Schuhe an, um keine kalten Füße zu bekommen, sie waschen sich die Hände vor dem Essen, damit die Erzieherin nicht ärgerlich schaut.

Spaß an einer Sache zu haben, ist auch für Kinder im Autismus-Spektrum eine wichtige Motivation, um sich mit ihr auseinanderzusetzen. Sie beschäftigen sich gern und häufig mit ihren Lieblingsthemen. Mit anderen Aspekten des Lebens setzen sie sich nicht so motiviert auseinander. Sie brauchen besondere Anreize, um sich mit Themen außerhalb ihres eng umrissenen Interessengebietes zu beschäftigen.

Richtig belohnen

Wenn Tätigkeiten ihnen nun aber keinen Spaß machen und auch soziale Belohnungen, wie Lob, aufmunternde Worte oder ein Lächeln für das Kind nicht belohnend wirken, muss man andere, bei diesem Kind wirksame Belohnungen suchen und einsetzen, um sein Verhalten zu lenken. Wann kann man ein Kind belohnen? Am einfachsten ist es, wenn man das Kind im Anschluss an eine Leistung oder ein sozial angemessenes Verhalten belohnen kann. Am wirkungsvollsten ist es, eine Belohnung unmittelbar zu geben, damit das Kind auch wirklich einen Zusammenhang zwischen der Belohnung und dem gezeigten Verhalten herstellen kann. Doch das ist nicht immer möglich. Man kann den Alltag nicht immer wieder unterbrechen, um das Kind im Autismus-Spektrum unmittelbar und sofort für eine Leistung zu belohnen. In diesem Fall ist nur eine verspätete Belohnung möglich.

Sie erfolgt einige Zeit nach dem erwünschten Verhalten. Eine einfache Möglichkeit besteht darin, z. B. für jede korrekte Antwort kleine Teile von Lieblingssüßigkeiten in einem durchsichtigen Becher zu sammeln. So kann man auch zeitverzögert belohnen, aber das Kind sieht dabei, wie die Menge der Belohnung im Becher anwächst.

Man unterscheidet darüber hinaus zwei Formen der verspäteten Belohnung, das Tokensystem und den Verhaltensvertrag.

Tokensysteme

Token sind beliebige Zeichen oder Punkte, die für das Kind die Belohnung symbolisieren. Das bekannteste Tokensystem ist das Geld. Man erhält Punkte, die z. B. Euro heißen und es gibt Eintauschregeln. Im Kindergarten oder in der Schule sollen Sie nun kein Geld verteilen. Token, die angespart werden, können z. B. Marken, kleine Figuren oder Bilder sein. Das Eintauschen der Token gegen die Belohnung macht es möglich, auch erst einige Zeit nach einem Verhalten zu belohnen. Man sollte:
- zunächst das Zielverhalten festlegen, für das das Kind einen Token bekommen soll,
- die Belohnung für die Token auswählen und
- festlegen, für wie viele Token das Kind eine Belohnung bekommt. Es sollten nicht mehr als zehn sein.

Das Kind muss die Bedeutung eines Tokens erst erlernen. Laminieren Sie ein A4-Blatt Kleben Sie an den rechten und an den linken Rand jeweils die gleiche Anzahl an Klettpunkten. Dieses vorbereitete Blatt nennt man Tokenbrett.

Setzen Sie zunächst bis auf den letzten Token alle auf die rechte Seite. Nach jedem Vollzug des vereinbarten Verhaltens wandert der letzte Token nach rechts und Sie geben dem Kind dafür sofort seine Belohnung. Wenn Sie den Eindruck haben, das Kind verknüpft nun diese Ortsveränderung des Tokens mit der Belohnung, beginnen Sie, einen zweiten Token hinzuzunehmen usw.

Das Tokensystem im Kindesalter ist ein Übergangssystem. Von Anfang an muss man sich darüber im Klaren sein, dass es auch wieder zurückgenommen werden muss.

Am Anfang wird immer dann belohnt, wenn das Kind eine bestimmte Sache gut oder richtig macht. Später belohnt man in unregelmäßigen Abständen, um das Verhalten zu stabilisieren. Auch hier geht man systematisch und kleinschrittig vor. Zunächst belohnt man durchschnittlich jede zweite Leistung, möglicherweise also einmal nach einer korrekten Antwort, einmal nach drei und das nächste Mal nach zwei richtigen Antworten. Über Tage und Wochen, keinesfalls innerhalb kürzerer Zeit, erhöht man die durchschnittliche Belohnungsfrequenz langsam (Barbera 2007, S. 68 f.). Es darf nicht vergessen werden, die Bewegung der Token auf dem Brett oder das Verteilen der Token immer mit einem Lob zu verbinden.

Auch die Anzahl der Belohnungen sollte schrittweise erweitert werden. Man kann die Token in immer größeren zeitlichen Abständen einlösen lassen und immer unsichtbarer vergeben. Die Belohnung kann das Kind oft selbst aussuchen. Dazu legt man eine Sammlung verschiedener Fotos oder Schriftkarten mit beliebten Aktivitäten an, aus denen das Kind vor Beginn der Aufgabe aussuchen darf.

Der Umgang mit Veränderungen

»Drei Minuten Zähneputzen. Sieben Minuten duschen. Nichts war schlimmer als ein Tag ohne Regelmäßigkeiten. Solange alles nach einem Schema ablief, das Ben einhalten konnte, ging auch alles recht gut. Die kleinste Abweichung hingegen konnte ihn gewaltig aus der Bahn werfen. In seiner Kindheit hatte das Weinkrämpfe und Wutanfälle zur Folge gehabt.« (Balthazar 2009, S. 39)

Es ist nicht Trotz oder Eigensinn, wenn das Kind im Autismus-Spektrum auf bestimmten Routinen im Tagesablauf oder in der Raum- bzw. Weggestaltung besteht. Im Abschnitt *Schutz vor zu vielen Reizen* wurde bereits der *Overload* als Konsequenz der andersartigen Wahrnehmungsverarbeitung beschrieben.

Auch Veränderungen kosten das Gehirn mehr Energie als gewöhnliche Abläufe, weil man mehr Aufmerksamkeit auf Umgebungsreize richten muss, um sich orientieren zu können (was passiert wann, mit wem usw.). Mehr Informationen zu verarbeiten kostet mehr Energie. Sollte aber der Energieverbrauch bereits ein bedenkliches Niveau erreicht haben, muss das Kind Veränderung abwehren, weil sie zum *Overload* führen könnten.

Routinen geben hingegen Sicherheit, weil ihre Ausführung nur einen geringen Energieverbrauch im Gehirn erfordert. Das wird als angenehm erlebt. Angenehme Situationen möchte man wiederholen. So kann eine Routine entstehen. Alles ist vertraut, die Aufmerksamkeit muss auf viel weniger Umgebungsreize gerichtet werden, was deutlich energiesparender ist. So schreibt eine junge Frau im Autismus-Spektrum:

»Ich merke an mir selbst, wie sehr ich zu Zeiten großer Anspannung auf meine Routinen angewiesen bin. Sie dienen zur Entspannung und steigern mein Wohlbefinden. Routinen sind ein Heilmittel für mich.« (Schuster 2007, S. 274)

Ist eine Veränderung unumgänglich, sollte der Energieaufwand des Kindes für andere Aktivitäten und in anderen Lebensbereichen möglichst gering gehalten werden. So stehen möglichst viele Energiereserven zur Verarbeitung der Veränderung zur Verfügung. Die Energie im Gehirn ist begrenzt. Das Gehirn kann keine Energievorräte anlegen.

Je mehr die Bewältigung des Alltags davon erfordert, desto weniger bleibt für besonders energieintensive Aktivitäten, wie Veränderungen oder Planänderungen übrig. Es ist angebracht, die Tage, an denen Veränderungen anstehen, für das Kind im Autismus-Spektrum so stressarm wie möglich zu gestalten. Zudem ist es sinnvoll, die Veränderungen an sich so gering wie möglich zu halten.

Es empfiehlt sich, das Kind so zeitig wie möglich über eine anstehende Veränderung zu informieren. Man sollte ihm mitteilen, worin sie besteht und warum sie unvermeidlich ist. Menschen im Autismus-Spektrum versuchen »Muster hinter den Dingen« zu erkennen (Attwood, 2008, S. 222). Dabei brauchen betroffene Kinder Hilfe. Ein Maximum an Transparenz und Vorhersehbarkeit unterstützt sie.

Es ist durchaus sinnvoll, Flexibilität zu trainieren. Aber Achtung: Zu fordern ist entwicklungsförderlich, zu überfordern aber nicht.

Werden Veränderungen geplant, sollten sie kleinschrittig eingeführt werden. Wenn die Kinder also beispielsweise nicht mehr im Gruppenraum, sondern in einem separaten Raum essen sollen, könnte das Kind zunächst ganz allein mit der Erzieherin den Raum besuchen. Später könnte es sich schon einmal an seinen zukünftigen Platz setzen. Ein weiterer Schritt wäre, dass anstatt der Erzieherin ein Kind mitgeht. Im Weiteren können es mehrere Kinder werden, die bei der Eingewöhnung unterstützen. Hilfreich ist es sicherlich auch, wenn man im neuen Raum mit dem betroffenen Kind eine Kleinigkeit isst, die es gern mag. So könnte der Umzug ganz allmählich und stressärmer vollzogen werden. Der Prozess könnte mit einer Social Story (vgl. Abschnitt *Soziale Regeln vermitteln*) und Fotos vom neuen Raum unterstützt werden.

In akuten Erregungssituationen kann es helfen, wenn das Kind sich eine bestimmte Zeit mit seinem Lieblingsthema beschäftigen darf. Es sollte deshalb eine »Notfalltasche« mit einem Buch zu seinem Spezialthema oder einer CD geben, die einzig in Krisensituationen genutzt wird.

Übergänge in die Kita und Schule gestalten

Wie man den Übergang in die Schule möglichst leicht für das Kind gestalten kann, wird ausführlich in dem Buch »Nur dabei zu sein reicht nicht: Lernen im inklusiven schulischen Setting« (Schirmer 2019) beschrieben.

Alle Wechsel sind für Kinder im Autismus-Spektrum sehr schwierig, weil sie große Veränderungen bedeuten und deshalb viel Energie kosten. Einige wichtige Aspekte sollen deshalb auch hier erwähnt werden.

Die Schule ist ein neuer Ort, die zeitlichen Abläufe sind anders, es gibt neue Routinen, wie das Melden im Unterricht und das Kind wird mit bisher unbekannten Personen konfrontiert. Man sollte es deshalb ebenfalls kleinstschrittig und gründlich vorbereiten.

Eine vertraute Person sollte z. B. das Kind im Autismus-Spektrum zunächst einmal ohne Anwesenheit anderer Kinder so lange die neuen Räumlichkeiten erkunden lassen, bis ihm diese vertraut sind. Zugleich kann man von den Räumen und den zukünftigen Kindergarten-Kindern bzw. Mitschülern und Pädagogen Fotos anfertigen, die es immer wieder anschauen kann.

Es kann schon einmal seinen Platz einnehmen und auch alle Nebenräume, wie die Toilette und die Garderobe, kennenlernen. Routinen des späteren Kindergarten- bzw. Unterrichtsalltags, wie das Auspacken der Tasche, das Melden oder das Anstellen an der Tür, können erfragt und im Kindergarten oder zu Hause als Rollenspiele geübt werden. Auch der Schulweg kann sukzessive trainiert werden.

Je mehr Details dem Kind vertraut sind, desto weniger Energie verbraucht es und desto mehr Ressourcen hat es, den neuen Anforderungen zu genügen. Folglich wird es die neue Situation als umso weniger belastend erleben. Ein Beispiel gelungener Konfrontation mit einer neuen Situation ist folgendes:

> Eine Kindergartengruppe hatte dem Kind im Autismus-Spektrum seinen Stuhl geschenkt, den es in die Schule mitnahm. Dieser Stuhl war ihm immer als sicherer Ort erschienen und half ihm nun, sich in der neuen Umgebung heimisch zu fühlen.

Das Kind hat vielfach Schwierigkeiten, sich auf neue Bezugspersonen einzustellen. In diesem Fall ist es wichtig, dass sie sich mit angenehmen Assoziationen für das Kind verbinden. Es ist für die weitere Entwicklungsförderung wichtig, dass das Kind gern in die Kita und zur Erzieherin – bzw. später in die Schule und zur Lehrerin kommt (Barbera 2007, S. 58 ff.). Pädagogische Arbeit ist Beziehungsarbeit. Nehmen Sie sich viel Zeit, um mit dem Kind die Dinge gemeinsam zu tun, die es gern mag: Das kann z. B. Schaukeln oder Puzzeln sein. So hat es die Möglichkeit, Sie mit angenehmen Gefühlen zu verbinden.

Zusammenarbeit mit den Eltern

1. Was kann ich beobachten?

Mit vielen Eltern arbeiten Sie wahrscheinlich gern und erfolgreich zusammen. Manchmal erscheint die Kooperation aber auch schwierig. Einige Elternteile halten sich nicht an Absprachen, andere überschreiten ihre Kompetenzen und wollen der Erzieherin vorschreiben, wie sie sich zu verhalten habe. Die nächsten sind kaum präsent und Absprachen deshalb schwierig. Einige wenige werden Ihnen gegenüber sogar beleidigend.

Obwohl die Zusammenarbeit mit den Eltern ein wichtiger Bestandteil der pädagogischen Arbeit und ihr Gelingen maßgeblich für die Entwicklungsfortschritte der Kinder ist, werden Erzieherinnen in ihrer Ausbildung auf diese Aufgabe viel zu wenig vorbereitet. Das wäre aber wichtig, wenigstens als Fortbildungsmaßnahme während der Berufstätigkeit. Oft wird Ihnen wegen Personalreduktion und maximaler Auslastung der Arbeitszeit für die Elternarbeit auch zu wenig Zeit eingeräumt. Für die Zusammenarbeit mit den Eltern eines Kindes mit einer (drohenden) Entwicklungsstörung gilt das in besonderem Maße. Verantwortungsbewusste Einrichtungsleitungen sollten diesem Erfordernis besondere Aufmerksamkeit schenken. Elternarbeit kann ganz unterschiedlich aussehen:

- Elternabende,
- gemeinsame Gespräche oder Aktionen, wie Ausflüge oder Feiern, aber auch
- gemeinsame Vorhaben, wie die Gestaltung des Gartens,
- spontane Gespräche, wenn die Eltern das Kind in die Einrichtung bringen oder es abholen,
- unverhoffte Begegnungen zwischen Erzieherinnen und Eltern oder
- gemeinsamen Aktivitäten.
- Sie kann regelmäßig erfolgen, auch lange geplant und vorbereitet sein, z. B. bei Hilfekonferenzen oder Entwicklungs- oder Beratungsgesprächen.

2. Was muss ich wissen?

Elternarbeit hat zwei Parteien mit unterschiedlichen Bedürfnissen und Zuständigkeiten: die Eltern und die Erzieherinnen. Sie müssen ein Arbeitsbündnis mit einem gemeinsamen Ziel eingehen, damit sie zusammenarbeiten können. Die Zusammenarbeit ist der Weg, um das gemeinsame Ziel zu erreichen.

Manchmal glauben Erzieherinnen und Eltern, sie hätten das gleiche Ziel. Zumeist ist das die gute Entwicklung eines Kindes. Beide Parteien verstehen aber ganz unterschiedliche Dinge darunter. Vielleicht hat die Erzieherin Selbstständigkeit und Selbstbestimmung im Blick, die Eltern hingegen haben mehr die Vorbereitung auf die Schule im Fokus. So unkonkret und allgemein gehaltene Ziele führen nicht zu konkreten Maßnahmen aber oft zu gegenseitigen Vorwürfen. Die Eltern meinen, die Erzieherin würde nicht gut arbeiten, die Erzieherin meint, die Eltern würden nicht alles tun, was möglich wäre.

Schwierige Kinder – schwierige Eltern?

»Manchmal war ich wohl ein stachliger Igel in meiner viel zu oft nötigen Verteidigung meiner unmöglichen Tochter und meiner total fehlenden Erziehungskompetenz. Das hat sich durch unser Leben gezogen wie ein roter Faden.« (Nieß 2004, S. 13)

Eltern eines Kindes mit einer (drohenden) Entwicklungsstörung sind vor allem erst einmal Eltern. Sie bilden eine inhomogene Gruppe, denn sie unterscheiden sich im Alter, in ihrem kulturellen Hintergrund, ihrer Religion, ihren Erfahrungen, ihrem Bildungsstand, ihrem sozio-ökonomischen Status und nicht alle leben zusammen. Kaum jemals zuvor in der Geschichte gab es so verschiedenartige und allgemein akzeptierte Lebensentwürfe. Denken wir nur an die verschiedenen Formen des Zusammenlebens: Sie reichen vom Singledasein bis zum Mehrgenerationenhaus, von der Patchworkfamilie bis zu homosexuellen Lebensgemeinschaften, von Alleinerziehenden bis zur traditionellen Ehe. Das spiegelt sich auch in den Grundlagen der Elternarbeit wider: Wer ist der Ansprechpartner der Erzieherinnen und wie viele erwachsene Bezugspersonen hat das Kind? Das sind Fragen, die gestellt werden müssen, wenn es darum geht, die erwachsenen Bezugspersonen des Kindes als Partner für die Erziehungsarbeit zu gewinnen.

Gemeinsam ist allen Eltern von Kindern mit einer Entwicklungsstörung, dass ihre Söhne und Töchter besondere Bedürfnisse im Hinblick auf die Betreuung, Unterstützung, Beaufsichtigung, Entwicklungsförderung und eventuell auch Pflege haben. Sie wirken wieder zurück auf die emotionale Situation der Eltern und ihre eigene Bedürfnislage und diese haben schließlich auch Auswirkungen auf die Zusammenarbeit mit den Erzieherinnen. Für die eigene Psychohygiene brauchen die Eltern Beratung hinsichtlich der Klärung, wie diese Störung entstanden sein könnte, des Umgangs mit den Verhaltensbesonderheiten ihres Kindes sowie des Umgangs mit den Besonderheiten in der Kommunikation mit ihm (Eckert 2004, S. 66 ff.).

Jede Elternschaft beginnt mit den ersten Vorstellungen vom Kind und dem Leben mit ihm. Die zukünftigen Eltern setzen sich mit Erziehungsideen auseinander und entwickeln vor allem schöne Ideen vom Zusammensein mit dem Kind. Diese sind vielfach idealisiert oder unrealistisch, vor allem wenn es sich um das erste Kind handelt. Natürlich hängen diese Vorstellungen auch wesentlich davon ab, welche Erfahrungen die Eltern mit anderen Kindern gesammelt haben.

Nach der Geburt des Kindes werden Mütter und Väter von der Realität eingeholt. Einige Eltern erfahren schon vor oder unmittelbar nach der Geburt ihres Kindes, dass es ein Entwicklungsrisiko aufweist. Das Kind kann z. B. zu früh geboren sein oder ein zu geringes Gewicht aufweisen.

Unterscheidet sich das geborene Kind stark von dem, was man sich vorgestellt hatte, kommt es zu einer starken emotionalen Belastung der Eltern.

Emotionales Chaos und Schuldfalle

Ein wichtiges Gefühl, das vor allem viele Mütter von Kindern mit einer Entwicklungsstörung belastet, ist das Gefühl einer Mitschuld an dem Entstehen der Störung (Wagatha 2006, S. 32 ff.). Viele suchen verzweifelt nach eigenem Fehlverhalten in der Zeit der Schwangerschaft oder nach Fehlentscheidungen, die zu den nun beobachteten Auffälligkeiten geführt haben können.

Die Gefühle der Eltern ihrem Kind gegenüber reichen von Liebe und Hoffnung auf ein Verschwinden aller Auffälligkeiten bis hin zur Trauer darüber, dass die Zeit nach der Geburt keine uneingeschränkt glückliche ist, der Enttäuschung, dass das Kind nicht perfekt ist und sogar seiner Ablehnung. Eine gute Vorstellung über dieses emotionale Chaos gibt das als Comic gestaltete Buch eines Vaters von einem Kind mit Down-Syndrom (Toulmé 2014).

Doch negative Gefühle gegenüber dem eigenen Kind, noch dazu gegenüber einem Baby, sind in unserer Kultur tabuisiert. So entstehen bei einigen Müttern und Vätern noch zusätzliche Schuldgefühle wegen dieser negativen Gefühle.

Eltern werden in ihrem Verarbeitungsprozess der Entwicklungsstörung ihres Kindes nur selten professionell unterstützt. Es muss einigen Eltern auch später noch vermittelt werden, dass ihre widersprüchlichen Gefühle ein natürlicher Bestandteil der Auseinandersetzung mit der außergewöhnlichen Situation sind, in die sie durch die Entwicklungsstörung ihres Kindes geraten sind. Insbesondere Mütter profitieren davon, wenn ihnen im Beratungszusammenhang Raum gegeben wird, ihre Trauer zu äußern und Schwäche zeigen zu dürfen (ebd., S. 44). Väter hingegen empfinden es als hilfreicher, wenn sie dazu ermutigt werden, nicht aufzugeben (ebd.).

Bei den meisten Eltern wandeln sich die anfänglich negativen Gefühle in Stolz und Freude über die eigenen Leistungen bei der Erziehung ihres Kindes (ebd., S. 14). In diesem Prozess müssen sie unterstützt werden. Negative Gefühle, Trauer, Sorgen und Ängste treten aber immer wieder und insbesondere bei einschneidenden Übergängen im Leben ihres Kindes auf, also z. B. beim Eintritt in den Kindergarten oder beim Schuleintritt (ebd., S. 24.). Eltern brauchen in dieser Zeit besondere Unterstützung und auch die Bestätigung, dass ihre Gefühle legitim sind und von vielen anderen Eltern in ähnlichen Situationen geteilt werden oder würden.

Mögliche Auswirkungen einer kindlichen Behinderung auf die Beziehung zwischen Mutter (Vater) und Kind

Die Beziehung zwischen den Eltern und dem Kind ist ein fein aufeinander abgestimmtes System (Holodynski 2006, S. 95). Die gegenseitige Verhaltensbeeinflussung von Eltern und Baby erfolgt zu großen Teilen intuitiv. In emotional belastenden Situationen, z. B. bei Müdigkeit, in neuen Situationen, bei neuen Personen, Angst, Krankheit oder Trennung aktivieren die Babys ihr Bindungsverhalten. Sie jammern, weinen, schreien und saugen. Damit aktivieren sie wiederum angeborene Verhaltensweisen der Eltern im Umgang mit ihrem Kind.

Zeigt der Säugling aktives Bindungsverhalten, begeben sich die Eltern in seine Nähe und versuchen ihn zu trösten oder zu beruhigen. Das tun sie, weil die kindlichen Signale bei ihnen ein körperliches und psychisches Unwohlsein, ja sogar – für die Entwicklung des Kindes notwendigen – Stress auslösen. Er kann bis zu Angstgefühlen, Schweißausbrüchen, Milchfluss etc. reichen. Dies alles ist ganz normal. Die Eltern zeigen nun ihrerseits Verhaltensweisen zur Herstellung und Stärkung der Bindung: Sie lächeln, halten Blickkontakt und sprechen mit dem Kind, selbst wenn es noch nichts von den Worten verstehen kann. Gerade dadurch lernt es.

Intuitiv nehmen sie den räumlichen Abstand in der Interaktion mit dem Kind ein, der es dem Säugling am leichtesten ermöglicht, sie gut zu sehen und zu erkennen. Dabei versuchen sie, ihr Gesicht so zu positionieren, dass auch dem Kind ein Blickkontakt möglich wird (Eibl-Eibesfeldt 1995, S. 271 f.). Sie sprechen mit hoher Stimmlage und in einfachen, kurzen Sätzen. Sie öffnen ihre Augen weit, ziehen die Augenbrauen nach oben und behalten ihren Ausdruck lange Zeit bei, um dem Baby ausreichend Zeit zu geben, den Gesichtsausdruck wahrzunehmen und zu verarbeiten (ebd., S. 290). Sie nehmen Körperkontakt auf und wiegen es.

Nehmen Mutter (Vater) und Kind Blickkontakt auf, zeigt die Mutter (der Vater) eine lebhaftere Mimik, spricht vielfältiger zu ihm, nähert sich ihm mehr und kost es häufiger. Damit zieht das Baby immer mehr Aufmerksamkeit auf sich. Das führt dazu, dass im Rahmen einer *Ökonomie der Aufmerksamkeit* (Franck 1998) anderen Dingen, die nicht so wichtig für die Aufzucht der Nachkommenschaft sind, weniger Aufmerksamkeit zugestanden wird. Tatsächlich werden anderweitige Aktivitäten der Eltern reduziert (Eibl-Eibesfeldt 1995, S. 272). Damit löst der Blickkontakt des Säuglings tatsächlich Fürsorgehandlungen der Mutter (des Vaters) aus, die entwicklungsfördernd wirken. Er verändert das Verhalten der Elternteile maßgeblich.

Das Kind erlebt Trost, Schutz und Geborgenheit. Dadurch wird das Bindungsverhalten des Kindes wiederum deaktiviert. Das Kind kann nun sicher und geborgen seine Welt erkunden und es weint dann auch nicht mehr, um die Eltern zu Pflegeverhalten zu veranlassen.

Die gegenseitige Verhaltensbeeinflussung von Eltern und Kind erfolgt zu großen Teilen intuitiv. Dieses aufeinander abgestimmte, in der Regel spontan wirksame System kann man sich vorstellen wie ein Schloss mit dem dazugehörigen Schlüssel. Schloss und Schlüssel passen meist perfekt. Wenn der Schlüssel das Schloss nicht schließen kann, ist entweder der Schlüssel defekt oder das Schloss. Eine Eltern-Kind-Beziehung kann gestört werden, weil die Eltern sich unangemessen verhalten, aber auch das Kind kann sie beeinträchtigen. Die Eltern erhalten dann von ihm z. B. nicht die erwarteten Kontakt- oder Antwortsignale auf ihre Beziehungsangebote, und/oder das Kind sendet nicht die Signale, die die Eltern verstehen können.

So schreien einige Säuglinge und Kleinkinder im Autismus-Spektrum und/oder AD(H)S nahezu ununterbrochen, weil sie von den einströmenden Informationen, die ihnen unverständlich bleiben, überfordert werden oder weil sie Schmerzen haben. Die Eltern haben das Gefühl, dass sie das Verhalten des Kindes nicht regulieren können.

Die Beziehung zwischen den Eltern

Die Paarbeziehung von Eltern mit einem Kind mit einer Entwicklungsstörung steht vor einer ganz besonderen Bewährungsprobe. Noch häufiger als bei Paaren mit Kindern ohne Behinderung scheitert die Beziehung. Ein typischer Beziehungsverlauf gestaltet sich wie folgt: Manchmal gibt die Mutter, sehr selten der Vater, ihren oder seinen Beruf auf und widmet sich ganz dem Kind. Vom täglichen Einerlei mit dem Kind ist sie zwar stark belastet, aber intellektuell auf die Dauer nicht ausgelastet. Sie fühlt sich allein gelassen, ausgebrannt und leer.

Für den Mann hingegen scheint sich nicht viel geändert zu haben. Er geht weiter seinem Beruf nach, zeigt angesichts der bedrohlichen und enttäuschenden Situation Stärke und Zuversicht und tut so, als sei nichts geschehen. Er lässt angesichts der Belastungen, die auf der Familie liegen und die seine Frau besonders treffen, nicht viel von seinen Emotionen erkennen, um seine Frau nicht noch mehr zu belasten und sie im Gegenteil sogar zu stärken. Einen Jammerlappen will er nicht darstellen und seiner massiv belasteten Frau auch nicht zumuten. Will der Mann nun der Frau am Abend oder am Wochenende zur Hand gehen, erlebt sie dies nicht etwa als die dringend nötige Entlastung, sondern als die Reduzierung ihrer größten Leistung, ihrer Verantwortung und damit als Entwertung ihrer Arbeit (»Das kann nur ich gut!«; »Nur ich weiß, was richtig ist!«).

Sie kritisiert ihren Mann, der weil er ein anderer Mensch ist, vieles auf eine andere Art und Weise tut als sie. Sie tut es so lange, bis der sich resigniert zurückzieht. Allerdings fühlt sich die Frau nun noch stärker allein gelassen (Franke, Friedrich 2008). Beide Elternteile haben den Eindruck, dass ihr Einsatz vom Partner nicht ausreichend wertgeschätzt wird.

Warum Eltern »klammern«

»Durch Nils' Schlafverhalten konnten wir ihn auch nicht mehr vorübergehend zu den Großeltern geben, so dass eine zunehmende soziale Isolation begann. [...] Ein zweiter Aspekt einer sozialen Isolierung ist, dass Nils' Andersartigkeit natürlich mit zunehmendem Alter immer offensichtlicher wurde.« (Petersen 1995, S. 17)

Jeder Mensch, auch der mit einer Behinderung, entwickelt sich von der anfänglichen totalen Symbiose mit der Mutter in der Schwangerschaft hin zu immer mehr Unabhängigkeit. Die Entwicklung eines Kindes und Jugendlichen ist auf einen Zuwachs an deren Autonomie angelegt. Das entlastet die Eltern von der Aufmerksamkeit, die sie ihm gegenüber aufbringen müssen.

Kinder ohne Entwicklungsstörungen beginnen schon in der frühen Kindheit mit dem Ablösungsprozess von ihren Eltern. Sie übernachten bei den Großeltern und später auch bei Freunden. Sie verabreden sich mit Gleichaltrigen und verbringen mit ihnen Zeit – und zwar ohne die Eltern. Von Jahr zu Jahr haben die Eltern wieder mehr freie Zeit, die sie ohne ihr Kind nutzen können und müssen. Die Abnabelung von den Eltern ist kein Prozess, den Eltern grundsätzlich freiwillig durchlaufen. Er wird ihnen von den Heranwachsenden abgerungen und sie müssen dies akzeptieren oder wenigstens zu akzeptieren lernen.

Viele Kinder mit einer Störung initiieren den Ablösungsprozess von den Eltern nicht aus eigenem Antrieb. Aufgrund ihrer sozialen Schwierigkeiten bauen sie ihren eigenen sozialen Kreis nicht sukzessive so weit auf, bis sie eigenständig leben können. Die Eltern gewinnen demzufolge auch nicht stückweise wieder ihren Freiraum zurück, den sie für die Erziehung ihres Kindes preisgegeben haben. Sie befinden sich weiterhin in einer engen, symbiotischen Beziehung zu ihrem Kind. Hinzu kommt die soziale Isolation der Familie, die mit dem Kind mit dem schwierigen Verhalten bei Freunden und Verwandten nicht mehr gern gesehen wird.

Die Eltern können unter diesen Bedingungen nicht üben, ihre Zeit wieder mit anderen Inhalten als mit der Betreuung des Sohnes oder der Tochter zu füllen (Wagatha 2006, S. 14). So erlebt man als Erzieherin solche Eltern, die an ihrem Kind zu klammern scheinen und ihm zu wenig Freiraum und Selbstständigkeit zugestehen.

Die Eltern brauchen von Erzieherinnen keine pathologisierende Beschreibung ihrer Versuche, sich an ihre Lebenssituation anzupassen. Sie profitieren von Hinweisen und Angeboten für einen behutsamen und fortschreitenden Ablöseprozess. Doch nicht für jede Familie ist die gleiche Hilfe sinnvoll.

Im Gegensatz dazu gibt es auch Mütter und Väter, die versuchen, ihr Kind so lange wie möglich von anderen Menschen betreuen zu lassen, weil sie von der intensiven Leistung der Beaufsichtigung und Betreuung erschöpft sind. Ermutigen Sie die Eltern, auch Hilfen für sich anzunehmen. Sie sollen wissen, warum solche Hilfe auch für das Kind wichtig ist: Nur wenn es den Eltern gut geht, kann es auch den Kindern gut gehen. Das Wohlbefinden der Eltern hat positiven Einfluss auf ihr Verhalten gegenüber dem Kind.

Die Störung zeigt sich erst im Laufe der Entwicklung des Kindes

> »Du siehst aus wie alle anderen. Du wirkst nicht, als hättest du eine Behinderung. Das ist Segen und Strafe zugleich. Ein Segen, weil es bedeutet, dass du nicht ständig angestarrt wirst, und eine Strafe, weil man weniger Verständnis für dich aufbringt, wenn es zu schwierigen Situationen kommt. Du

bekommst einen Wutanfall im Geschäft und ich spüre die vielsagenden Blicke der Leute. Die Blicke sagen, dass ich dich schlecht im Griff habe, dass ich besser mit dir fertig werden, dich besser erziehen und zurechtweisen müsste. Aber oft ist es unmöglich zu verstehen, warum du schreist, und deshalb unmöglich, richtig zu reagieren.« (Lexhed 2010, S. 239 f.)

Ein Teil der Kinder, die später Entwicklungsstörungen aufweisen, entwickelt sich in den ersten Lebensmonaten unauffällig. Erst schleichend zeigen sich Entwicklungsverzögerungen oder -abweichungen. Dies geschieht manchmal in Form von ungewöhnlichen Verhaltensweisen, wie z. B. bei Kindern im Autismus-Spektrum. Oft ist dies eine belastende Lebenssituation für die Eltern, denn ihr Kind und sein Verhalten erfahren meist massive Ablehnung von anderen Menschen. Diese Ablehnung wird auch als Ablehnung ihrer selbst empfunden. Dies verursacht vielfach Schuldgefühle bei den Eltern. Sie fragen sich, ob das ungewöhnliche Verhalten ihres Kindes nicht doch auf einen Erziehungsfehler zurückzuführen sei, wie es ihnen ja oftmals von Außenstehenden suggeriert wird.

Damit konfrontiert zu werden, dass das Kind eine Entwicklungsstörung hat, ist für die Eltern ein unkontrollierbares, wenig vorhersehbares Ereignis. Die lifeevent-Forschung hat die Veränderung von Lebenslagen zum Gegenstand. Sie versucht, die Gesetzmäßigkeiten im Verhalten zu erkennen, wenn gravierende Veränderungen im Leben eintreten. Kritische Lebensereignisse sind danach Ereignisse, bei denen das Gleichgewicht zwischen Individuum und Umwelt ins Wanken gerät und neue Verhaltenssysteme aktiviert werden müssen, um es wiederherzustellen (Lambeck 1992, S. 14).

Man kann zwischen gesellschaftlich erwarteten und gesellschaftlich nicht erwarteten kritischen Lebensereignissen unterscheiden. Gesellschaftlich erwartet werden z. B. der Eintritt in das Berufsleben oder das Ausscheiden daraus, der Tod der Eltern, auch die Geburt eines Kindes. Für diese Ereignisse stellt die Gesellschaft Unterstützung und Bewältigungsstrategien zur Verfügung.

Gesellschaftlich nicht erwartete kritische Lebensereignisse sind z. B. das Sichtbarwerden einer Entwicklungsstörung eines Kindes. Man ist wenig darauf vorbereitet, dies zu bewältigen und es gibt auch weniger spontane Unterstützung von der Umwelt. Allgemein kann man sagen: Je weniger vorhersehbar ein kritisches Lebensereignis ist, desto belastender ist es.

Traditionslose Eltern

Die Eltern stehen vor unbekannten Aufgaben, für deren Bewältigung ihnen die Handlungskompetenz fehlt. Die eigenen Erfahrungen mit anderen Kindern, die eine ungestörte Entwicklung aufweisen, sind dabei nicht ausreichend, um dem Kind und der sozialen Umwelt gerecht werden zu können (vgl. ebd.).

Hinzu kommt, dass Menschen aus der Umwelt das Verhalten eines Kindes mit einer Entwicklungsstörung oftmals auf ein Erziehungsversagen der Eltern zurückführen. Schreit das Kind in der Straßenbahn laut und lange, geben fremde Menschen ungefragt, besserwisserisch und aufdringlich Erziehungshinweise oder äußern sich lautstark über vermeintliche Versäumnisse der Eltern. Mutter und Vater kommen damit in eine Rechtfertigungssituation, obwohl sie selbst unter dem Verhalten des Kindes leiden und es nicht gutheißen.

Die Eltern brauchen fachkompetente Hilfe zur Verbesserung ihrer eigenen Erziehungskompetenz und Anregungen zur Erleichterung und zur entwicklungsfördernden Gestaltung des Alltags. Sie benötigen keine Vorwürfe und Aufzählungen von Versäumnissen in der Vergangenheit. Sie machen es so gut wie möglich. Unterstützen Sie die Eltern dabei, es noch besser zu machen.

Positive Rückmeldung über Entwicklungsfortschritte des Kindes und die elterliche Förderung können dazu führen, dass die Eltern ihre Tochter bzw. ihren Sohn aus einer neuen Perspektive sehen. Insbesondere Mütter wünschen sich solche Rückmeldungen (Wagatha 2006, S. 44). Dadurch kann es zu einer positiveren Eltern-Kind-Interaktion kommen. Sie ist ein wichtiger entwicklungsfördernder Faktor für das Kind.

Was bringen Eltern in die Elternarbeit ein?

Alle Familien müssen ihren eigenen Weg finden

Eltern kennen ihr Kind sehr genau. Im Zusammenleben mit ihm haben sie Kompetenzen erworben, die ihnen die Anpassung an ihre Lebenssituation möglich macht (ebd., S. 40). Eltern müssen mit ihren Kräften gut haushalten! Manchmal machen sie deshalb auch Sachen, die andere Menschen nicht verstehen können. Ihnen sparen sie aber Kraft, die sie an anderer Stelle nötig haben.

Die Folgen der Schuldgefühle

Ihre Schuldgefühle führen bei einigen Eltern dazu, dass sie einen anderen brauchen, dem sie die Schuld zuweisen können, weil sich ihr Kind nicht wie erwartet entwickelt. Diese Eltern haben manchmal überhöhte Ansprüche an die Erzieherin und kritisieren sie ständig. Hier kann es sehr hilfreich sein, die Eltern zu entlasten, indem man deutlich macht, dass sie weder Schuld am Entstehen der Entwicklungsstörung im allgemeinen, noch an spezifischen Symptomen oder Verhaltensbesonderheiten ihres Kindes haben. Außerdem muss ihre Erziehungsleistung gewürdigt werden, dies insbesondere im Bewusstsein der außergewöhnlichen Belastungen, die sie tragen.

Andere Eltern überbehüten ihr Kind. Sie wollen alles kontrollieren, was die Erzieherinnen tun und regieren in deren Kompetenzbereich hinein. Hier muss nun alles optimal laufen, wenn bisher so viel schiefgelaufen ist! Doch Erzieherinnen können keine Wunder bewirken und haben keinen unbegrenzten Gestaltungsspielraum. Man muss in diesen Fällen klar und deutlich den eigenen Kompetenzbereich wahren.

Es kann zu Konkurrenzgefühlen kommen, wenn den Erzieherinnen etwas gelingt, was den Eltern nicht gelungen ist: beispielsweise wenn das Kind das erste Mensch-ärgere-dich-nicht-Spiel zu Ende gespielt hat, was es mit den Eltern noch niemals getan hat, oder wenn es sich in der Therapie allein anziehen kann, was es zu Hause trotz intensiver Übung nicht tut. Für die Eltern ist dies schmerzhaft zu erfahren. Man sollte in solchen Fällen aufzeigen, welche Bedeutung die Eltern für das Kind haben und was es alles gerade durch sie und bei ihnen gelernt hat.

Verunsicherung, Überforderung und Hoffnungslosigkeit kann ihren Niederschlag im professionellen Kontakt mit den Eltern entweder in Form von unangemessenen Forderungen (»Hier machen wir aber alles besonders gut«), aber auch von Desinteresse (»Ist sowieso alles egal«) finden.

Erzieherinnen werden nicht als Verbündete erlebt

Manchmal werden die Erzieherinnen nicht als Verbündete, sondern als Gegnerin erlebt (»Wir gegen den Rest der Welt«). Manche Eltern haben das Gefühl, dass sie nicht nur die Probleme zu Hause lösen müssen, sondern auch noch dem Kind helfen müssen, im Kindergarten oder in der Schule zurechtzukommen und stellen in diesem Zusammenhang Ihre pädagogischen Kompetenzen infrage. Wie kann man in solchen Fällen vorgehen und wie kann man sich selbst entlasten?

Wichtig ist, im Umgang mit diesen Eltern ressourcenorientiert zu denken und zu handeln und von den Stärken und Möglichkeiten der Familien auszugehen. Man sollte sachlich die Fähigkeiten und Potenziale des Kindes beschreiben und die Eltern in deren Entwicklung einbeziehen.

Was erwarten nun die Eltern von den Erzieherinnen?

In einer Befragung von mehr als 200 Eltern wurden folgende Erwartungen am häufigsten genannt:

»Deutliche und offene Rückmeldungen der Fachleute zu allen Fragen, die mein Kind und mich betreffen, zu erhalten, [sind] mir wichtig. Ich möchte ausführlich über die Inhalte der pädagogischen oder therapeutischen Förderung meines Kindes informiert werden. Ein partnerschaftlicher Kontakt zu den Betreuern(innen), Lehrern(innen) oder Therapeuten(innen) meines Kindes ist mir sehr wichtig. Ich möchte meine eigenen Beobachtungen und Ideen aktiv in die Förderung und Betreuung meines Kindes einbringen.« (Eckert 2009)

Was bringen Erzieherinnen in die Elternarbeit ein?

Der Kontakt der Erzieherinnen zu dem Kind ist zeitlich begrenzt. Nach der Arbeit können sie sich von dem anstrengenden Zusammensein mit dem Kind erholen.

Sie haben oft neben der Entwicklungsförderung des einzelnen Kindes einen reibungslosen Ablauf innerhalb der Gruppe im Auge. Es gibt Vorgaben der Einrichtung, denen Sie sich in ihrem Erziehungs- und Bildungsbemühen anzupassen haben. Sie haben üblicherweise keine gemeinsame Vorgeschichte mit dem Kind, also auch weniger Vorkenntnisse. Sie haben keine Schuldgefühle, was das Entstehen der Entwicklungsstörung oder ihre Gefühle dem Kind gegenüber betrifft. Erzieherinnen wollen eine eigene Beziehung zum Kind aufbauen und sich beweisen. Die Entwicklung des Kindes ist nicht gleichbedeutend mit ihrer Leistung, daraus resultiert weniger Konkurrenzgefühl mit den Eltern und weniger persönliche Betroffenheit.

Kompetenzbereiche von Eltern und Erzieherinnen

Eltern und Erzieherinnen haben im Bildungs- und Erziehungsprozess verschiedene Kompetenzbereiche. Zum Kompetenzbereich der Eltern gehören alle familiären Normen.

Zu den Kompetenzbereichen der Erzieherinnen gehört die Gestaltung des Bildungs- und Erziehungsalltags in den zeitlichen und räumlichen Dimensionen. Also z. B. die Gestaltung des Tagesablaufes. Die Förderung des Kindes gehört ebenso zu ihrem Kompetenz- und Aufgabenbereich wie die Bestimmung der Werte und Normen in der Einrichtung, die von den Eltern respektiert werden müssen. Die Erzieherinnen haben dabei die Kompetenz, die Methode ihrer Arbeit im Rahmen der Vorgaben durch die Einrichtung selbst zu bestimmen.

Wenn eine Seite den Kompetenzbereich der anderen nicht respektieren will oder kann, sollte moderierende Hilfe gesucht werden, um einen gemeinsamen Konsens zu finden. Diese Hilfe kann eine Kollegin oder vielleicht auch die Leiterin der Einrichtung geben.

3. Was kann ich tun?

Wie Elternarbeit funktionieren kann

Der Idealzustand der Elternarbeit ist eine gelungene Kooperation. Er wird charakterisiert durch eine Erziehungspartnerschaft (Staatsinstitut für Frühpädagogik (IFP): Familienhandbuch, 17.12.2008).

Eine Erziehungspartnerschaft zwischen Eltern und Erzieherinnen zeichnet sich durch ein gemeinsames Ziel aus. In einem ersten Schritt sollte deshalb in einem Elterngespräch das gemeinsame Ziel festgelegt werden. Je konkreter es formuliert wird, desto einfacher lässt sich dann auch ableiten, was jede/r zur Zielerreichung beitragen soll.

Eltern und Erzieherinnen sind in einer Erziehungspartnerschaft gleichberechtigte, kompetente Partner in der Förderung des Kindes. Sie stehen regelmäßig in einem offenen Erfahrungsaustausch (Eckert 2004, S. 69). Sie respektieren gegenseitig ihre Regeln und Wertvorstellungen.

Was aber, wenn kein gemeinsames Ziel gefunden werden kann? Dann gibt es vier Möglichkeiten:
- Sie können die Eltern überzeugen.
- Sie halten an dem eigenen Ziel ohne Kooperation mit den Eltern fest, indem die eigenen Möglichkeiten ausgeschöpft werden. Es wird länger dauern als wenn alle gemeinsam an einem Strang ziehen. Aber vielleicht sind Sie die einzige Chance, damit das Kind etwas Bestimmtes lernen kann.
- Sie lassen vom Ziel ab. Vielleicht übernehmen Sie das Ziel der Eltern.
- Sie können die Eltern zur Arbeit am Ziel verpflichten. Das braucht Macht und wird in den wenigsten Fällen möglich sein.

Typische Probleme

»Meine Eltern wurden wegen meinem chaotischen Verhalten ständig in den Kindergarten [...] bestellt, wo sie sich wieder anhören mussten, was ich dort wieder alles verbrochen haben soll.« (Dietz 1999, S. 32)

Doch der Idealzustand wird nicht immer erreicht. Folgende Probleme in der Zusammenarbeit mit den Eltern treten häufig auf:
- Eltern und Erzieherinnen haben unterschiedliche Normen und Werte,
- Eltern und Erzieherinnen zeigen keine ausreichende Wertschätzung füreinander und
- die Eltern haben scheinbar wenig Interesse an der Arbeit der Erzieherinnen.

Die Probleme sollen im Einzelnen genauer betrachtet werden.

Eltern und Erzieherinnen haben unterschiedliche Normen und Werte

Natalie wird von ihrer Mutter regelmäßig zu spät zur Kita gebracht. Ihre Mutter äußert, dass es doch nicht so wichtig sei, dass Natalie exakt um 9.00 Uhr da ist.

Haben Eltern andere Normen und Werte als die Erzieherinnen, muss man ihnen respektvoll die in der Einrichtung geltenden Normen aufzeigen. Man darf nicht stillschweigend und selbstverständlich davon ausgehen, dass diese für die Eltern klar sind oder dass sie die Werte und Normen der Erzieherinnen sogar teilen.

Wichtige Werte, Normen und Erwartungen müssen den Eltern genau beschrieben werden. Dabei muss sichergestellt werden, dass die Eltern sie auch verstehen. Gegebenenfalls muss man bei Eltern aus anderen Sprach- oder Kulturkontexten einen Dolmetscher hinzuziehen. Man könnte also Natalies Mutter erläutern, welche Folgen es für das Mädchen hat, wenn es regelmäßig zu spät in die Kita kommt. Sie kann dann beispielsweise für den Schulbesuch wichtige Fähigkeiten nicht erwerben. Eventuell haben dann bestimmte Beschäftigungen schon stattgefunden oder die anderen Kinder haben ihre Rollen im Spiel schon gefunden. Darüber hinaus muss man ihr noch einmal ausdrücklich mitteilen, zu welcher Zeit sie ihre Tochter in dem Kindergarten bringen soll.

Auf Einhaltung der Regeln müssen Sie bestehen. Es dürfen jedoch nicht unendlich viele Regeln sein. Schon lange bestehende Regeln müssen auf ihre Sinnhaftigkeit überprüft werden. Regeln sind nur so viel wert, wie die Konsequenzen, die auf Einhaltung und Nichteinhaltung folgen. Man muss also im

Team besprechen, welche Konsequenzen es hat, wenn Eltern sich an bestimmte Regeln der Einrichtung nicht halten wollen oder vielleicht auch objektiv nicht können.

Konflikte entstehen aber auch, wenn die Erzieherinnen die Werte und Normen der Familie nicht respektieren. Viele Menschen neigen dazu, das persönliche Wertesystem, die eigenen Einstellungen und Normen zum Bewertungsmaßstab für das Verhalten anderer Menschen zu machen. Doch im Zusammensein mit Kindern gibt es viele kulturelle Unterschiede, die nicht mit den Kategorien *richtig* und *falsch* bewertet werden dürfen.

> So hat beispielsweise in Spanien das Teilen von Spielzeug und Nahrung einen viel größeren Stellenwert in der Erziehung als in der Bundesrepublik, Selbstständigkeit hingegen einen geringeren. Das Leben in größeren Gruppen spielt eine wichtigere Rolle. Vom Standpunkt jeder Kultur könnte das jeweils andere Verhalten als unangemessen bewertet werden.

Aber nicht nur in unterschiedlichen Kulturen, auch innerhalb einer Kultur gibt es weit voneinander abweichende Normen. Erzieherinnen gehören üblicherweise der Mittelschicht an. Kinder aus sozial schwachen Familien führen oft ein Leben, das sich von dem der Erzieherinnen grundsätzlich unterscheidet, ohne dass es bewertet werden darf.

»Gläserne Familien«

Gerade Familien mit einem Kind mit einer Entwicklungsstörung werden schnell zu gläsernen Familien, die aufgrund ihres Hilfebedarfs vielfältige intime Einblicke in ihre Lebensgestaltung zulassen müssen. Ihre aufgrund der Störung der Kindsentwicklung fremde, andersartige und für viele Menschen ungewohnten Lebensmodelle und Normen geraten vorschnell und ohne jegliche legitime Rechtfertigung ins Kreuzfeuer der Kritik.

Es geht also nicht darum, das Leben einer Familie, nicht einmal die Beziehung des Kindes zu den Eltern zu beurteilen. Solange das Kind nicht Schaden nimmt, muss man davon ausgehen, dass Eltern für ihr Kind immer das tun, was sie für das Beste halten bzw. was ihnen im Augenblick möglich ist.

Sie sollten die Bedürfnisse der Familie und ihre Lebenssituation akzeptieren, die individuellen Lebensentwürfe der Familien respektieren und Urteile über die Bewältigungsstrategien der Eltern und Geschwister vermeiden (Sarimski

2005, S. 178). Ansonsten besteht die Gefahr, insbesondere die Mutter eines Kindes mit einer Entwicklungsstörung weniger als Mutter, sondern vielmehr als Gegenstand der professionellen Hilfe anzusehen (Wagatha 2006, S. 44).

Eltern, die häufig Gespräche zu ungünstigen Zeiten suchen

Suchen Eltern ständigen Kontakt zu den Erzieherinnen, und zwar in einer Weise, die andere Arbeitsabläufe behindert oder die Freizeit der Erzieherin über Gebühr belastet, sollten klare Regeln vereinbart werden. Es darf nicht sein, dass z. B. eine Erzieherin ihrer Aufsichtspflicht nicht nachkommen kann, weil Eltern ein Gespräch erwarten. Für diese Gespräche muss es festgelegte Zeiten geben, von denen man im Ausnahmefall (z. B. bei akuten Krisen) natürlich auch einmal abweichen muss.

Haben eine Mutter oder ein Vater dennoch Gesprächsbedarf, muss sie oder er freundlich, aber bestimmt auf die vereinbarten Zeiten hingewiesen werden. Es muss selbstverständlich sein, dass diese Zeiten in überschaubaren Abständen angeboten werden. Eine andere Möglichkeit besteht darin, Papier und Stift zur Verfügung zu stellen und die Eltern zu bitten, ihr Anliegen kurz schriftlich darzustellen. Die Erzieherin kann dann zu einer vereinbarten Zeit bei den Eltern anrufen, um das Problem zu besprechen.

Aber man darf nicht vergessen, dass Eltern sich Informationen darüber wünschen, was ihr Sohn oder ihre Tochter erlebt hat. Man muss Möglichkeiten der regelmäßigen Information für die Eltern vorsehen, die die Erzieherin zeitlich nicht überfordert, aber das verständliche Informationsbedürfnis der Eltern befriedigen. Einige Eltern von Kindern mit einer Entwicklungsstörung haben aufgrund ihrer psychischen Belastung einen großen Gesprächsbedarf. Wenn sie in ihren Darstellungen kein Ende finden, ohne dass es einen deutlichen Zusammenhang zu der Entwicklung des Kindes gibt, kann man bereits zu Gesprächsbeginn eine Zeit angeben, zu der das Gespräch beendet sein muss. Das zwingt zur Konzentration auf die wesentlichen Anliegen des Gesprächs.

Eltern und Erzieherinnen zeigen keine ausreichende
Wertschätzung füreinander

Eltern, die Ihre pädagogische Kompetenz nicht anerkennen, Sie ständig unangemessen kritisieren oder sich permanent streitbar einmischen, sorgen dafür, dass Ihre elementaren Bedürfnisse nach Anerkennung ihrer Leistung als Erzieherin unbefriedigt bleiben. Der Kontakt mit den Eltern wird dann von Ihnen als unangenehm erlebt.

Es ist selbstverständlich, dass dieses Gefühl keine Auswirkungen auf den Kontakt zum Kind haben darf. Als Erzieherin müssen Sie professionell reflektieren, wie es zu diesem gestörten Elternkontakt kommen konnte – vielleicht, weil Sie sich nicht genug wertgeschätzt fühlen. Folgende Fragen können hilfreich sein:
- Wurde eventuell über das Verhalten der Kinder geklagt, ohne dass die Eltern darauf realistisch Einfluss gehabt hätten?
- Wurden den Eltern Vorwürfe gemacht?
- Gab es Erwartungen, denen die Eltern nicht nachkommen konnten?
- Können die Eltern verstehen, was Sie von Ihnen wollen?

Zugleich gehört es zur professionellen Haltung in der Elternarbeit, eine ständige Bereitschaft zu einem konstruktiven Miteinander aufrechtzuerhalten und die Beobachtungen und Anregungen der Eltern in das Förderkonzept mit einzubeziehen.

Gespräche mit Eltern, die dazu neigen, die Erzieherinnen oder die Einrichtung zu beleidigen, sollten niemals ohne Zeugen geführt werden. Gegebenenfalls muss das Gespräch mit dem Hinweis auf eine Fortsetzung unter Einbeziehung eines Moderators beendet werden. Einen neuen Termin teilt man den Eltern am besten schriftlich mit. Hilfreich ist es, wenn eine Kollegin an dem neuen Gespräch teilnimmt.

Es gibt aber auch Eltern, die erleichtert sind, von der Anwesenheit des Sohnes oder der Tochter entlastet zu sein. Sie interessieren sich darüber hinaus nicht dafür, wie das Kind gefördert wird. Das Bedürfnis nach Entlastung muss berücksichtigt und sollte nicht bewertet werden. Zugleich kann versucht werden, durch positive Rückmeldung über das Kind und seine Entwicklung auch das Interesse der Eltern an der Zusammenarbeit wieder zu wecken. Insbesondere Väter, die sich nur wenig für die Entwicklung ihres Kindes interessieren, leiden oft unter Schuldgefühlen im Zusammenhang mit der Entwicklungsstörung ihres Kindes (ebd., S. 203). Es ist wichtig, sie in Gesprächen über die Ursachen der Behinderung zu entlasten.

Viele Eltern befürchten, immer nur mit Negativmeldungen konfrontiert zu werden. Sie haben die Erfahrung gemacht, dass ihnen bei jedem Kontakt mit Erzieherinnen das Fehlverhalten ihres Kindes vorgehalten wird. Aber was sollen sie mit diesen Informationen anfangen? Probleme müssen da gelöst werden, wo sie entstehen. Eltern können nur selten etwas zur Lösung beitragen. Berichte über Konflikte mit dem Kind sollten unterbleiben, wenn die Eltern nicht etwas Sinnvolles zur Klärung beitragen können.

Eltern lieben ihre Kinder, und wer ihre Kinder kritisiert, trifft sie selbst. Dies kann Auslöser einer unendlichen Kette von Missverständnissen, Verstimmungen etc. sein. Doch es gilt auch das Gegenteil: Wer etwas Positives über das Kind sagt, macht die Eltern froh und stärkt den Willen zu offenen Gesprächen. Es ist sehr wichtig, die Stärken des Kindes bzw. der Familie immer wieder hervorzuheben und zu betonen.

Die Eltern haben scheinbar wenig Interesse an der Arbeit der Erzieherinnen

Es gibt auch Eltern, die mit der Kooperation überfordert sind. Sie verstehen die Erwartungen der Erzieherinnen nicht. In diesem Fall müssen die Erwartungen sehr klar, einfach und deutlich vermittelt werden.

Wenn Absprachen nicht eingehalten wurden, muss die Erzieherin sofort Kontakt mit den Eltern aufnehmen. Man kann dies telefonisch tun oder indem man sie zu Hause aufsucht. Auch in diesen Fällen ist es wichtig, ressourcenorientiert zu bleiben und positive Rückmeldungen an die Familie zu geben. In einigen Elternkontakten muss die Erzieherin immer wieder Initiator des Kontaktes sein.

Ein Elterngespräch führen

Setting

Es ist wünschenswert, dass beide Elternteile an Gesprächen teilnehmen bzw. all die Erwachsenen aus der Familie, die das Kind maßgeblich erziehen und fördern. Möglicherweise also auch die Oma oder die große Schwester. Signalisieren Sie das bei der Einladung ganz eindeutig.

Gerade bei Familien mit nichtdeutscher Herkunftssprache und bei gehörlosen Eltern muss immer überlegt werden, ob es sinnvoll ist, eine Dolmetscherin hinzuzuziehen. Es ist von entscheidender Bedeutung, dass Sie Ihre Vorstellungen verständlich machen können, damit es nicht bei Eltern und Ihnen zu Missverständnissen und Frustrationen kommt.

Haben Sie die Erfahrung gemacht, dass die Gespräche schwierig werden könnten, ziehen Sie eine Vertrauensperson hinzu. Diese kann gegebenenfalls die Vereinbarungen schriftlich festhalten.

Gesprächsstrukturierung

Man beginnt ein Elterngespräch mit etwas Positivem, mit schönen Erfahrungen mit dem Kind oder den Leistungen der Familie. Damit versichert man den

Eltern, dass man ihr Kind grundsätzlich mag und seine Entwicklung wohlwollend begleitet.

»Heute war ein besonders schöner Tag mit Ihrer Tochter. Sie hat so lange mit Marie gespielt und wirkte dabei ganz ausgeglichen. Ich habe mich sehr darüber gefreut.«

Negative Berichte über Ereignisse sollte man hingegen vermeiden. Und schon gar nicht sollte man über das Kind klagen.
Probleme sollten möglichst sachlich und ohne Vorwürfe formuliert werden. Lässt man die Lösung offen, können sich die Eltern an der Suche beteiligen und fühlen sich nicht übergangen. Wenn die Eltern keine Lösung finden, kann man selbst Ideen vorstellen. Problemlösungen sind ein gemeinsames Projekt.

»David hat manchmal kein Schwimmzeug dabei und kann dann nicht ins Wasser gehen. Haben Sie einen Vorschlag, wie wir dieses Problem lösen könnten?«

Das Vertrauen der Eltern in die eigenen Fähigkeiten zur Bewältigung der besonderen Anforderungen muss gestärkt werden. Zukunftsperspektiven sollten langfristig entwickelt und die Eltern ermutigt werden, vorhandene Hilfsmöglichkeiten auszuschöpfen (Sarimski 2005, S. 178). Vor einem Gespräch sollten Sie genau überlegen:
- Was sollen die Eltern tun?
- Welche Begründungen für den Handlungsbedarf können Sie den Eltern nahebringen und wie kann man sie zur Mitarbeit motivieren?
- Wie kann man beides den Eltern verständlich machen?

Vereinbarungen

Elterngespräche, die der Lösung eines Problems dienen sollen, müssen mit klaren Vereinbarungen enden. Diese Vereinbarungen werden schriftlich festgehalten und von allen Anwesenden unterzeichnet. Die Eltern bekommen eine Kopie, die sie mit nach Hause nehmen können.

Körpersprache

Erzieherinnen machen sich über die körpersprachlichen Aspekte eines Gespräches nur selten Gedanken. Die Körpersprache wird zwar meist unbewusst eingesetzt, sie ist aber von immenser Bedeutung für das Gelingen eines Kontaktes. Manchmal fühlt man sich unwohl und kann das mit dem inhaltlichen Verlauf eines Gesprächs nicht begründen. Oft liegen die Ursachen in Aspekten nonverbaler Kommunikation, die nicht ins Bewusstsein gelangen. Im Folgenden sollen einige dieser Aspekte erläutert werden.

Blickkontakt

Ihr Blickkontakt während des Gespräches zeigt den Eltern Aufmerksamkeit und Respekt. Als Zuhörender sollten Sie den Eltern in die Augen schauen, um ihre nonverbalen Signale zu interpretieren.

Als Sprechender sucht man immer wieder Blickkontakt, um sich rückzuversichern, dass die Eltern einen verstehen. Intuitiv wendet man den Blick aber spätestens nach zwei Sekunden wieder ab, um nicht bedrohlich zu wirken. Durch ruhige Blicke während des Sprechens zeigt man Kraft, Sicherheit und Durchsetzungswillen. Es empfiehlt sich also, den Blick nicht hektisch hin- und herwandern zu lassen. Durch Blickkontakt beim Zuhören, verbunden mit kurzen verbalen Bestätigungen oder Nachfragen, zeigen Sie ihr Interesse und Ihre Aufmerksamkeit. Dieses Verhalten nennt man auch *aktives Zuhören*.

Sollte man sich Notizen machen müssen, erläutert man den Eltern vorher, was man aufschreibt und warum. Auch in diesem Fall sollte man möglichst oft aufschauen und den Blickkontakt mit den Gesprächspartnern suchen.

Sitzordnung

Auch der körperliche Abstand von den Eltern ist für die Atmosphäre eines Gesprächs von Bedeutung – selbst, wenn man sich dessen gar nicht bewusst wird. Große Nähe wirkt schnell bedrohlich. Das ist aber auch beim Sitzen an einem Tisch zu beachten. Breiten Sie Ihre Unterlagen weit aus, bleibt den Eltern wenig Platz. Möglicherweise erleben die Eltern das als Dominanzverhalten, gegen das sie sich vielleicht zur Wehr setzen. Sitzen Sie hingegen weiter als einen Meter von Ihrem Gesprächspartner entfernt, können Sie Ihre Präsenz nicht entfalten und wirken unverbindlich.

Vermeiden Sie Gespräche an den kleinen Kindertischen, auf Kinderstühlen sitzend. Erwachsene Menschen müssen dort eine sehr unbequeme Haltung einnehmen, die keine Grundlage für ein konstruktives Gespräch darstellt.

Auf keinen Fall sollten Sie sich selbst auf Ihren Stuhl setzen und den Eltern Kinderstühle zuweisen. Das wirkt in jedem Fall herabwürdigend.

Ausreden lassen

Eine Grenzüberschreitung ist es, wenn ein Gesprächspartner dem anderen ins Wort fällt und ihn nicht ausreden lässt. Es wird aber genauso als Übergriff aufgefasst, wenn ein Gesprächspartner dem anderen keinen Rederaum zugesteht. Ein Gespräch ist dann harmonisch, wenn beide Parteien in etwa die gleiche Redezeit nutzen.

Literatur

Agi, Isabelle; Hennemann, Thomas; Hillenbrand, Clemens: Kindliche Verhaltensauffälligkeiten aus der Sicht von Erzieherinnen: Ergebnisse einer Befragung an Kindertageseinrichtungen in Nordrhein-Westfalen. In: Zeitschrift für Heilpädagogik (2010) 2, S. 44–50

Albers, Timm; Jungmann, Tanja; Lindmeier, Bettina: Sprache und Interaktion im Kindergarten. Zur Bedeutung sprachlicher Kompetenzen für den Zugang zur Peerkultur in elementarpädagogischen Einrichtungen. In: Zeitschrift für Heilpädagogik (2009) 6, S. 202–212

Amrhein, Christine: Kochende Wut und kühle Berechnung. In: Psychologie heute 36 (2009) 4, S. 74–78

Arnold, Rolf: Seit wann haben Sie das? Grundlagen eines Emotionalen Konstruktivismus. 2. Aufl. Heidelberg 2012

Aspies e. V. (Hrsg.): Risse im Universum. Berlin 2010

Attwood, Tony: Das Asperger-Syndrom: Ein Ratgeber für Eltern. Stuttgart 2000

Attwood, Tony: Ein ganzes Leben mit dem Asperger-Syndrom. Alle Fragen – alle Antworten. Stuttgart 2008

Ayres, Anna Jean: Lernstörungen: sensorisch-integrative Dysfunktionen. Berlin, Heidelberg, New York 1979

Balthazar, Nic: Ben X. Frankfurt a. M. 2009

Barbera, Mary Lynch: The Verbal Behavior Approach. London/Philadelphia 2007

Barkley, Russell A.: Hyperaktive Kinder. In: Spektrum der Wissenschaft: Gene und Verhalten, (2000) 2, S. 38–44

Barkley, Russel A.: Das große ADHS-Handbuch für Eltern. Verantwortung übernehmen für Kinder mit Aufmerksamkeitsdefizit und Hyperaktivität. Bern: 2., erw. u. erg. Aufl. 2005

Baron-Cohen, Simon: Mindblindness. An Essay on Autism and Theory of Mind. Cambridge/London 4. print 1997

Baron-Cohen, Simon: Vom ersten Tag an anders. München 2006

Baumeister, Royf.: Gewalttätig aus Größenwahn? In: Spektrum der Wissenschaften (2003) 4, Psyche und Verhalten, S. 70–75

Bernard-Opitz, Vera; Kok, Adrian: Funktionale Analyse von Selbstverletzungsverhalten: soziale, kommunikative und kognitive Gesichtspunkte. In: Sonderpädagogik 24 (1994) 1, S. 14–22

Bischof-Köhler, Doris: Soziale Entwicklung in Kindheit und Jugend. Stuttgart 2011

Blaffer Hrdy, Sarah: Mütter und andere. Berlin 2010

Brache, Nadine: Das Häschen in der Grube. Ein langer Weg zur Diagnose. Bargdteheide 2008

Bradl, Christian: Umgang mit Aggressionen in Wohngruppen. Herausforderungen für Mitarbeiterinnen und Mitarbeiter. In: Furger, Martha; Kehl, Doris (Hrsg.): ›… und bist du nicht willig, so brauch ich Gewalt‹. Zum Umgang mit Aggression und Gewalt in der Betreuung von Menschen mit geistiger Behinderung. Luzern 2003, S. 37–65

Brandau, Hannes; Pretis, Manfred; Kraschnitz, Wolfgang: ADHS bei Klein und Vorschulkindern. München, Basel 2. Aufl. 2006

Brauns, Axel: Buntschatten und Fledermäuse. Hamburg 2002

Brezovsky, Peter: Diagnostik und Therapie selbstverletzenden Verhaltens. Stuttgart 1985

Bullerjahn, Claudia: Musik und Aggression. Ein Forschungsüberblick. In: Musik und Unterricht, 7 (1996) 36, S. 40–44

Busse, Jochen: Autismus – Nerven unter Spannung. Transmitter, Rezeptoren, Psychopharmaka: neuromedizinische Erläuterungen. In: Autismus (1999) 48, S. 26–30

Cordes, Ragna: Videogestütztes Trainingsprogramm für Risikofamilien: Entwicklung und Erprobung eines Video-Interaktionstrainings. (= Studien zur Familienforschung Bd. 8) Hamburg 2000

Dalferth, Matthias: Visuelle Perzeption, Blickkontakt und Blickabwendung beim frühkindlichen Autismus. Zur Rekonstruktion einer ängstlichen Erfahrung und ihrer Manifestation im Autismussyndrom. In: Praxis der Kinderpsychologie und Kinderpsychiatrie (1988) 37, S. 69–78

Delacato, Carl H.: Der unheimliche Fremdling. Das autistische Kind. Freiburg im Breisgau 3. erweiterte Aufl. 1985

Dietz, Felix: Wenn ich doch nur aufmerksam sein könnte. Ein hyperaktiver Jugendlicher berichtet. Frankfurt 1999

Dingens, Lasse von: Die Geschichte einer anderen subjektiven Normalität. In: Aspies e. V. (Hrsg.) Risse im Universum. Berlin 2010, S. 155–166

Dodd, Susan: Autismus. Was Betreuer und Eltern wissen müssen. München 2007

Döpfner, Manfred: Eltern neigen dazu, die Ernährung überzubewerten. In: Gehirn & Geist (2012) 5, S. 32–33

Döpfner, Manfred; Schürmann, Stephanie; Frölich, Jan: Therapieprogramm für Kinder mit hyperkinetischem und oppositionellem Problemverhalten THOP. Weinheim 4. vollst. überarb. Aufl. 2007

Dorlöcher, Ludger (Hrsg.): Pädiatrie auf den Punkt gebracht. Berlin, New York 1999 Drosdowski, Günther; Grebe, Paul; Köster, Rudolf et al.: Duden Etymologie. Herkunftswörterbuch der deutschen Sprache. Bd. 7. Mannheim, Wien, Zürich 1963

Eckert, Andreas: Besondere Aspekte der Beratung von Eltern autistischer Kinder und Jugendlicher. In: Heilpädagogik online (2004) 03, 61–74 http://www.heilpaedagogik-online.com/2004/heilpaedagogik_online_0304.pdf

Eckert, Andreas: Kindeswohl und elterliche Bedürfnisse im Kontext der Verortung sonderpädagogischer Förderung. Referat auf der Nationalen Konferenz, Berlin, 6.–7. Mai 2009. In: http://www.bmas.de/portal/33466/property=pdf/2009_05_06_panel_2_andreas_eckert.pdf

Eggert-Schmid Noerr, Annelinde: Aggression und Geschlecht. In: Finger-Trescher, Urte; Trescher, Hans Georg (Hrsg.): Aggression und Wachstum. Theorie, Konzepte und Erfahrungen aus der Arbeit mit Kindern, Jugendlichen und jungen Erwachsenen. Mainz 1992, S. 56–74

Eibl-Eibesfeldt, Irenäus: Der vorprogrammierte Mensch. Das Ererbte als bestimmender Faktor im menschlichen Verhalten. Wien, München, Zürich 1973

Eibl-Eibesfeldt, Irenäus: Die Biologie des menschlichen Verhaltens. München 3. überarb. u. erw. Aufl. 1995

Eibl-Eibesfeldt, Irenäus: Grundriß der vergleichenden Verhaltensforschung. Ethologie. München 8. überarb. Aufl. 1999

Eibl-Eibesfeldt, Irenäus: Der Mensch – das riskierte Wesen. Zur Naturgeschichte menschlicher Unvernunft. München 4. Aufl. 2000

Eitle, Werner: Herausforderung ADHS. Grundwissen und Hilfen für Kindergarten, Schule, Hort und Heim. Donauwörth 2006

Empt, Angelika. Zitiert in: Verein zur Förderung von autistisch Behinderten e. V. (Hrsg.): Autistische Menschen verstehen lernen II. Mit Beiträgen von Betroffenen. Stuttgart 1996, S. 27

Essau, Cecilia A.; Conradt, Judith: Aggression bei Kindern und Jugendlichen. München, Basel 2004

Etzold, Sabine: Auch Frauen sind zu allem fähig. In: Die Zeit vom 8.11.2001, (2001) 46, S. 40

Facaoaru, Cornelia: Pädagogische Möglichkeiten im Lernumgang mit aufmerksamkeitsgestörten und teilleistungsschwachen Kindern. In: Bundesvereinigung »SelbständigkeitsHilfe bei Teilleistungsschwächen e. V.« (Hrsg.): Teilleistungsschwächen ADS. Dokumentation einer Studienkonferenz 2001, S. 29–78

Falkai, Peter; Wittchen, Hans-Ulrich: Diagnostisches und Statistisches Manual Psychischer Störungen DSM-5®. Göttingen 2015

Fingerle, Michael; Grumm, Mandy; Hein, Sascha: Prävention aggressiven Verhaltens – Zur Rolle von Nutzerperspektive und Schülermerkmalen. In: Zeitschrift für Heilpädagogik (2009) 12, S. 479–485

Franck, Georg: Ökonomie der Aufmerksamkeit: Ein Entwurf. München 1998
Franke, Ulrike.; Friedrich, Barbara: Therapie-Abbruch. In: Theraplay. Schwierige Kinder. 46 (2008) 3, S. 12–18
Freisleder, Franz Joseph: Das Hyperkinetische Syndrom. Erkennen und Behandeln der Aufmerksamkeitsdefizit-Hyperaktivitätsstörung. Bochum 1999
Freitag, Christine M.: Autismus-Spektrum-Störungen. München, Basel 2008
Fromm, Erich: Anatomie der menschlichen Destruktivität. Reinbek bei Hamburg 20. Aufl. 2003
Gangloff, Tilmann P.: Der Kampf zwischen Gut und Böse. In: Mogge-Stubbe, Brigitta (Hrsg.): Gewalt macht keine Schule. Ursachen, Sensibilisierung, Gegenstrategien. München 2002, S. 77–79.
Gastpar, Markus T.; Kasper, Siegfried; Linden, Michael (Hrsg.): Psychiatrie. Berlin, New York 1996
Glasberg, Beth A.: Functional Behavior Assessment for People with Autism. Making Sense of Senseless Behavior. Bethesda 2006
Gerland, Gunilla: Ein richtiger Mensch sein. Autismus – das Leben von der anderen Seite. Stuttgart 1998
Grandin, Temple: Ich sehe die Welt wie ein frohes Tier. 4. Aufl. Berlin 2010
Grandin, Temple, Barron, Sean: The Unwritten Rules of Social Relationships. Arlington 2005
Gray, Carol: Comic Strip Gespräche. Illustrierte Interaktionen – Wie man Schülern mit Autismus und ähnlichen Beeinträchtigungen Konversationsfähigkeiten vermitteln kann. Arlington 2011
Gray, Carol: Das neue Social Story Buch. Überarb. und erweiterte Ausgabe zum 10. Geburtstag. St. Gallen 2014
Greiner, Jürgen: Ich würde so gerne … mein Kind besser verstehen lernen. In: Wir Eltern von Kindern mit Autismus, (2000) 7, S. 2–14
Gutstein, Steven E.: Can My Baby Learn to Dance? Exploring the Friendship of Asperger Teens. In: Willey, L. H. (ed.): Asperger Syndrome in Adolescence. Living with the Ups, the Downs and Things in Between. London, New York 2003, S. 98–128
Haegele, Anja: Aggression. Gewalt ist männlich, Gemeinheit weiblich. In: Geowissen Verhalten, Persönlichkeit, Psyche. (2003) 32, S. 80–87
Häußler, Anne: Der TEACCH-Ansatz zur Förderung von Menschen mit Autismus. Einführung in Theorie und Praxis. Dortmund 4. erw. Aufl. 2016
Hampel, Petra; Petermann, Franz; Desman, Christiane: Exekutive Funktionen bei Jungen mit Aufmerksamkeitsdefizit-/Hyperaktivitätsstörungen im Kindesalter. In: Kindheit und Entwicklung. 18 (2009) 3, S. 144–152
Herzog, Annelie; Grünke, Matthias: Zur Fähigkeit von Kindern mit Lernbehinderungen, Fiktion von Realität im Fernsehen zu unterscheiden. In: Sonderpädagogische Fernsehen zu unterscheiden. (2005) 4, S. 380–389
Hofmann, Wilhelm; Friese, Malte: Zwei Seelen, ach, in meiner Brust. In: Gehirn & Geist, (2010) 11, S. 26–31
Holodynski, Manfred: Emotionen – Entwicklung und Regulation. Heidelberg 2006 Howling, Patricia; Baron-Cohen, Simon; Hadwin, Julie: Teaching Children with Autism to Mind-Read. A Practical Guide. Chichester, New York; Weinheim, Brisbane, Singapore, Toronto 1999
Jager, Prisca: Glaubhaftigkeitsbeurteilung. In: Förstel, Hans (Hrsg.): Theory of Mind. Neurobiologie und Psychologie sozialen Verhaltens. 2. überarb. und aktualisierte Aufl. Berlin, Heidelberg 2012, S. 281–291.
Kahneman, Daniel: Schnelles Denken, langsames Denken. 25. Aufl. München 2012
Karmasin, Helene: Die geheime Botschaft unserer Speisen. Was Essen über uns aussagt. Bergisch Gladbach 2001
Kasten, Erich: Body-Modification. Psychologische und medizinische Aspekte von Piercing, Tattoo, Selbstverletzung und anderen Körperveränderungen. München, Basel 2006
Kennedy, Diane M.: The ADHD Autism Connection. Colerado Springs 2002

Kernberg, Otto, f.; Hartmann, Hans-Peter: Narzissmus. Grundlagen – Störungsbilder – Therapie. Stuttgart, New York 1. Nachdruck 2009
Klicpera, Christian; Innerhofer, Paul: Die Welt des frühkindlichen Autismus. München, Basel 2. überarb. und erw. Aufl. 1999
Kliegel, Mathias & Ballhausen, Nicola: Ein Gedächtnis für die Zukunft. In Gehirn & Geist, (2018) 2, S. 26–29
Kobi, Emil, E.; Roth, Heidi: Kinder aggressiv – zerstreut. Ein Ratgeber für den Erziehungsalltag. Zürich, Wiesbaden 3. überarbeitete u. erw. Aufl. 1991
Könneker, Carsten: Provokation bevorzugt. Interview mit Franz Petermann. In: Gehirn und Geist, (2004) 1, S. 51–53
Korber, Tessa: Ich liebe dich nicht, aber ich möchte es mal können. 2. Aufl. Berlin 2012
Lambeck, Susanne: Diagnoseeröffnung bei Eltern behinderter Kinder. Göttingen, Stuttgart 1992
Lauth, Gerhard W.; Naumann, Kerstin: ADHS in der Schule. Übungsprogramm für Lehrer. Weinheim 2009
Lexhed, Jenny: Wenn Liebe allein nicht reicht. München 2010
Lingg, Albert, Theunissen, Georg: Psychische Störungen und geistige Behinderungen. Freiburg im Breisgau 5. Aufl. 2008
Meienbrock, Ariane: Entscheidende Hirnregionen. In: Gehirn & Geist, (2003) 3, S. 16–19
Miksch, A.: Fünf Jahre U-Bahn-Club. In: Hilfe für das autistische Kind, Regionalverband München e. V. (Hrsg.): Autistische Kinder brauchen Hilfe. 8. Aufl. 2004., S. 53–54
Mischel, Walter: Der Marshmallow-Test. Willensstärke, Belohnungsaufschub und die Entwicklung der Persönlichkeit. München 2014
Moore, Charlotte: Sam, George und ein ganz gewöhnlicher Montag. Mein Leben mit zwei autistischen Kindern. München 2004
Mühl, Heinz; Neukäter, Heinz; Schulz; Kerstin: Selbstverletzendes Verhalten bei Menschen mit geistiger Behinderung. Bern, Stuttgart, Wien 1996
Musil, Robert: Der Mann ohne Eigenschaften. Reinbeck 1970
Mussen, Paul H., Conger, John J.; Kagan, Jerome; Huston, Aletha C.: Lehrbuch der Kinderpsychologie, Bd. 2, Stuttgart 5. Aufl. 1996
Nieß, Nicosia: Auf den zweiten Blick – unsichtbare Behinderungen. In: »Hilfe für das autistische Kind« Regionalverband München e. V. (Hrsg.): Autistische Kinder brauchen Hilfe, 2004 S. 13–14
Nieß, Susanne: Autismusbericht, Teil 6, unveröffentlicht (o. J.)
o. A. (2011): Alles unter Kontrolle. In: Gehirn & Geist (2011) 12, S. 11
o. A.: Depression durch schlechten Schlaf? Forschung und Lehre, (2009) 4, S. 279
o. A.: Starke Synapsen gegen ADHS. In: Gehirn & Geist, (2010) 5, S. 10
Oerter, Rolf; Montada, Leo (Hrsg.): Entwicklungspsychologie. Weinheim 4. korr. Aufl. 1998 P., Florian: Das Leben eines Anderen. In: Aspies e. V.: Risse im Universum. Berlin 2010, S. 107–123
Petermann, Franz: Aggressives Verhalten. In: Oerter, Rolf; Montada, Leo (Hrsg.): Entwicklungspsychologie. Weinheim 4. Aufl. 1998, S. 1016–1023
Petermann, Franz, Koglin, Ute, Natzke, Heike, v. Marées, Nandoli: Verhaltenstraining in der Grundschule. Ein Präventionsprogramm zur Förderung emotionaler und sozialer Kompetenzen. Göttingen, Toronto, Zürich 2007
Petermann, Franz; Petermann, Ulrike: Aggressionsdiagnostik. Göttingen, Bern, Toronto, Seattle 2000
Petermann, Franz; Petermann, Ulrike: Training mit aggressiven Kindern. Weinheim 10., vollst. überarb. Aufl. 2001
Petermann, Ulrike; Natzke, Heike; Petermann, Franz; Brokhaus, Sybille: Prävention von aggressivem und unaufmerksamem Verhalten: Ein Verhaltenstraining für Schulanfänger. In: Zeitschrift für Heilpädagogik, (2005) 6, S. 210–217
Petersen, Uwe: Leben mit unserem autistischen Kleinkind. In: Autismus und Familie. Bundesverband »Hilfe für das autistische Kind« e. V., 1995, S. 15–19

Pfeiffer, Christian: Brutale Kids? In: Mogge-Stubbe, Brigitta (Hrsg.): Gewalt macht keine Schule. Ursachen, Sensibilisierung, Gegenstrategien. München 2002, S. 19-24
Possemeyer, Ines: Kindliche Aggression. In: Geo (2004) 3, S. 150-176
Preißmann, Christine: Gut leben mit einem autistischen Kind. Stuttgart 2015
Preißmann, Christine: Psychotherapie und Beratung bei Menschen mit Asperger-Syndrom. Stuttgart 2. überarb. u. erw. Aufl. 2009
Ramachandran, Vilayanur S.; Oberman, Lindsay M.: Der blinde Spiegel Autismus. In: Spektrum der Wissenschaften April 2007, S. 42-48
Reimann-Höhn, Uta: Langsam und verträumt. ADS bei nicht-hyperaktiven Kindern. Freiburg im Breisgau 6. Aufl. 2010
Remschmidt, Helmut; Kamp-Becker, Inge: Asperger-Syndrom. Heidelberg 2006
Rodier, Patricia M.: Autismus. Ein Defekt im Stammhirn ist Symptom, wenn nicht Ursache der schweren Behinderung. In: Spektrum der Wissenschaft Mai 2000, S. 60
Ruf, Birgit; Arthen, Karin: ADHS und Wahrnehmungsauffälligkeiten. Früherkennung und Prävention im Kindergarten und in der 1. Klasse. Donauwörth 2006
Sarimski, Klaus: Psychische Störungen bei behinderten Kindern und Jugendlichen. Göttingen, Toronto, Zürich 2005
Sarimski, Klaus; Schaumburg, Madeline: Soziale Partizipation in der Freizeit von 3- bis 6-jährigen Kindern mit und ohne Behinderung – eine vergleichende Elternberatung. In: Zeitschrift für Heilpädagogik (2010) 4, S. 124-129
Schirmer, Brita: Nur dabei zu sein reicht nicht: Lernen im inklusiven schulischen Setting. Stuttgart 2019
Schmidt-Denter, Ulrich: Soziale Beziehungen im Lebenslauf. Weinheim, Basel 2005
Schubert, Volker: Kontexte von Delinquenz. Aspekte von Gewalt an Schulen in Japan und den USA: In: Krebs, Uwe; Forster, Johanna (Hrsg.): Vom Opfer zum Täter? Gewalt in Schule und Erziehung von den Sumerern bis zur Gegenwart (= Schriftenreihe zum Bayrischen Schulmuseum Ichenhausen, Bd. 22). Bad Heilbronn/OBB 2003, S. 133-156
Schuster, Nicole: Ein guter Tag ist ein Tag mit Wirsing. Berlin 2007
Seiffge-Krenke, Inge: Der Begleiter, den ich rief. In: Gehirn & Geist (2009) 6, S. 24-29 Sepia: Ein Leben ohne Vergangenheit. In: Aspies e. V.: Risse im Universum. Berlin 2010, S. 43-53
Sigman, Marian; Capps, Lisa: Autismus bei Kindern. Ursachen, Erscheinungsformen und Behandlung. Bern, Göttingen, Toronto, Seattle 2000
Sinijedali: Blau. Farbe der Ferne. In: Aspies e. V.: Risse im Universum. Berlin: 2010, S. 193-215 Spurlock, Morgan: Angriff der Killer-Burger. Wie Fast Food uns krank macht. München 2006 Staatsinstitut für Frühpädagogik: Familienhandbuch des Staatsinstituts für Frühpädagogik (IFP), im Internet unter http://www.familienhandbuch.de/cmain/f_Aktuelles/a_ Schule/s_1359.html
Sobanski, Esther, Alm, Barbara: Gedanken auf Abwegen. In: Gelitz, Christiane (Hrsg.): Psychotherapie heute. Stuttgart, Heidelberg 2012, S. 39-46
Staatsinstitut für Frühpädagogik (IFP): Familienhandbuch, http://www.familienhandbuch.de/cmain/f_Aktuelles/a_Schule/s_1359.html, 17.12.2008
Stacey, Patricia: Der Junge, der die Fenster liebte. Die Rettung eines autistischen Kindes. Weinheim und Basel 2004
Stachura, Elisabeth: Allein. In: Gehirn & Geist (2009) 10, S. 49-52
Stein, Roland; Faas, Alexandra: Unterricht bei Verhaltensstörungen. Ein integratives didaktisches Modell. Neuwied, Berlin 1999
Steiner, Tilmann: Aggression bei psychisch Kranken. Stuttgart 1985
Stern, Elsbeth: Wie viel Hirn braucht die Schule? Chancen und Grenzen einer neuropsychologischen Lehr-Lern-Forschung. In: Zeitschrift für Heilpädagogik, (2005) 7, S. 269-274
Stroebe, Wolfgang; Hewstone, Miles; Stephenson, Geoffrey (Hrsg.): Sozialpsychologie. Eine Einführung. Berlin, Heidelberg, New York, Barcelona, Budapest, Hong Kong, London, Paris, Santa Clara, Singapur, Tokio 3. erw. u. überarb. Aufl. 1996

Tammet, Daniel: Elf ist freundlich und Fünf ist laut. Ein genialer Autist erklärt seine Welt. Düsseldorf 4. Aufl. 2007

Thorbrietz, Petra: Gefährliche Mahlzeiten. In: Geowissen Verhalten, Persönlichkeit, Psyche (2003) 32, S. 126–135

Tomasello, Michael: Warum wir kooperieren. Berlin 2010

Tomasello, Michael: Die kulturelle Entwicklung des menschlichen Denkens. Frankfurt a. M. 2002

Toulmé, Fabien: Dich hatte ich mir anders vorgestellt. Berlin 2014

Trescher, Hans-Georg; Finger-Trescher, Urte: Setting und Holding-Function. In: Finger-Trescher, Urte; Trescher, Hans Georg (Hrsg.): Aggression und Wachstum. Theorie, Konzepte und Erfahrungen aus der Arbeit mit Kindern, Jugendlichen und jungen Erwachsenen. Mainz 1992, S. 90–116

Trott, Götz-Erik: Die Aufmerksamkeitsdefizit-/Hyperaktivitätsstörung (ADHS) im Kindesalter – ein Risikofaktor für die psychische Entwicklung. In: Nissen, Gerhardt (Hrsg.): Psychichische Störungen im Kindesalter und ihre Prognose. Stuttgart 2004, S. 85–91

Vogeley, Kai: Anders sein. Asperger-Syndrom und Hochfunktionaler Autismus im Erwachsenenalter. Ein Ratgeber. Weinheim, Basel 2012

Wagatha, Petra: Partnerschaft und kindliche Behinderung. Hamburg 2006

Wagner, Lorenz: Der Junge, der zu viel fühlte. München 2018

Warnke, Andreas: Verhaltensauffälligkeiten autistischer Menschen. In: Bundesverband Hilfe für das autistische Kind (Hrsg.): Mit Autismus leben – Kommunikation und Kooperation, Tagungsbericht von der 9. Bundestagung des Bundesverbandes in Magdeburg. Hamburg, 1998, S. 32–44

Watzlawick, Paul: Anleitung zum Unglücklichsein. München 24. Aufl. 2002

Webster-Strarron, Carolyn; Hammond, Mary: Treating Children With Early-Onset Conduct Problems: A Comparison of Child and Parent Training Interventions. In: Journal of Consulting and Clinical Psychology, (1997) 65, pp. 93–109

Weinmann, Stefan; Schwarzbach, Christoph; Begemann, Matthias; Roll, Stephanie; Vauth, Christoph; Willich, Stefan N.; Greiner, Wolfgang: Verhaltens- und fertigkeitsbasierte Frühinterventionen bei Kindern mit Autismus. Deutsches Institut für Medizinische Dokumentation und Information. Köln 2009

Werbik, Hans: Das Problem der Definition ›aggressiver‹ Verhaltensweisen. In: Zeitschrift für Sozialpsychologie, (1971) 2, S. 233–247

Wikipedia: http://de.wikipedia.org/wiki/Aufmerksamkeitsdefizit-/Hyperaktivitätsstörung (26.07.2019)

Wikipedia: https://de.wikipedia.org/wiki/Enuresis (26.07.2019)

Wulf, Christoph: Raum, Zeit, Körper und Symbol. In: Schüler: Körper, 2002, S. 22–24

Wygotski, Lew Semjonowitsch: Ausgewählte Schriften. Bd. 2, Arbeiten zur psychischen Entwicklung der Persönlichkeit. Köln 1987

Zapotoczyk, Hans Georg: Psychotherapie. In: Gastpar, Markus T.; Kasper, Siegfried; Linden, Michael (Hrsg.): Psychiatrie. Berlin, New York 1996, S. 321–335

Register

A

Affektiv-aggressives Verhalten 43
Affirmative Sätze 120
Aggression 12–19, 21–30, 32 f., 35–42, 47 f.
   heiße Aggression 19
   instrumentelle Aggression 41
   Kalte Aggression 19
   Umgeleitete Aggression 44
aggressives Verhalten. Siehe Aggression
Anerkennung 24, 29, 162
Angststörungen 57
Arbeitsgedächtnis 79
Asperger-Syndrom 92
Attention Deficit Disorder. Siehe AD(H)S
Attention Deficit Disorder with Hyperactivity.
   Siehe AD(H)S
Attention Deficit/Hyperactivity Disorder.
   Siehe AD(H)S
Atypischer Autismus 92
Aufmerksamkeitsdefizitstörung mit und ohne
   Hyperaktivität AD(H)S 8, 23, 32, 44 f.,
   51–74, 78–84, 105, 109 f., 137, 152
Autismus in der Kindheit 92
Autismus-Spektrum 8, 24, 72, 78, 87–120,
   123 f., 127–129, 133–138, 140 f., 143–145,
   152, 155

B

Bedürfnis 19, 25, 31, 35, 45 f., 62, 77 f., 80,
   103, 105, 107, 111 f., 123, 150, 161–163
Beziehung zwischen den Eltern 153
Beziehung zwischen den Eltern und dem
   Kind 151
Bezugspersonen 14, 21 f., 25, 31, 36 f., 62, 67,
   92, 100, 111 f., 127, 145, 149
Bindung 25, 151
Blickkontakt 31, 71, 84, 90, 93 f., 97, 112, 124,
   138, 151 f., 166

C

Comic Strip Conversation 101, 123–126
Cortex 59 f., 64

D

Depressionen 57, 100
Deskriptive Sätze 120 f.
Diagnose 52, 56, 60, 62–65, 88, 92, 95 f., 105
Differentielle Verstärkung alternativen Ver-
   haltens 48
Differentielle Verstärkung anderen Verhaltens
   47
Differentielle Verstärkung inkompatiblen Ver-
   haltens 47
direktive Sätze 120 f.

E

Elterngespräch 159, 164 f.
Emotionen 9, 12, 16, 28, 30–34, 62, 75 f., 83,
   93, 96, 101, 103, 110–112, 119–121, 124,
   126 f., 129, 140, 150–153, 157 f., 163
Entwicklungsstörungen 8, 56, 101, 148–151,
   153–158, 161–163
   Tiefgreifende Entwicklungsstörungen 92
   umschriebene Entwicklungsstörungen 84
Entwicklungsturbo 93, 95
Ergotherapie 68
Ernährung 19–21, 29, 70
Erregung 27 f., 30, 43
Erregungspotenzial 30
Erwartungen, negative 29
Erziehungsverhalten 24
Essstörungen 57
Exekutiven Funktionen 60 f., 80, 137

F

Familie 16, 18, 25–27, 33, 65 f., 110, 153 f.,
   156 f., 161, 164
Faustlos 33
Fernsehen 26, 56, 135
Frühkindlicher Autismus 92
Frustrationen 22, 31, 43, 55, 102, 164

G

Geburtsgewicht 65
Gefühle. Siehe Emotionen
Gleichaltrige 54, 78, 89 f., 110, 112, 118, 138
Gruppenzusammensetzung 30

H

Heilpädagogisches Reiten 67
High-Functioning-Autismus 92
Hormone 18, 36, 43
Hyperaktivität 53, 56, 60, 62, 69 f.
Hyperkinetisches Syndrom. Siehe AD(H)S
Hypothesen 35, 41, 48

I

Impulsiv-aggressives Verhalten 45
Impulsives System 78
Impulsivität 56, 59, 61
    emotionale Impulsivität 59
    kognitive Impulsivität 59
    motivationale Impulsivität 59
Impulskontrolle 23, 33 f., 45, 48, 55, 59, 77
Indirekte Aufforderungen 72, 98 f., 135
Informationsverarbeitung 58, 77
Inklusion 118
Instrumentell-aggressives Verhalten 41
Integration 68, 108, 116–119
Internationale Klassifikation psychischer Störungen (ICD) 63
Intrinsische Motivation 78

K

Kanner-Autismus 92
Kompetenzbereich 157–159
Konflikte 14, 29 f., 77, 94, 99 f., 102, 161, 163
Kontrollierende Sätze 122
Körperkontakt 91, 99, 152
Körpersprache 96–98, 166
Kritische Lebensereignisse 155
Kurzfristige Selbstkontrollerschöpfung 80

L

Langeweile 75
Lernen 9, 13, 16–18, 22, 25, 28–31, 33 f., 41, 45, 49, 62, 65, 67, 72, 74, 80 f., 95, 98, 101–103, 109, 111, 116, 119 f., 129, 133 f., 137, 144, 154, 159
Lernen am Erfolg 21
Lernen am Modell 22, 27
Lese-Rechtschreib-Störung 84
Life-Event-Forschung 155
Lob 23 f., 36, 46, 54, 72, 93, 98, 141 f.

M

Magnetresonanztomogramm 63
Methylphenidat. Siehe Ritalin
Mobbing 9, 118
Motivation 10, 21, 23, 26, 41, 48, 69, 95, 104, 112, 117, 121, 141
    Extrinsische Motivation 78
    Moralische Motivation 23, 27

N

Nahrungsmittelallergien 69
nicht näher bezeichnete tiefgreifende Entwicklungsstörung im Kindesalter 92
Normen 16, 18, 22 f., 31, 64, 101, 158, 160 f.

O

Overload 108 f., 134, 143

P

Persönlichkeitsentwicklung 96
Perspektiveinnahme 127, 129 f.
Perspektivische Sätze 120 f.
Psychostimulanzien 68
Psychotherapie 66

R

Räumliche Orientierungsschwierigkeiten 80
Rechenstörung 84
Reflexives System 78
Regeln 7 f., 13, 16 f., 22, 25, 29 f., 34, 36, 54, 64, 67 f., 71 f., 74 f., 77, 84, 89, 92, 94 f., 98,

100 f., 103, 109, 113, 115–117, 119 f., 122–124, 129–131, 133 f., 144, 152, 159–162
Reizfilterschwäche 58
Respekt 24, 166
Ritalin 68–70
Rituale 21, 67, 84
Rollenspiel 33, 75, 108, 119, 145
Routinen 44, 84, 143, 145

S

Schuld 26, 31, 56, 73, 156
Schuldzuweisung 38
Schwache zentrale Kohärenz 58
Selbstkontrolle 59, 77, 80
Selbstwertgefühl 23 f., 29, 57, 66, 117
Sensorische Integration 68
Smalltalk 90
Social Stories 101, 119 f., 123
Social-Story-Set 123
Soziale Integration 108, 116
Soziale Interaktion 9, 17, 92, 94, 96, 105, 111
Soziale Phobien 57
Soziale Regeln 25, 29, 94 f., 101, 117, 119, 123 f., 144
Soziale Sehbehinderung 94
Spezialinteresse 93–95, 104, 115 f., 140
Spezialthemen 89, 110, 144
Spiegelneuronen 136 f.
Spiel 8, 22, 26 f., 39, 52–55, 57, 71, 75 f., 80, 82–84, 89, 103 f., 106, 109, 112–116, 119, 127, 140, 157, 160
  Funktionales Spiel 108
  Kooperatives Spiel 113
  Sensomotorisches Spiel 106
  Soziale Spiele 112
  Symbolisches Spiel 89, 106–108, 127
Spielentwicklung 106
Spieltherapie 67, 116
  Direktive Spieltherapie 67
Stereotypien 103 f.
Strafe 25, 44, 47, 67, 76, 154
Stress 9, 12, 14, 19, 40, 80, 151
Stresshormon 18

T

Tadel 72, 93, 140
Tagesleistungsbereitschaft 79
TEACCH 110
Theory of Mind (ToM) 101–103, 107, 126, 129
Theory-of-Mind-Training 129
Tic-Störungen 57, 69
TimeTimer 74, 83
To-do-Listen 79
Token 142
Trauer 30, 150 f.

U

U-Bahn-Club 115
Übergänge 144, 151
Umweltgifte 69
Unfälle 55

V

Veränderungen 20, 27, 30, 39 f., 42, 91, 135, 143 f., 155
Verarbeitungsprozess der Entwicklungsstörung ihres Kindes 151
Verbale Sprache 96, 98, 135
Vereinbarungen 49, 54, 164 f.
Verhaltenstherapie 67
Videospiele 26
Vorwürfe 149, 156, 163, 165

W

Werte 64, 122, 158, 160 f.
Wortschatz 96
Wut 24, 30, 34, 43 f., 62, 75, 96

Z

Zusammenarbeit mit den Eltern 10, 49, 147 f., 160
Zwangsstörungen 57